本书系国家社会科学基金项目"政府购买公共服务绩效改进的机制与路径研究"（15BZZ054）成果

郑州大学厚山人文社科文库
ZHENGZHOU UNIVERSITY HOUSHAN
HUMANITIES&SOCIAL SCIENCES LIBRARY

政府购买公共服务绩效改进的机制与路径研究

丁辉侠 ◎ 著

中国社会科学出版社

图书在版编目（CIP）数据

政府购买公共服务绩效改进的机制与路径研究 / 丁辉侠著. —北京：中国社会科学出版社，2021.6
ISBN 978-7-5203-8981-5

Ⅰ.①政… Ⅱ.①丁… Ⅲ.①公共服务—政府采购制度—研究—中国 Ⅳ.①D630.1 ②F812.2

中国版本图书馆CIP数据核字（2021）第169815号

出 版 人	赵剑英
责任编辑	许　琳
责任校对	李　惠
责任印制	郝美娜

出　　版	中国社会科学出版社
社　　址	北京鼓楼西大街甲158号
邮　　编	100720
网　　址	http://www.csspw.cn
发 行 部	010-84083685
门 市 部	010-84029450
经　　销	新华书店及其他书店
印　　刷	北京君升印刷有限公司
装　　订	廊坊市广阳区广增装订厂
版　　次	2021年6月第1版
印　　次	2021年6月第1次印刷
开　　本	710×1000　1/16
印　　张	20.5
字　　数	306千字
定　　价	118.00元

凡购买中国社会科学出版社图书，如有质量问题请与本社营销中心联系调换
电话：010-84083683
版权所有　侵权必究

郑州大学厚山人文社科文库编委会

主 任：宋争辉 刘炯天

副 主 任：屈凌波

委 员：（以姓氏笔画为序）
方若虹 孔金生 刘春太 李旭东 李建平
张玉安 和俊民 周 倩 徐 伟 樊红敏
戴国立

丛书主编：周 倩

总　　序

哲学社会科学是人们认识世界、改造世界的重要工具，是推动历史发展和社会进步的重要力量。习近平总书记在哲学社会科学工作座谈会上深刻指出："一个没有发达的自然科学的国家不可能走在世界前列，一个没有繁荣的哲学社会科学的国家也不可能走在世界前列。"郑州大学哲学社会科学研究工作面临重大机遇。

一是构建中国特色哲学社会科学的机遇。历史表明，社会大变革的时代，一定是哲学社会科学大发展的时代。党的十八大以来，以习近平同志为核心的党中央高度重视哲学社会科学。习近平总书记在全国哲学社会科学工作座谈会上的重要讲话为推动哲学社会科学研究工作提供了根本遵循。《关于加快构建中国特色哲学社会科学的意见》为繁荣哲学社会科学研究工作指明了方向。进入新时代，我国将加快向创新型国家前列迈进。站在新的历史起点上，更好进行具有许多新的历史特点的伟大斗争、推进中国特色社会主义伟大事业，需要充分发挥哲学社会科学的作用，需要哲学社会科学工作者立时代潮头、发思想先声，积极为党和人民述学立论、建言献策。

二是新时代推进中原更加出彩的机遇。推进中原更加出彩，需要围绕深入实施粮食生产核心区、中原经济区、郑州航空港经济综合实验区、郑洛新国家自主创新示范区、中国（河南）自贸区、中国（郑州）跨境电子商务综合试验区、黄河流域生态保护和高质量发展等重大国家战略，为加快中原城市群建设、高水平推进郑州国家中心城市建设出谋划策，为融入"一带一路"国际合作和推进乡村振兴、推动河南实现改革开放、创新发展，提供智力支持，需要注重成果转化和智库建设，使智库真正成为党委、政府工作的"思想库"和"智囊团"。因此，站在中原现实发展的土壤之上，我校哲学社会科学研究必须立足河南实际、面向全国、放眼世界，弘扬中原文化的优秀传统，建设具有中原特色的学科体系、学术体系，构建具有中原特色的话语体系，为经济社会发展提供理论支撑。

三是加快世界一流大学建设的机遇。学校完成了综合性大学布局，确立了综合性研究型世界一流大学的办学定位，明确了建设一流大学的发展目标，世界一流大学建设取得阶段性、标志性成效，正处于转型发展的关键时期。建设研究型大学，哲学社会科学研究承担着重要使命，发挥着关键作用。为此，需要进一步提升哲学社会科学研究解决国家和区域重大战略需求、科学前沿问题的能力；需要进一步提升哲学社会科学原创性、标志性成果的产出水平；需要进一步提升社会服务能力，在创新驱动发展中提高哲学社会科学研究的介入度和贡献率。

把握新机遇，必须提高学校的哲学社会科学研究水平，树立正确的政治方向、价值取向和学术导向，坚定不移实施以育人育才为中心的哲学社会科学研究发展战略，为形成具有中国特色、中国风格、中国气派的哲学社会科学学科体系、学术体系、话语体系做出贡献。

过去五年，郑州大学科研项目数量和经费总量稳步增长，走在全国高校前列。高水平研究成果数量持续攀升，多部作品入选《国家哲学社会科学成果文库》。社会科学研究成果奖不断取得突破，获得教育部第八届高等学校科学研究优秀成果奖（人文社会科学类）一等奖1项，二等奖2项，三等奖1项。科研机构和智库建设不断加强，布局建设14个部委级科研基地。科研管理制度体系逐步形成，科研管理的制度化、规范化、科学化进一步加强。哲学社会科学团队建设不断加强，涌现了一批优秀的哲学社会科学创新群体。

从时间和空间上看，哲学社会科学面临的形势更加复杂严峻。我国已经进入中国特色社会主义新时代，开始迈向全面建设社会主义现代化国家新征程，逐步跨入高质量发展新阶段；技术变革上，信息化进入新一轮革命期，云计算、大数据、移动通信、物联网、人工智能日新月异。放眼国际，世界进入到全球治理的大变革时期，面临百年未有之大变局。

从哲学社会科学研究本身看，无论是重视程度、发展速度等面临的任务依然十分艰巨。改革开放 40 多年来，我国已经积累了丰厚的创新基础，在许多领域实现了从"追赶者"向"同行者""领跑者"的转变。然而，我国哲学社会科学创新能力不足的问题并没有从根本上改变，为世界和人类贡献的哲学社会科学理论、思想还很有限，制度性话语权还很有限，中国声音的传播力、影响力还很有限。国家和区域重大发展战略和经济社会发展对哲学社会科学研究提出了更加迫切的需求，人民对美好生活的向往寄予哲学社会科学研究以更高期待。

从高水平基金项目立项、高级别成果奖励、国家级研究机构建设上看，各个学校都高度重视，立项、获奖单位更加分散，机构评估要求更高，竞争越来越激烈。在这样的背景下如何深化我校哲学社会科学研究体制机制改革，培育发展新活力；如何汇聚众智众力，扩大社科研究资源供给，提高社科成果质量；如何推进社科研究开放和合作，打造成为全国高校的创新高地，是我们面临的重大课题。

为深入贯彻习近平新时代中国特色社会主义思想和习近平总书记关于哲学社会科学工作重要论述以及《中共中央关于加快构建中国特色哲学社会科学的意见》等文件精神，充分发挥哲学社会科学"思想库""智囊团"作用，更好地服务国家和地方经济社会发展，推动学校哲学社会科学研究的繁荣与发展，郑州大学于 2020 年度首次设立人文社会科学标志性学术著作出版资助专项资金，资助出版一批高水平学术著作，即"厚山文库"系列图书。

厚山是郑州大学著名的文化地标，秉承"笃信仁厚、慎思勤勉"校风，取"厚德载物""厚积薄发"之意。"郑州大学厚山人文社科文库"旨在打造郑州大学学术品牌，集中资助国家社科基金项目、教育部人文社会科学研究项目等高层次项目以专著形式结项的优秀成果，充分发挥哲学社会科学优秀成果的示范引领作用，推进学科体系、学术体系、话语体系创新，鼓励学校广大哲学社会科学专家学者以优良学风打造更多精品力作，增强竞争力和影响力，促进学校哲学社会科学高质量发展，为国家和河南经济社会发展贡献郑州大学的智慧和力量，助推学校一流大学建设。

2020年，郑州大学正式启动"厚山文库"出版资助计划，经学院推荐、社会科学处初审、专家评审等环节，对最终入选的高水平研究成果进行资助出版。

郑州大学党委书记宋争辉教授，河南省政协副主席、郑州大学校长刘炯天院士，郑州大学副校长屈凌波教授等对"厚山文库"建设十分关心，进行了具体指导。学科与重点建设处、高层次人才工作办公室、研究生院、发展规划处、学术委员会办公室、人事处、财务处等单位给予了大力支持。国内多家知名出版机构提出了许多建设性的意见和建议。在这里一并表示衷心感谢。

我校哲学社会科学研究工作处于一流建设的机遇期、制度转型的突破期、追求卓越的攻坚期和风险挑战的凸显期。面向未来，形势逼人，使命催人，需要我们把握科研规律，逆势而上，固根本、扬优势、补短板、强弱项，努力开创学校哲学社会科学研究新局面。

周　倩
2021年5月17日

目　　录

第一章　绪论 ··· 1
　　第一节　研究背景与意义 ·· 1
　　第二节　相关研究现状与文献述评 ····································· 7
　　第三节　主要研究方法 ··· 23
　　第四节　研究的内容框架 ·· 24
　　第五节　研究的创新之处 ·· 27

第二章　核心概念界定与理论基础 ······································· 29
　　第一节　核心概念界定 ··· 29
　　第二节　理论基础 ··· 38
　　第三节　小结 ··· 47

第三章　政府购买公共服务绩效改进的意义与理论框架 ······ 49
　　第一节　政府购买公共服务绩效改进的意义 ····················· 49
　　第二节　政府购买公共服务绩效改进的基本原则 ·············· 51
　　第三节　政府购买公共服务绩效改进的理论框架 ·············· 54
　　第四节　小结 ··· 63

第四章　政府购买公共服务的实践与绩效改进探索 ············· 65
　　第一节　政府购买公共服务的实践探索 ···························· 65
　　第二节　政府购买公共服务的基本流程及主要参与主体 ····· 78
　　第三节　政府购买公共服务的绩效改进探索 ····················· 99

第四节　小结 …………………………………………………… 108

第五章　政府购买公共服务绩效现状分析 …………………… 110
　　第一节　政府购买公共服务绩效的再认识 …………………… 110
　　第二节　政府购买公共服务绩效分析的理论框架 …………… 117
　　第三节　政府购买公共服务绩效评价指标体系的构建 ……… 130
　　第四节　调研设计与调查数据的基本情况 …………………… 138
　　第五节　政府购买公共服务绩效现状评价 …………………… 144
　　第六节　小结 …………………………………………………… 165

第六章　政府购买公共服务绩效的影响因素分析 …………… 168
　　第一节　政府购买公共服务主体因素 ………………………… 168
　　第二节　政府购买公共服务过程因素 ………………………… 187
　　第三节　政府购买公共服务制度因素 ………………………… 204
　　第四节　政府购买公共服务环境因素 ………………………… 211
　　第五节　小结 …………………………………………………… 216

第七章　政府购买公共服务绩效改进的机制构建 …………… 219
　　第一节　需求识别机制 ………………………………………… 219
　　第二节　承接主体选择机制 …………………………………… 223
　　第三节　绩效监督与管理机制 ………………………………… 229
　　第四节　绩效沟通与协调机制 ………………………………… 234
　　第五节　绩效评估与反馈机制 ………………………………… 238
　　第六节　激励约束机制 ………………………………………… 241
　　第七节　小结 …………………………………………………… 245

第八章　政府购买公共服务绩效改进的路径选择 …………… 247
　　第一节　重塑政府购买公共服务基本理念 …………………… 247
　　第二节　提高购买过程政府管理能力 ………………………… 253
　　第三节　完善政府购买公共服务制度体系 …………………… 261

第四节　优化政府购买公共服务环境 …………………………… 267
　　第五节　小结 ………………………………………………………… 274

第九章　研究结论、不足与展望 ……………………………………… 278
　　第一节　本书的主要结论 …………………………………………… 278
　　第二节　研究不足与展望 …………………………………………… 280

参考文献 …………………………………………………………………… 282

附　录 ……………………………………………………………………… 303

后　记 ……………………………………………………………………… 309

图表目录

图 1-1　2012—2018年全国政府购买服务规模 …………………… 4
图 1-2　本书的研究思路与内容框架 …………………………… 25
图 3-1　政府购买公共服务绩效改进的理论模型 ………………… 55
图 3-2　政府购买公共服务绩效差距的原因 ……………………… 61
图 4-1　2000—2013年我国社会组织的数量 …………………… 74
图 4-2　政府购买公共服务的主要流程及主要参与主体 ………… 82
图 4-3　政府购买公共服务预算编制、审核与批准的基本流程 … 85
图 5-1　政府购买服务过程绩效二级评估指标确定的基本
　　　　思路 …………………………………………………… 118
图 5-2　政府购买公共服务绩效分析框架 ……………………… 119
图 5-3　被调查部门政府购买公共服务开始时间 ……………… 141
图 5-4　被调查部门政府购买公共服务的领域 ………………… 142
图 5-5　被调查部门政府购买公共服务资金规模 ……………… 142
图 5-6　被调查部门政府购买公共服务地区分布 ……………… 143
图 5-7　政府购买对公共服务项目收回的原因占比 …………… 162
图 6-1　购买主体与承接主体之间的关系定位 ………………… 170
图 6-2　本单位对参与购买服务的主要工作人员进行相关培训的
　　　　方式 …………………………………………………… 173
图 6-3　合同管理能力对政府购买服务效果的影响 …………… 175
图 6-4　政府监管能力对购买公共服务效果的影响情况 ……… 177

图 6-5　购买服务结果评估能力对政府购买服务效果的影响
情况 ………………………………………………………… 178
图 6-6　承接主体履约能力对政府购买服务效果的影响情况 …… 182
图 6-7　服务对象参与程度对政府购买服务效果的影响情况 …… 185
图 6-8　购买主体没有对购买服务进行需求调查的情况 ………… 188
图 6-9　购买主体对购买服务进行需求调查的方式 ……………… 188
图 6-10　承接主体公平选择对政府购买服务效果的影响程度 … 191
图 6-11　本单位政府购买服务的主要方式 ……………………… 192
图 6-12　购买主体有效监管对购买服务绩效的影响 …………… 197
图 6-13　购买主体对购买服务过程的监管方式 ………………… 197
图 6-14　购买服务投诉的受理部门 ……………………………… 198
图 6-15　本单位对承接主体履约的信任情况 …………………… 203
图 6-16　对承接主体的激励约束机制对购买服务绩效的影响 … 210
图 6-17　政府内部问责机制对购买服务绩效的影响 …………… 211
图 6-18　2000—2018 年我国社会组织的数量 ………………… 212
图 6-19　参与本单位公开招标的社会主体（A）情况 ………… 213
图 6-20　本省和外省政府购买服务对本单位的压力情况 ……… 215

表 2-1　政府购买公共服务中主要利益相关者的目标及其实现
方式 ………………………………………………………… 44
表 4-1　2002—2013 年《中央政府工作报告》中有关公共服务的
内容 ………………………………………………………… 68
表 4-2　2013 年以来全国人大常委会、中央政府出台的有关政府
购买公共服务的法律政策 ………………………………… 76
表 4-3　省级政府购买公共服务工作流程文件及其具体规定 …… 79
表 4-4　政府购买公共服务主体类型及其构成 …………………… 89
表 4-5　政府购买公共服务承接主体类型及其构成 ……………… 94
表 4-6　政府购买公共服务承接主体的具体要求 ………………… 94
表 4-7　政府购买公共服务评估主体的评价内容与主要特点 …… 98

表 4-8	2013 年以前各地政府出台有关购买公共服务政策文件	101
表 5-1	青海省玉树市政府购买公共服务项目中标公告信息	111
表 5-2	政府文件中有关政府购买公共服务项目绩效的规定	113
表 5-3	政府购买公共服务绩效评估指标体系	133
表 5-4	第一轮二级指标专家打分结果	134
表 5-5	专家打分低于 3.5 分的评价指标	135
表 5-6	政府购买公共服务绩效现状评价指标、评价标准与期望绩效水平	136
表 5-7	政府购买公共服务目标、评估标准与指标体系设置情况	145
表 5-8	政府购买公共服务标准设置的质量评价情况	145
表 5-9	购买服务程序规范情况评价结果	148
表 5-10	全国各省、自治区、直辖市政府购买公共服务过程透明度评估结果	152
表 5-11	政府购买公共服务信息公开形式	154
表 5-12	政府购买公共服务成本节约情况	156
表 5-13	地方政府购买服务成本节约情况	157
表 5-14	政府购买公共服务效率改善情况评估	160
表 5-15	政府购买公共服务质量改善情况评估	161
表 5-16	政府购买公共服务消费者满意度情况	162
表 5-17	政府购买公共服务促进社会组织发展情况	164

第一章 绪论

第一节 研究背景与意义

政府绩效是实现国家治理体系和治理能力现代化的重要衡量标准。政府购买公共服务绩效是政府绩效的重要组成部分。关注政府购买公共服务绩效及其改进问题，不仅是政府购买公共服务范围与规模不断扩大背景下的必然要求，也是推动政府购买公共服务绩效水平持续提升的现实选择。

一 研究背景

(一) 政府购买公共服务由地方实践上升为顶层制度设计

政府购买公共服务不仅是西方新公共管理的重要内容，也是我国政府回应公众服务需求的主动选择。自1994年深圳政府向企业购买道路保洁服务和1996年上海浦东新区社会发展局向社会组织购买社区服务以来，我国地方政府不断探索政府购买公共服务的可行模式，初步形成了"政府主导、社会参与、公办民办并举"的公共服务供给模式。"政府购买服务不仅是一种政府行为，也意味着一种制度变革。"[①] 在政府购买公共服务实践过程中，各级政府及其部门都在不断探索制度化路径，试图通过制度化的方式规范购买公共服务行为，

---

① 汪圣:《政府购买服务与社会组织发展的"诺斯悖论"问题探析》，《长白学刊》2018年第1期。

提升购买绩效水平。2013年9月，国务院办公厅印发的《关于政府向社会力量购买服务的指导意见》（以下称《指导意见》）从购买主体、承接主体、购买内容、购买机制、资金管理和绩效管理六大方面规范政府购买服务工作，并提出明确的制度改革及绩效目标："到2020年，在全国基本建立比较完善的政府向社会力量购买服务制度，形成与经济社会发展相适应、高效合理的公共服务资源配置体系和供给体系，公共服务水平和质量显著提高。"自此，政府购买公共服务从地方和部门实践上升为国家顶层制度设计。随后，党的十八届三中全会审议通过《中共中央关于全面深化改革若干重大问题的决定》，首次从国家战略层面提出推进政府购买服务的改革任务，要求："推广政府购买服务，凡属事务性管理服务，原则上都要引入竞争机制，通过合同、委托等方式向社会购买。"2016年6月，国务院办公厅又成立了政府购买服务改革工作领导小组，负责"统筹协调政府购买服务改革，组织拟订政府购买服务改革重要政策措施，指导各地区、各部门制定改革方案、明确改革目标任务、推进改革工作，研究解决跨部门、跨领域的改革重点难点问题，督促检查重要改革事项落实情况"。与此同时，中央各部门，如财政部、民政部、文化部也都发布了政府购买服务的指导性文件。

2020年1月初，在历经近一年半的征求意见后，主要负责政府购买服务制度设计的财政部出台《政府购买服务管理办法》，成为指导政府购买公共服务的最新规范性文件。在中央政府及其部门不断完善政府购买公共服务制度和加快推进政府购买公共服务工作的同时，各级政府也陆续出台地方层面的政府购买服务制度文件，用以指导地方政府的购买服务行为。可以说，政府购买公共服务从地方实践上升为国家顶层设计，推动我国在这一领域快速迈进全面制度化时期。

（二）政府购买公共服务领域和规模不断扩大

在中央层面制度认可和政策推动下，地方政府加快了购买公共服务的步伐，从而推动我国公共服务生产与供给方式展开了一场轰轰烈烈的变革。无论是基本公共服务领域还是非基本公共服务领域，都在探索以政府购买服务的方式提供。目前，政府购买公共服务的内容和范围从社区和城市保洁绿化服务扩大到养老服务、文化服务、医疗卫生服务、教育服务、就业培训服务、环境服务、培训服务、扶贫开发服务、技术服务等多个领域,并且购买的范围还在实践探索中不断扩大。

在政府购买公共服务内容不断丰富和购买范围不断扩大的同时,财政资金投入规模也在快速增加。据统计,2002年全国服务类采购规模仅为77.3亿元,占全国政府采购规模的比重为7.7%[①]。并且,当时政府采购的服务主要以维持政府自身运转的服务为主。在政府购买公共服务上升为顶层制度设计前的2012年,全国政府采购服务规模已达到1214亿元,占全国政府采购规模的比重为8.7%[②],相对于2002年仅提升一个百分点。2017年,全国政府购买服务规模达到8901.6亿元,首次超过货物的采购规模,占全国政府采购规模的27.7%[③]。而到2018年,全国服务类采购规模进一步增加,达到12081.9亿元,占政府采购规模的比重上升至33.7%。其中,政府购买公共服务的规模为6376.4亿元,占服务类采购规模比重超过一半,达到52.8%,已经成为购买服务的最重要组成部分[④]。2012—2018年全国政府购买服务的规模如图1-1所示。可以预测,政府购买公共服务的数量和规模还将持续发展,政府与社会力量合作供给公共服务将成为公共服务供给的新常态。

[①] 《政采数据"折射"多项改革成效显著》,中华人民共和国财政部网站,http://www.ccgp.gov.cn/jdjc/fxyj/201810/t20181011_ 10862330.htm,2018年10月11日。

[②] 《2013年全国政府采购规模通报》,中华人民共和国财政部网站,http://gks.mof.gov.cn/zhengfuxinxi/gongzuodongtai/201407/t20140716_ 1113940.html,2018年10月11日。

[③] 《2017年全国政府采购简要情况》,中华人民共和国财政部网站,http://gks.mof.gov.cn/zhengfucaigouguanli/201809/t20180930_ 3033022.html,2018年10月11日。

[④] 《2018年全国政府采购简要情况》,中华人民共和国财政部网站,http://gks.mof.gov.cn/tongjishuju/201909/t20190903_ 3379360.htm,2019年9月6日。

（亿元）

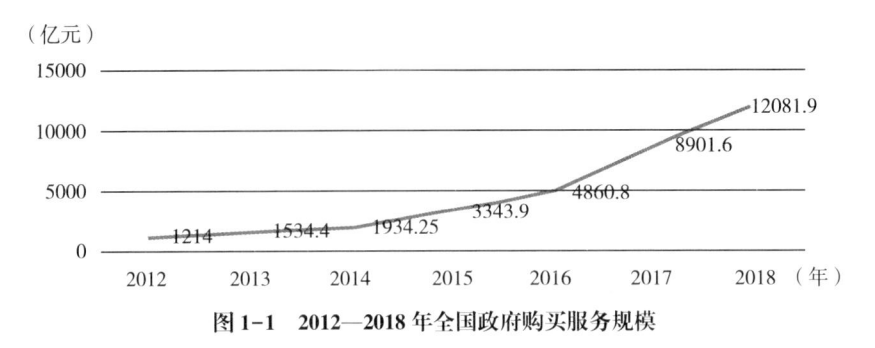

图 1-1　2012—2018 年全国政府购买服务规模

资料来源：根据财政部历年数据整理，http://www.mof.gov.cn/index.htm。

（三）政府购买服务绩效问题正在引起理论与实践广泛关注

作为"政府承担、定项委托、合同管理、评估兑现"的一种新型公共服务供给和多元治理模式，政府购买为公共服务质量提升和绩效改进提供了可能，但"政府购买服务绝非改善地方政府绩效的特效药"①。在政府购买服务实践取得改革成效的同时，也伴随着购买服务效果不理想，甚至出现收回服务外包的案例。这也触发实践层面对购买服务绩效与绩效改进的思考，进而在制度层面加强了对购买公共服务绩效的规范与管理。2013 年国务院办公厅印发的《指导意见》就明确要求："加强政府向社会力量购买服务的绩效管理，严格绩效评价机制。……评价结果向社会公布，并作为以后年度编制政府向社会力量购买服务预算和选择政府购买服务承接主体的重要参考依据。" 2017 年，党的十九大报告在提出关于"全面实施绩效管理"和"深化机构和行政体制改革"的要求时，也提出政府购买服务是绩效管理的重要组成部分和关键领域。在 2020 年 1 月财政部发布的《政府购买服务管理办法》则把讲求绩效与"预算约束、以事定费、公开择优和诚实信用"一起作为政府购买服务必须遵循的原则。但在实践领域，却依然存在政府购买服务绩效管理不规范、绩效评价指标体系不健全、评价过程形式化、评价结果不充分应用等问题，亟待找到提升

---

① 杨安华：《政府购买服务还是回购服务？——基于 2000 年以来欧美国家政府回购公共服务的考察》，《公共管理学报》2014 年第 3 期。

政府购买公共服务绩效的基本方法和路径。

在学术领域，对政府购买公共服务关注的文献不断增加。以2019年8月26日为时间节点，以"政府购买"和"服务"两个关键词对中文核心期刊的论文题目进行精确检索，共有765条结果，而2013年后就有654条结果，这说明政府购买公共服务上升为国家顶层制度设计后，伴随着政府购买公共服务实践的丰富，学界开始更多关注政府购买服务研究。而以"政府购买"和"绩效"两个关键词进行检索，发现只有35条结果，且主要集中于2013年以后，占29条。同时，扩大检索范围，以"政府购买"和"效果"为关键词检索，共6条，2013年后4条；以"政府购买"和"成效"为关键词进行检索，共8条，2013年后7条；以"政府购买"和"质量"为关键词进检索，共8条，都是2016年后才出现的。文献检索结果显示，政府购买公共服务绩效相关问题正在成为学术界关注的热点。但相对于对政府购买公共服务其他领域的关注，在绩效方面的研究成果较少，对绩效改进方面的专门研究更少，难以回应理论与实践对政府购买公共服务绩效提升的需求。

总之，在政府购买公共服务进入全面制度化时期、购买范围和财政支出规模不断扩大的背景下，对政府购买公共服务绩效的现实需求，呼唤学术领域能够科学地分析政府购买公共服务绩效现状，系统地审视购买过程中存在的问题，提出绩效改进的基本思路和可行改革路径，从而推动政府购买公共服务绩效的持续提升。

二 研究意义

（一）理论意义

自20世纪90年代以来，伴随着中国经济的快速发展，地方政府开始探索政府购买公共服务改革，其本身就是公共服务绩效改进的一种大胆实践。但由于各种原因，各地政府对政府购买公共服务绩效改进的探索都是摸着石头过河，没有成熟的理论指导，也较少对一些可以推广的绩效改进措施或模式进行理论总结，从而不能形成理论对实践的有效指导。在此背景下，本书的理论意义主要体现在以下几方面。

一是构建政府购买公共服务绩效改进的理论框架，有助于丰富政府绩效改进的基本理论。本书拟借鉴企业绩效改进的概念和基本理论，从绩效现状分析、绩效差距的原因分析、绩效改进对策选择和绩效改进对策实施和评估等方面构建政府购买公共服务绩效改进的理论框架。该理论框架不仅对于政府购买公共服务具有指导意义，同时也对政府其他领域绩效改进的理论探索具有启发作用。

二是构建包括过程绩效与结果绩效的政府购买公共服务绩效评价理论框架，有助于丰富服务类公共项目绩效评估理论，也有助于在理论方面推进绩效评价指标体系与绩效改进的有机结合。绩效评估或绩效现状诊断在政府、政府部门、公共项目、公共服务等领域都进行了较为系统的探索，但仍存在服务类公共项目绩效评价指标体系构建不完整的问题。同时，已有对政府购买公共服务绩效偏重于结果评估，从理论到实践都较少关注过程绩效情况，难以对绩效改进提出系统化的政策建议。本书从过程绩效和结果绩效两个层面构建政府购买公共服务绩效评估的理论框架，希望在尽量简化理论模型，而又不失理论指导意义的前提下对政府购买公共服务绩效改进理论具有推进作用。

（二）实践意义

随着政府购买公共服务范围与购买资金规模的不断扩大，这不仅需要对政府购买公共服务绩效进行评价，更需要在评价的基础上不断改进绩效水平，推进政府购买公共服务持续健康发展。为此，本书的实践意义主要体现在以下几方面。

一是通过对政府购买公共服务绩效现状的分析，可以更加直观地诊断我国政府购买公共服务实际绩效与期望绩效目标之间的差距。同时，通过对东部和中西部地区的比较分析，可以推动实践层面深入思考不同地区政府购买公共服务绩效差距的形成原因，以促进地区间的相互学习与借鉴。

二是通过对政府购买公共服务绩效的影响因素分析，有助于推进政府和社会力量这两个决定购买绩效的最主要主体，系统思考购买程序、制度设计、监督管理、沟通协调以及各主体间的相互信任等对购买绩效的影响，找准绩效问题产生的根源，从而可以在目标一致性的基本原则下，找到在提高政府购买公共服务效率、质量水平和推动政府职能转变的同时，也能够促进社会力量发展成长的基本路径。

三是本书提出的绩效改进机制设计与绩效改进的基本路径，是在对绩效现状与影响因素进行理论建构与实证分析的基础上提出的，无论是绩效改进的机制设计还是绩效改进的基本路径，都尽力避免片面的和碎片化的绩效改进的不足，在强调绩效改进机制协调运转的同时，亦强调政府购买理念、购买能力、购买制度、购买环境与绩效改进机制的相互影响和相互作用，从而可以为政府部门在绩效改进方面提供系统化的改革思路。

第二节 相关研究现状与文献述评

国外公共服务市场化改革始于20世纪70年代末，理论与实践方面的研究都比较丰富。国内政府购买公共服务始于地方实践，2013年上升为国家顶层制度设计后，在购买公共服务实践快速发展的同时，也吸引了学术研究的更多关注。总体来看，国内外有关政府购买公共服务绩效的相关研究主要集中于绩效的界定、绩效的评价、绩效的影响因素与提升对策等方面。

一 政府购买公共服务绩效的界定

国内外学者对政府购买公共服务绩效都比较关注，但对于该绩效进行明确界定的却不多。从散布于不同的研究领域和研究角度的界定来看，学者们对政府购买公共服务绩效也没有达成共识。民营化的坚定支持者萨瓦斯虽然没有明确界定公共服务外包绩效，但却指出公共服务外包能够带来公共服务供给成本节约、供给效率提高、服务质量的改善。[1] 国内对绩效的界定多从结果方面考虑，也

---

[1] ［美］E.S. 萨瓦斯：《民营化与公私部门的伙伴关系》，周志忍等译，中国人民大学出版社2002年版，第161—164页。

有从过程和结果两个方面进行思考。包国宪和刘红芹指出政府购买居家养老服务绩效是一个效率和质量的复合概念，"是指政府在购买居家养老服务过程中的效率、效益和质量"①。储亚萍和何云飞也从结果角度把政府购买养老服务绩效的构成分为服务质量、服务效率、政府成本、社会公平度和公众满意度。② 舒奋和袁平虽没有界定公共服务外包绩效，但却从服务成本、公众的满意度、服务效率和质量四个方面对其绩效进行了测量。③ 章辉从政府购买服务所要达到的绩效目标方面，把其绩效界定为成本控制、产出数量与质量、相关方满意度、后续效益等。④ 依然是从结果角度，蔡长昆把公共服务市场化的制度绩效界定为成本节约、满意度提升和稳定性保障三个维度。⑤ 与以上学者不同的是，吉鹏和李放认为政府购买养老服务绩效属于政府绩效和财政部支出绩效的范畴，分为过程绩效和结果绩效⑥，具体表现为做了什么和服务对象得到了什么两个方面⑦。

二 政府购买公共服务绩效评估研究

（一）政府购买公共服务绩效评估的认知

基于对绩效的基本认识，国外学者强调公共服务市场化要坚持公

---

① 包国宪、刘红芹：《政府购买居家养老服务的绩效评价研究》，《广东社会科学》2012年第2期。

② 储亚萍、何云飞：《政府购买居家养老服务绩效的影响因素研究》，《云南民族大学学报》（哲学社会科学版）2018年第4期。

③ 舒奋、袁平：《我国政府公共服务外包绩效影响因素的实证研究》，《浙江社会科学》2012年第8期。

④ 章辉：《政府购买服务如何实施绩效管理》，《中国政府采购》2018年第10期。

⑤ 蔡长昆：《制度环境、制度绩效与公共服务市场化：一个分析框架》，《管理世界》2016年第4期。

⑥ 吉鹏、李放：《政府购买养老服务绩效内涵界定与评价模型构建》，《广西社会科学》2017年第11期。

⑦ 吉鹏、李放：《政府购买居家养老服务的绩效评价：实践探索与指标体系建构》，《理论与改革》2013年第3期。

共利益和公共价值取向①②、科学设计评估指标体系③、注意过程的监管和评估④、合作治理⑤等。同时，国外学者更注重从合同外包的全过程管理角度看待绩效评估问题。Brown 和 Mathew 将购买公共服务的过程分解为可行性评价、执行合同、监督和评价承包者绩效，强调事先和事后的评价⑥；Brook 和 Smith 则将"评价"贯穿于合同外包的全过程，对资金和绩效均进行测评⑦。

在国内，一些学者从政府绩效的构成或财政绩效的角度看待政府购买公共服务绩效评估。黄春蕾等认为作为政府绩效评估的重要组成部分，政府购买公共服务绩效评估是公共服务绩效评估和公共政策绩效评估在政府购买领域的具体应用，是对购买服务项目效率、质量和效果进行公正客观的评价。⑧ 徐家良等则认为政府购买服务绩效评估是对"购买绩效"和"服务绩效"的综合评估。⑨ 也有部分学者从功能视角出发，认为政府购买服务绩效评价是"财政支出绩效评价的特

---

① ［美］唐纳德·凯特尔：《权力共享：公共治理与私人市场》，张迎春译，周志忍校，北京大学出版社 2009 年版，第 14 页。

② Anna Ya Ni, Stuart Bretschnider, "The Decision to Contract Out: A Study of Contracting for E-Government Services in State Governments", *Public Administration Review*, Vol. 3, No. 67, 2000, pp. 531-544.

③ David Parmenter, *Key Performance Indicators for Government and Non Profit Agencies: Implementing Winning KPIs*, John Wiley & Sons, Inc, 2012, p. 6.

④ Trevor Brown, Matt Potoski, "Contracting for Management: Assessing Management Capacity Under Alternative Service Delivery Arrangements", *Journal of Policy Analysis and Management*, Vol. 2, No. 25, 2006, pp. 323-346.

⑤ Ruth Hoogland DeHoog. Competition, "Negotiation or Cooperation: Three Models for Service Contracting", *Administration andSociety*, Vol. 3, No. 22, 1990, pp. 317-340.

⑥ L. Brown Trevor, Matthew Potoski, "Contract-management capacity in municipal and county governments", *Public Administration Review*, Vol. 2, No. 63, 2003, pp. 153-164.

⑦ Penelope J. Brook, Suzanne M. Smith, *Contracting for public services: our-based aid and its applications*, Washington, D C: International Finance Corporation, 2001, p. 92.

⑧ 黄春蕾、闫婷：《政府购买公共服务绩效评估研究述评》，《山东行政学院学报》2013 年第 6 期。

⑨ 徐家良、许源：《合法性理论下政府购买社会组织服务的绩效评估研究》，《经济社会体制比较》2015 年第 6 期。

殊形式"① 和"预算绩效评价的一个分支"②；对其进行绩效评估是"为了达到不断提高政府绩效、促进政府职能转变的目标"③。也有一些学者从全过程绩效的角度，把需求评估、过程评估与结果评估都包含在政府购买服务绩效评估之中，从而构成一个完整的评价体系④。

（二）政府购买公共服务绩效评估指标体系构建

学者普遍认为，政府购买公共服务绩效评估指标的设计是政府购买公共服务绩效评估的核心内容⑤。并且，也逐渐意识到政府购买公共服务绩效的指标不能用政府绩效或公共服务绩效评估的指标来代替⑥。

围绕政府购买公共服务绩效评估指标体系，学术界进行了卓有成效的研究，总体上分为两类：一类是从结果方面，另一类是从过程和结果两个方面设计指标体系。一部分学者从结果角度设计评估指标体系。Ostrom 等将公共服务市场化绩效标准概括为经济效率、公平、再分配公平、责任和适应性五个要素⑦。蔡立辉在结合了西方发达国家和企业绩效评估的实践经验，提出政府购买公共服务的绩效评价指标需要从效率、能力、服务质量、公共责任和民众满意度来考虑⑧；包

---

① 刘国永、熊羽：《全面实施预算绩效管理视角下政府购买服务绩效评价体系构建》，《财政监督》2019 年第 4 期。

② 黎熙元：《政府购买公共服务预算的效率原则与约束》，《学术研究》2011 年第 7 期。

③ 包国宪：《绩效评价：推动地方政府职能转变的科学工具——甘肃省政府绩效评价活动的实践与理论思考》，《中国行政管理》2005 年第 7 期。

④ 徐家良、许源：《合法性理论下政府购买社会组织服务的绩效评估研究》，《经济社会体制比较》2015 年第 6 期。

⑤ 张学研、楚继军：《政府购买公共体育服务绩效评估指标体系的研究》，《广州体育学院学报》2015 年第 5 期。

⑥ 王春婷、李帆、林志刚：《政府购买公共服务绩效结构模型建构与实证检测——基于深圳市与南京市的问卷调查与分析》，《江苏师范大学学报》（哲学社会科学版）2013 年第 1 期。

⑦ ［美］埃莉诺·奥斯特罗姆、拉里·施罗德、苏珊·温：《制度激励与可持续发展》，陈幽泓等译，上海三联出版社 2000 年版，第 128 页。

⑧ 蔡立辉：《政府绩效评估：现状与发展前景》，《中山大学学报》（社会科学版）2007 年第 5 期。

国宪和刘红芹从效率和服务质量感知角度构建了政府购买居家养老服务的绩效分析指标框架[1]。徐家良和许源将政府购买公共服务绩效分为合法性、有效性两个方面,其中合法性从公共性、制度化、社会化方面进行评估,有效性从经济、效率、效果方面进行评估。[2] 刘素仙认为明确政府购买公共服务的公共性、有效性和回应性三个价值维度是构建评估指标体系的基础和前提。[3] 另一部分学者同时强调政府购买公共服务绩效评估的过程和结果导向,并从这两个方面设计指标体系。如邓国胜认为政府购买公共服务绩效评估的指标模型应当包括投入指标、结果指标、效率指标和质量指标[4];魏中龙和王小艺等认为应该从政府投入指标、服务机构(承接主体)供给指标、消费者满意度三个方面设计政府购买公共服务绩效指标体系[5]。张学研和楚继军从投入、过程、产出、效果四个维度构建了政府购买公共体育服务绩效评估的指标体系。[6] 叶托和胡锐根从投入、过程、产出、品质、成效、政治6个维度构建一级绩效评估指标。[7] 章辉认为政府购买服务绩效评价的内容应主要包括立项论证、投入实施、过程监管、产出效果、相关方评价和预期效益六个方面。[8] 吴瑞君等更重视承接主体的绩效指标,从承接主体基本管理制度达标、管理绩效、政府满意度和

---

[1] 包国宪、刘红芹:《政府购买居家养老服务的绩效评价研究》,《广东社会科学》2012年第2期。

[2] 徐家良、许源:《合法性理论下政府购买社会组织服务的绩效评估研究》,《经济社会体制比较》2015年第6期。

[3] 刘素仙:《政府购买公共服务绩效评价的价值维度与关键要素》,《经济问题》2017年第1期。

[4] 邓国胜:《非营利组织"APC"评估理论》,《中国行政管理》2014年第10期。

[5] 魏中龙、王小艺、孙剑文、董瑞:《政府购买服务效率评价研究》,《广东商学院学报》2010年第5期。

[6] 张学研、楚继军:《政府购买公共体育服务绩效评估指标体系的研究》,《广州体育学院学报》2015年第5期。

[7] 叶托、胡锐根:《政府购买社会服务的绩效评估指标体系研究——基于德尔菲法和层次分析法的应用》,《广西行政学院学报》2015年第2期。

[8] 章辉:《政府购买服务类项目如何实施绩效评价》,《中国财政》2016年第20期。

服务对象满意度四个指标构建综合绩效评价模型。[1]

总之，政府购买公共服务相关指标的设计基本上包含"经济""效率""效果"等结果指标。同时从项目角度，已有学者开始重视过程管理和承接主体的绩效评估。但与西方学者对政府购买公共服务绩效评价的研究以模型构建为主不同[2]，国内学者提出指标体系、构建理念框架的相对较多，囿于数据可得性，运用指标进行评估的研究成果相对较少。

（三）政府购买公共服务的绩效现状评估

国外学者对不同领域公共服务外包的绩效进行评价，结果很不一致。有些研究结果认为服务外包提高了公共服务绩效，而有的研究结果发现政府购买在某些指标上甚至更糟。公共服务私有化的坚定支持者萨瓦斯在考察了多个私有化案例后得出结论，公共服务外包在成本节约、效率提高、服务质量改善，甚至服务创新和限制政府规模扩张等方面都有明显效果。[3] Domberger 和 Jensen 对英国等国家203个案例的分析结果也表明，在不考虑服务质量的情况下大部分公共服务外包项目实现了成本节约，最高的节约比例甚至可以高达50%，但也有少部分项目成本反而上升。[4] Kristensen 在丹麦公共消防外包[5]和 Blom-Hansen 在丹麦公共道路保洁服务外包的案例中也都证实了成本节约的确存在[6]。但 Kirk-patrick 等认为私人机构与政府机构在供给

---

[1] 吴瑞君、倪波、陆勇、王裔艳：《政府购买社会服务综合绩效评量模型设计与参数估计——以上海市浦东新区计生系统购买社会服务为例》，《华东师范大学学报》（哲学社会科学版）2019年第4期。

[2] 王成、丁社教：《政府购买居家养老服务质量评价——多维内涵、指标构建与实例应用》，《人口与经济》2018年第4期。

[3] [美] E.S. 萨瓦斯：《民营化与公私部门的伙伴关系》，周志忍等译，中国人民大学出版社2002年版，第161—164页。

[4] Domberger and S. Jensen, P, "Contracting Out by the Pubic Sector: Theory, Evidence and Prespects," *Oxford Review of Economic Policy*, Vol. 13, No. 4, 1997, pp. 67-78.

[5] Kristensen, O. P, "Public Versus Private Porvision of Governmental Services: The Case of Danish Fire Protection Services," *Urban Studies*, No. 20, 1983, pp. 1-9.

[6] Jens Blom-Hansen, "Is Private Delivery of Public Services Really Cheaper? Evidence from Public Road Maintenance in Denmark," *Public Choice*, Vol. 115, 2003, pp. 419-438.

服务的成本上无显著差异。① Ohlsson 通过研究瑞典垃圾收集，甚至认为政府提供比私人提供成本更低。② Lamothe. M 和 Lamothe. S 发现竞争方式并不必然导致外包绩效的提升，绩效除了购买方式之外，关键要靠良好的过程管理机制。③

在国内研究方面，舒奋和袁平采用宁波市区的调查数据对公共服务外包绩效评估的结果为：超过 60% 的被调查者认为公共服务外包提高了公共服务质量和效率，超过 50% 的认为提高了公众满意度，接近 50% 的认为降低了公共服务成本。④ 呼国印等从服务频率和服务质量的满意度对单一街道的购买居家养老服务绩效进行评价，发现很满意的比例分别为 91% 和 84%⑤。韩清颖和孙涛利用多案例材料，采用严格的有效性指标对政府购买公共服务的结果进行评价，得出公共服务购买整体上是有效的结论。⑥ 有些地方政府公布了政府购买公共服务的成本节约情况，可能是因为数据不完整，学术研究很少使用该指标进行评价。虽然几乎所有的研究结果都表明实际绩效与期望绩效之间存在差距，但对于差距产生的原因却很少进行系统的分析。

---

① Kirk-patrick, C. Parker, D. and Zhang, Y. F, State Versus Private Sector Provision of Water Services in Africa: A statistical, DEA and Stochastic Cost Frontier Analysis, *Centre on Regulation and Competition*, *University of Manchester*, Working Paper Series, 2004.

② Ohlsson, H, *Ownership and Production Costs: Choosing Between Public Production and Contracting Out. Unpublished Manuscript*, Department of Economics, Goteborgs University, 2000, p. 68.

③ Meeyoung Lamothe, Scott Lamothe, "Beyond the Search for Competition in Social Service Contracting: Procurement, Consolidation, and Accountability," *The American review of public administration*, Vol. 2, No. 39, pp. 164-188.

④ 舒奋、袁平：《我国政府公共服务外包绩效影响因素的实证研究》，《浙江社会科学》2012年第8期。

⑤ 呼国印、杜耐可、黄舒天、邹婷婷：《政府向社会组织购买居家养老服务的绩效评价》，《统计与管理》2016年第7期。

⑥ 韩清颖、孙涛：《政府购买公共服务有效性及其影响因素研究——基于153个政府购买公共服务案例的探索》，《公共管理学报》2019年第3期。

(四) 政府购买公共服务绩效评估的结果应用

针对购买服务绩效评估在实践中应用不充分的问题，一些学者致力于探讨如何有效运用绩效结果问题。尚虎平和杨娟认为，真正应用绩效结果需要将评价结果与预算相关联、协同推进，而不是各吹各的号、各唱各的调。[1] 曹堂哲和魏玉梅从绩效付酬的角度，分析绩效付酬是绩效评价和绩效结果运用的桥梁，通过完善绩效付酬制度，可以使两者有机结合起来。[2] 姜爱华和杨琼主张绩效评价结果不仅用于奖励和惩戒，绩效评价结果中提出的改进建议还需要有效落实。[3]

(五) 政府购买公共服务绩效评估存在的主要问题

一些学者指出，绩效评估经常会片面强调对上负责而忽视服务消费对象的需求；过于关注财务管理，忽视服务质量问题，而忘记了购买服务的初衷[4]。还有一些学者指出，评价主体独立性不足、对购买主体评价不足、过程评估被忽视、结果评估欠反馈、评估过程不完整、评估体系不健全[5]、评价信息不公开[6]等，除此之外，制度环境不完善、评估程序不合理等[7]也是政府购买公共服务绩效评估普遍存在的问题。还有学者认为公共服务绩效评估难度大，是因为公共服务的商品特殊性和缺少专业评估人员。[8]

---

[1] 尚虎平、杨娟：《公共项目暨政府购买服务的责任监控与绩效评估——美国〈项目评估与结果法案〉的洞见与启示》，《理论探讨》2017年第4期。

[2] 曹堂哲、魏玉梅：《政府购买服务中的绩效付酬：一种公共治理的新工具》，《改革》2019年第3期。

[3] 姜爱华、杨琼：《北京市政府购买公共服务绩效评价中存在的问题及对策分析》，《经济研究参考》2019年第12期。

[4] 王克强、马克星、刘红梅：《政府购买社会组织服务项目的绩效评价经验、问题及提升战略——基于上海市的调研访谈》，《中国行政管理》2019年第7期。

[5] 胡穗：《政府购买社会组织服务绩效评估的实践困境与路径创新》，《湖南师范大学社会科学学报》2015年第4期。

[6] 崔英楠、王柏荣：《政府购买社会组织服务绩效考核研究》，《北京联合大学学报》（人文社会科学版）2017年第4期。

[7] 吴卅：《政府购买公共体育服务绩效评估现状——基于上海市和常州市经验》，《北京体育大学学报》2017年第3期。

[8] 詹国彬：《政府购买公共服务的风险及其防范对策》，《宁波大学学报（人文科学版）》2014年第6期。

三 政府购买公共服务绩效的影响因素

学者普遍认为,购买主体管理能力、管理方式、购买程序、承接主体选择方式、购买环境和制度因素等是影响政府购买公共服务绩效的重要因素,而需求方缺陷、供给方缺陷和购买的复杂性是这些影响因素成为制约因素的主要原因。[①]

(一)购买主体的管理能力与管理方式

很多学者强调政府购买过程管理能力对购买服务绩效至关重要。Anna Ya Ni 等认为外包绩效与政府规模和政府竞争性招标管理能力、技术能力和内部组织协调能力有关。[②] Lamothe 还认为政府应该具备帮助服务供应商改善服务,培养和维持好政府与服务商的伙伴关系的能力。[③] 张兴[④]、储亚萍和何云飞[⑤]、姜爱华[⑥]等也都强调政府能力建设是影响政府购买公共服务非常关键的因素。在政府管理能力中,合同管理能力[⑦]和监管能力[⑧]尤为重要。

[①] [美]唐纳德·凯特尔:《权力共享:公共治理与私人市》,孙迎春译,周志忍校,北京大学出版社 2009 年版,第 25—28 页。

[②] Anna Ya Ni, Stuart Bretschnider, "The Decision to Contract Out: A Study of Contracting for E-Government Services in State Governments," *Public Administration Review*, Vol. 3, No. 67, 2007, pp. 531-544.

[③] Lamothe S, "How Competitive Is 'Competitive' Procurement in the Social Services?" *The American Review of Public Administration*, Vol. 5, No. 45, 2015, pp. 584-606.

[④] 张兴:《政府购买公共服务绩效困境的形成机理与对策——以 S 区自助图书馆为例》,《中共福建省委党校学报》2019 年第 1 期。

[⑤] 储亚萍、何云飞:《政府购买居家养老服务绩效的影响因素研究》,《云南民族大学学报》(哲学社会科学版) 2018 年第 4 期。

[⑥] 姜爱华:《政府购买公共服务绩效及影响因素文献述评》,《中国行政管理》2016 年第 5 期。

[⑦] Romzek B. S, "Johnston J. M, Effective Contract Implementation and Management: A Preliminary Model," *Journal of Public AdministrationResearch and Theory*, No. 12, 2002, pp. 423-453.

[⑧] Brown, Trevor L, "Matthew Potoski, Managing Contract Performance: A Transaction Cost Approach," *Journal of Public AdministrationResearch and Theory*, No. 22, 2003, p. 275.

除政府管理能力外，政府的管理方式或者与社会组织和公众之间关系的相处方式也是影响绩效的重要因素。姜晓萍和康健指出行政权力在政府购买过程中产生官僚式外包，使社会组织和公众的行动缺乏独立性甚至流于形式，并认为这是影响购买绩效的重要因素。① 对发展中国家公共服务外包研究也发现，地方官僚对购买绩效有重要影响。② 也有学者指出如果政府与承接主体之间的管理关系变成合作关系时会影响双方合作的效果。为合作伙伴关系时，双方具有较高的信任度，有利于控制交易成本、实现双方资源互补，同时也有利于培育社会组织的自主能力和责任意识。③

（二）购买程序与购买选择方式

学者一致认为，购买程序是影响绩效的关键因素。从购买公共服务项目决策④到基本公共服务购买的招投标规范、购买价格和考评机制⑤都有学者进行研究。

王浦劬等指出政府购买责任模糊、程序不规范、合作过程随意性大、评价和监管缺失等不利于保障政府购买服务效果。⑥ 对购买程序的关注多集中于购买方式选择方面，大多数研究认为高竞争性选择方式能带来更高的绩效结果。Domberger 和 Jensen 对英国等国的公共服务民营化研究结果发现，采用竞争招标方式会提高购买服务的绩效，

---

① 姜晓萍、康健：《官僚式外包：政府购买公共服务中利益相关者的行动逻辑及其对绩效的影响》，《行政论坛》2019 年第 4 期。

② SIDDIQI S, MASUD T, & SABRI B, "Contracting but not without Caution: Experience with Outsourcing of Health Service in Countries of the Eastern. Mediterranean Region," *Bulletin of World Health Organization*, No. 84, 2006, pp. 867-875.

③ 邓金霞：《政府购买中的集聚现象：一个合作发生机制的分析框架》，《中国行政管理》2017 年第 5 期。

④ 郑美艳、王正伦、孙海燕：《公共体育场馆服务外包综合质量评价体系的构建》，《体育学刊》2016 年第 1 期。

⑤ 舒奋、袁平：《我国政府公共服务外包绩效影响因素的实证研究》，《浙江社会科学》2012 年第 8 期。

⑥ 王浦劬、[美] 莱斯特·M. 萨拉蒙等：《政府向社会组织购买公共服务研究：中国与全球经验分析》，北京大学出版社 2010 年版，第 28—30 页。

并且可以显著的节约成本。① 但由于我国政府购买服务市场不成熟、购买主体与承接主体之间的关系复杂性等问题，一些学者研究的结果却未发现通过竞争性招标购买的服务有效性明显超过非竞争性（内部制定或定向委托）的有力证据。②

（三）政府购买环境

对于购买环境的研究比较分散。一些学者强调竞争环境对购买绩效的影响，周俊认为政府购买公共服务存在缺乏竞争、机会主义等风险，如果不能及时识别和预防会影响政府购买绩效③；Siddiqi、Masud 与 Sabri 在对地中海国家公共卫生服务外包绩效的研究中发现，外包竞争者数量对绩效结果有重要影响。④ 一些学者强调监管环境的重要性，有效监管与外包绩效之间具有明显的正相关性⑤，政府投入更多的监督成本有利于提高公共服务产品的质量⑥。还有一些学者注意到行政环境的影响，如王春婷认为，良好的行政环境对政府购买服务绩效有显著的促进效应，同时也指出政府管理、监督评估和市场结构分别对公众满意度、效率和政府成本都有重要影响⑦。

（四）购买服务制度

在公共服务市场化和外包实践中，一些学者注意到同样采用公共

---

① Domberger, S. Jensen, P, "Contracting Out by the Pbulic Sector: Theory, Evidence and Prospects", *Oxfird Review of Economic Policy*, No. 13, 1997, pp. 67-78.

② 韩清颖、孙涛：《政府购买公共服务有效性及其影响因素研究——基于153个政府购买公共服务案例的探索》，《公共管理学报》2019年第3期。

③ 周俊：《政府购买公共服务的风险及其防范》，《中国行政管理》2010年第6期。

④ Sameen Siddiqi, Tayyeb Imran Masud, Belgacem Sabri, "Contracting but not without Caution: Experience with Outsourcing of HealthService in Countries of the Eastern Mediterranean Region," *Bulletin of World Health Organization*, No. 84, 2006, pp. 867-875.

⑤ Boyne G A, James O, John P, Petrovsky N. "Party Control, Party Competition and Public Service Performance," *British Journal of Political Science*, No. 3, 2012, pp. 641-660.

⑥ 刘征驰、易学文、周堂：《引入公众评价的公共服务外包质量控制研究——基于双重契约的视角》，《软科学》2012年第3期。

⑦ 王春婷：《政府购买服务绩效的影响因素与传导路径分析——以深圳、南京为例》，《软科学》2015年第2期。

服务市场化的国家，由于制度原因，存在绩效结果差异较大的现象。在研究美国和西班牙公共服务市场化绩效差异时，Warner 和 Bel 指出这与两国不同的制度环境和制度历史有关①。我国政府购买是在制度不成熟的环境中探索前行的，句华将政府购买公共服务制度的健全、领导人的开明、公益组织的发展同时纳入购买分析框架②。

还有一些学者指出承接主体的能力、独立性、利己倾向③；购买主体政府与社会组织之间的边界与权力关系、形式化评估④、公众的参与⑤等也是影响购买绩效的重要因素。由此，学者从完善政府购买制度、规范政府购买程序、加强第三方和服务对象的监督⑥、防止逆向选择和道德风险等系列风险的发生⑦等方面提出防止影响因素变成制约因素的政策建议。

总之，国内外学者对政府购买公共服务的影响因素有较多探讨，但国内外的研究大多都不系统，只是分析某些方面的影响因素，而忽视其他因素对购买服务绩效的影响。

四　政府购买公共服务绩效改进的对策

（一）绩效改进理论及其在政府方面的应用

绩效改进技术与方法早期主要用于企业的人力资源管理部门，为

---

① Warner, M. E, Germà. Bel, "Competition or Monopoly? Comparing Privatization of Local Public Services in The US and Spain," *Public Administration*, Vol. 3, No. 86, 2008, pp. 723-735.

② 句华：《政府如何做精明的买主——以上海市民政部门购买服务为例》，《国家行政学院学报》2010年第4期。

③ 王川兰：《行动者、系统与结构：社会组织参与公共服务购买的行动逻辑——基于上海市 S 机构的实证研究》，《社会科学》2018年第3期。

④ 姜晓萍、康健：《官僚式外包：政府购买公共服务中利益相关者的行动逻辑及其对绩效的影响》，《行政论坛》2019年第4期。

⑤ 宁靓、赵立波：《公众参与政府购买公共服务绩效评估指标体系研究》，《中国海洋大学学报》（社会科学版）2017年第4期。

⑥ 孙晓莉：《政府与市场关系视角下的购买公共服务监管》，《行政管理改革》2015年第8期。

⑦ 詹国彬：《政府购买公共服务的风险及其防范对策》，《宁波大学学报》（人文科学版）2014年第6期。

第一章 绪论

改变培训是提高组织绩效唯一办法的固有模式，探索从提高人力资源能力到改变组织制度、环境、流程等系统的绩效提升路径。① 绩效改进的核心思想是通过一整套系统化和整体化的方法，识别阻碍达到最佳绩效的障碍，并实施有效的解决方案，从而达到绩效提升和目标实现的过程。② 其基本思路是通过对现有绩效状态的分析，找出当前绩效与理想绩效之间的差距，分析差距产生的原因，制定并实施有针对性的改进计划和措施，从而实现不断提升组织、部门、个人或项目的绩效。③ 一般认为，绩效改进是绩效评估的后续应用阶段，是连接绩效评估和下一周期计划目标制定的关键环节。绩效改进的基本流程包括确定现状、差距分析、实施干预措施、评估绩效改进结果。对于大多数组织活动而言，其绩效通常是没有最好只有更好，因此"绩效改进的机会和可能性是无穷无尽的"④，这些机会就隐藏在组织活动的各个流程当中。

利用绩效改进理论，国外学者对公共服务部门的绩效提升问题进行了研究。自 2009 年以来，新西兰政府采用了新西兰城市服务委员会的绩效改进框架 PIF（Performance Improvement Framework）。2017 年，惠灵顿维多利亚大学政府学院受托对政府部门 PIF 的运用情况进行评价，发现对于改进公共服务很有帮助。PIF 使组织真正专注于长期目标，有助于提高组织的目标明确性、组织管理能力，改进组织业务运营模式和激发高级管理人员的创新精神，积极公开的 PIF 报告也增长了部长们对其组织绩效的信心⑤。从合同管理的角度，库珀把政

---

① 林涛、马宁、林君芬、何克抗：《关于绩效技术的模型评述》，《中国电化教育》2004 年第 11 期。

② [美] 理查德·A. 斯旺森：《绩效分析与改进》，孙仪译，中国人民大学出版社 2010 年版，第 8 页。

③ 方振邦编著：《战略性绩效管理》，中国人民大学出版社 2014 年版，第 291 页。

④ [美] 达琳·M. 范·提姆、詹姆斯·L. 莫斯利、琼·C. 迪辛格：《绩效改进基础：人员、流程和组织优化》，易虹，姚苏阳译，中信出版社 2013 年第 3 版，第 XV 页。

⑤ Allen, Barbara, etc, Independent Review of the Performance Improvement Framework, https://ssc.govt.nz/our-work/performance-improvement-framework/.

府购买公共服务过程分为合同谈判、起草、监督、中途纠正、结束或重建五个阶段,其中中途纠正就是绩效改进的主要内容。① 由于绩效改进的实践性较强,其在理论与实践方面也存在明显的不平衡。②

国内一些学者早已注意到绩效改进的基本思想,并应用于公共部门和公共服务的绩效研究之中。吴建南和孔晓勇以公众服务为导向,提出政府绩效改进的实施方案。③ 在行风评议中,吴建南等建议从指标设计和结果反馈方面促进被评议组织的绩效改进。④ 王学军和王子琦提出公共价值是政府绩效改进的逻辑起点,提高公众与政府的公共价值共识程度是政府绩效改进的有效切入口。⑤ 董克用和李文钊主张:"政府绩效的改进需要在政府职能动态变化的视角之下进行思考和研究。"⑥ 吴春波和于强则认为:"标杆管理是政府绩效改进的有力工具。"⑦ 这些对于绩效改进在公共部门的探索比较零碎,缺少对绩效改进理论的关注。

(二) 政府购买公共服务绩效改进的对策

专门研究政府购买公共服务绩效改进的文献较少,已有文献对政府购买公共服务绩效改进的思想多体现在针对政府购买公共服务存在的问题提出的解决对策方面。

在监督管理方面,陈岳堂和李青清利用三方演化博弈模式分析政

---

① [美] 菲利普·库珀:《合同制治理——公共管理者面临的挑战与机遇》,竺乾威、卢毅、陈卓霞译,竺乾威校,复旦大学出版社2007年版,第105—129页。

② 杨九民、梁林梅:《对〈绩效改进〉及〈绩效改进季刊〉的内容分析》,《中国电化教育》2005年第5期。

③ 吴建南、孔晓勇:《以公众服务为导向的政府绩效改进分析》,《中国行政管理》2005年第8期。

④ 吴建南、王芸、黄加伟:《行风评议与政府绩效改进》,《西安交通大学学报》(社会科学版)2009年第1期。

⑤ 王学军、王子琦:《政民互动、公共价值与政府绩效改进——基于北上广政务微博的实证分》,《公共管理学报》2017年第3期。

⑥ 董克用、李文钊:《从政府职能的视角理解政府绩效改进》,《中国机构改革与管理》2011年第1期。

⑦ 吴春波、于强:《标杆管理与政府绩效改进》,《西北民族大学学报》(哲学社会科学版)2009年第4期。

府购买普惠幼儿园的结果,提出优化政府购买服务绩效,需要降低监管成本,将公众纳入绩效评估主体①。句华在介绍助推理论时指出,通过政府有意识的在政府购买项目决策、项目设计、项目发包、项目监管与责任感等方面进行有效助推,可以提高政府购买的绩效水平。② 在绩效评估方面,研究提出要建立分类评价的政府购买服务绩效评价体系③,开发科学合理的评价指标体系,注重服务对象的满意度④,引入第三方评估,建立多元主体参与的评估结构⑤;把政府与社会组织同时纳入被评价对象;采用有效的绩效评价方法⑥;将绩效评估结果向社会公开⑦,合理运用评价结果⑧;等等。从合同治理角度,叶托基于规则、关系和价值的维度,为政府购买公共服务构建一个全面系统的合同治理框架,解决合同失灵问题⑨;兰旭凌强调合同的完整与否直接关系到政府购买公共服务的效果与责任追究,提出通过完善合同提升购买绩效⑩。此外,也一些学者从制度、文化等方面提出相应的对策建议。

---

① 陈岳堂、李青清:《政府购买学前教育服务绩效优化研究——基于普惠性民办幼儿园的三方演化博弈分析》,《当代教育论坛》2019年第1期。

② 句华:《助推理论与政府购买公共服务政策创新》,《西南大学学报》(社会科学版)2017年第2期。

③ 陈伟明、王骏:《开展政府购买服务绩效评价的探讨》,《中国财政》2014年第6期。

④ 钱海燕、沈飞:《地方政府购买服务的财政支出效率评价——以合肥市政府购买居家养老服务为例》,《财政研究》2014年第3期。

⑤ 陈伟明、王骏:《开展政府购买服务绩效评价的探讨》,《中国财政》2014年第6期。

⑥ 常晋、刘明慧:《政府购买公共服务:一个文献述评》,《地方财政研究》2016年第5期。

⑦ 章辉:《政府购买服务类项目如何实施绩效评价》,《中国财政》2016年第20期。

⑧ 李静:《基于合作式治理视角的政府购买公共服务机制创新研究——以长沙市政府购买居家养老服务为例》,《北京邮电大学学报》(社会科学版)2011年第2期。

⑨ 叶托:《政府购买公共服务的三维治理探讨》,《理论探索》2019年第6期。

⑩ 兰旭凌:《政府购买公共服务的风险评价:一个实证模型》,《江淮论坛》2018年第3期。

总体看来，虽然绩效改进思想与理论已经在国内得到关注，但在政府购买公共服务绩效方面，绩效改进理论尚未得到足够的关注。大多数对于政府购买服务绩效方面的政策建议建立在经验与观察之上，而不是绩效现状评价的基础之上，呈现出对策建议较为碎片化的特点，难以适应不断增长的购买公共服务对绩效提升的现实需求。

五 文献述评

对已有文献的梳理可以看出，学者在政府购买公共服务绩效的界定、绩效评估、影响因素及绩效提升的政策建议方面都进行了积极的探索，在基本概念、评估指标体系构建、影响因素分析等方面也取得了相应的研究成果，具有重要的学术和实践价值。但从回应我国政府购买公共服务实践来看，现有研究也存在一些不足，主要表现在以下几个方面。

一是政府购买公共服务绩效相关理论研究不够深入。首先，对政府购买公共服务绩效的界定不清楚，在一定程度上限制了对绩效相关方面的研究。其次，对于政府购买公共服务绩效的认识还停留在普通政府绩效的层面，没有从项目绩效角度深入分析其基本特征。最后，由于对绩效改进理论的忽视，政府购买公共服务绩效评估的研究没有纳入绩效改进的框架体系之内，绩效评估与绩效改进的理论与实践割裂降低了绩效评估的实际价值。

二是政府购买公共服务绩效的实证研究比较薄弱。首先，政府购买公共服务绩效评估指标体系的研究多停留在指标体系的构建思路方面，进行绩效评价的较少。其次，在政府购买公共服务绩效影响因素的分析方面，现有研究以理论分析居多，建立在调研、访谈等实证分析基础上的较少。同时，已有关于影响因素的研究比较碎片化，没有系统地从参与主体、购买流程、购买制度和购买环境等方面进行分析与思考。最后，对政府购买公共服务绩效提升的政策建议方面，除少数研究建立在调研和案例分析基础上之外，多数研究还是在理论分析基础上根据经验所提出的政策建议，因此实践可操作性受到限制。

三是对政府购买公共服务绩效的研究视角比较窄。大多数研究仅关注指标体系构建、绩效评估、影响因素和政策建议，较少从政府购买流程，即全过程绩效管理的角度关注每个流程环节对绩效的影响，同时未分析各参与主体、购买制度和购买环境与购买程序之间的相互影响和相互作用问题。碎片化的研究仅能看到绩效问题的冰山一角，很难从系统化角度提出绩效改进对策。

这些研究的不足提示学界在政府购买公共服务领域引入绩效改进理论的必要性与现实价值。为此，本书尝试把绩效改进理论和理念引入政府购买公共服务绩效分析框架，并综合利用一手问卷调查数据、政府公开数据和深入访谈资料，在对政府购买公共服务绩效现状进行分析和诊断的基础上，找出绩效差距存在的主要原因，从而希望提出适应中国本土购买公共服务实践发展的系统化的绩效改进对策建议。

第三节 主要研究方法

一 问卷调查法

对于政府购买公共服务绩效管理过程现状、绩效结果和影响绩效的因素部分，本书采用了问卷调查法。调研对象为本部门有政府购买公共服务项目并了解购买过程的政府工作人员，在控制一个部门只填一份问卷的前提下，共收集到766份有效调查问卷。在政府购买公共服务数据难以获取的情况下，通过对调查对象的严格控制，一方面可以较好地保证对过程绩效和结果绩效的评价信息真实可靠；另一方面，这些调查对象更为熟悉政府购买公共服务的整个过程，也更清楚主要问题及其原因。因此，采用问卷调查法，较好地弥补了政府购买公共服务数据不足的问题，使得本研究可以顺利地进行政府购买公共服务绩效现状诊断与影响因素分析。

二 深度访谈法

作为问卷调查的补充，对于影响政府购买公共服务的主要因素，本书采用半结构化的方式进行深度访谈。访谈的对象包括东部地区和中西部地区的购买主体、承接主体和财政部门的主要负责人，他们从不同视角分析政府购买公共服务绩效存在的问题、主要影响因素及其背后的原因，这对本书较为系统、全面、客观地看待绩效、绩效问题及其产生原因等具有重要的帮助作用。对于政府和社会组织而言，访谈的内容主要集中于政府购买居家养老服务、城市道路保洁服务和社区公共服务，同时也对一些地区的购买文化服务、公共体育服务、扶贫服务等进行了访谈。之所以选择这几类公共服务，主要原因在于各个地方政府购买上述诸类服务实践比较丰富，发展相对比较成熟，成功经验与存在问题都具有代表性，更适合地区之间比较。本书的所有访谈都是在访谈对象方便的前提下进行，访谈地点一般选择在访谈对象的办公室，个别是在咖啡厅。为保证访谈目标的实现，对于每位访谈主体，一般访谈时间为2—3个小时。同时，在课题研究过程中也保持了与被访谈对象的持续联系，对遇到的新困惑及时请教咨询。

三 比较研究法

本书在政府购买公共服务绩效分析时使用比较研究法，通过对东部地区与中西部地区政府购买公共服务的绩效水平进行比较，可以印证购买实践比较早、制度相对比较成熟的地区购买服务绩效普遍较高的主观判断。同时，在分析绩效差距时，本书也采用了对实际绩效与期望绩效之间进行比较，通过这样的比较分析，可以更加清楚地诊断出绩效差距的存在及其差距的程度。当然，在不同指标的绩效之间，本书在分析时也采用了比较的方法，这种比较使本书对绩效影响因素的分析更加精确，同时提出的对策建议也更具有现实可操作性。

第四节 研究的内容框架

本书围绕政府购买公共服务绩效与绩效改进这两个关键问题，沿着政府购买公共服务当前的绩效现状如何，是否存在绩效差距，什么因素影响绩效与绩效改进，如何进行绩效改进的基本思路展开分析。本书共九章，可分为六个部分，如图1-2所示。

第一章 绪论

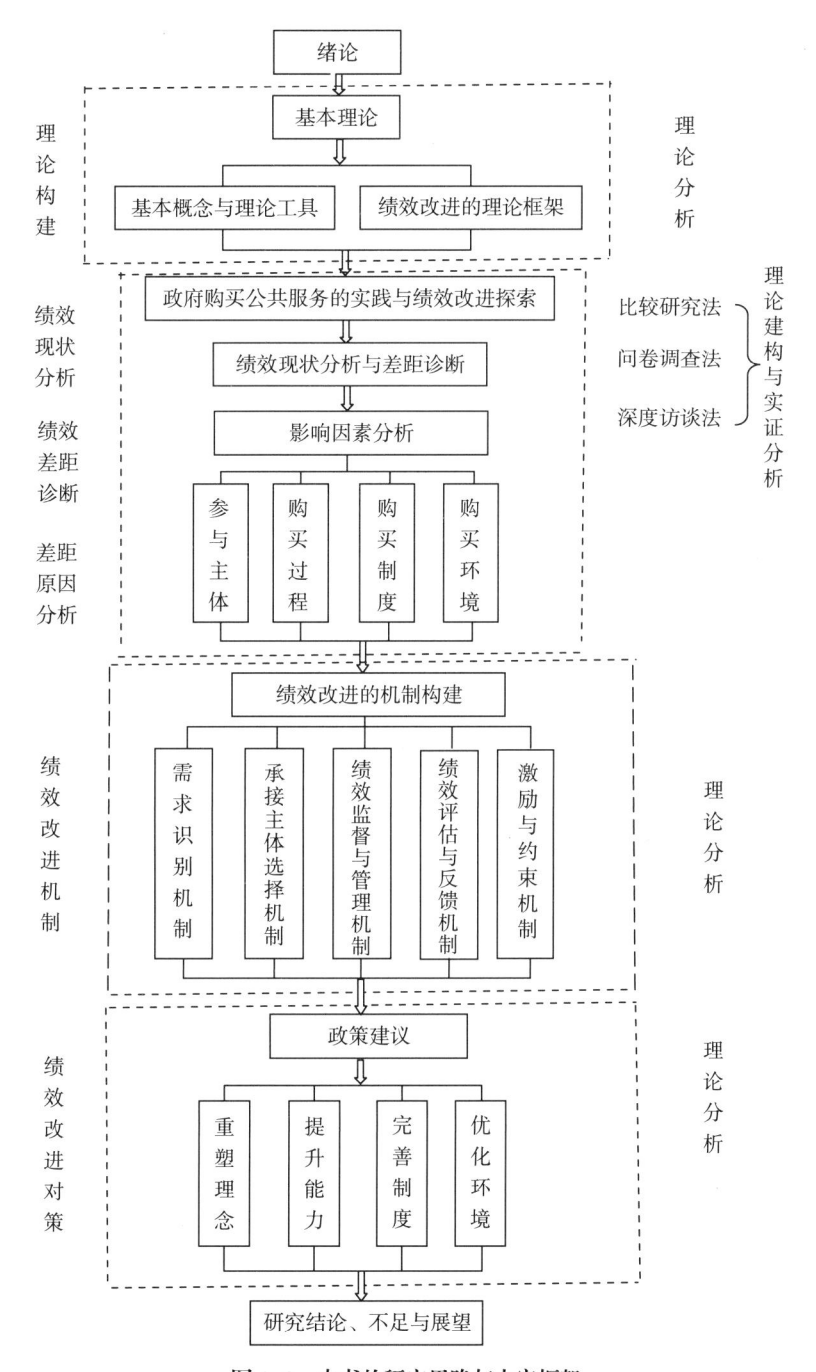

```
                          绪论
                           ↓
              ┌─────────────────────────┐
理论           │         基本理论          │         理论
构建           │           ↓              │         分析
              │  ┌──────────┬──────────┐  │
              │  │基本概念与 │绩效改进的 │  │
              │  │理论工具  │理论框架  │  │
              │  └──────────┴──────────┘  │
              └─────────────────────────┘
                           ↓
绩效           ┌─────────────────────────┐   比较研究法   理论
现状           │政府购买公共服务的实践与绩效改进探索│            建构
分析           │           ↓              │   问卷调查法   与实
              │   绩效现状分析与差距诊断     │            证分
绩效           │           ↓              │   深度访谈法   析
差距           │       影响因素分析         │
诊断           │           ↓              │
              │  ┌──┬──┬──┬──┐           │
差距           │  │参│购│购│购│           │
原因           │  │与│买│买│买│           │
分析           │  │主│过│制│环│           │
              │  │体│程│度│境│           │
              │  └──┴──┴──┴──┘           │
              └─────────────────────────┘
                           ↓
              ┌─────────────────────────┐
              │      绩效改进的机制构建      │
              │           ↓              │
绩效           │ ┌──┬──┬──┬──┬──┐        │   理论
改进           │ │需│承│绩│绩│激│        │   分析
机制           │ │求│接│效│效│励│        │
              │ │识│主│监│评│与│        │
              │ │别│体│督│估│约│        │
              │ │机│选│与│与│束│        │
              │ │制│择│管│反│机│        │
              │ │  │机│理│馈│制│        │
              │ │  │制│机│机│  │        │
              │ │  │  │制│制│  │        │
              │ └──┴──┴──┴──┴──┘        │
              └─────────────────────────┘
                           ↓
              ┌─────────────────────────┐
              │         政策建议          │
              │           ↓              │
绩效           │  ┌──┬──┬──┬──┐         │   理论
改进           │  │重│提│完│优│         │   分析
对策           │  │塑│升│善│化│         │
              │  │理│能│制│环│         │
              │  │念│力│度│境│         │
              │  └──┴──┴──┴──┘         │
              └─────────────────────────┘
                           ↓
                 研究结论、不足与展望
```

图 1-2　本书的研究思路与内容框架

— 25 —

第一部分为第一章绪论，介绍了研究的背景与意义、研究现状、研究方法、内容框架与可能的创新之处。

第二部分：基本理论部分，包括第二章（核心概念界定与理论基础）和第三章（政府购买公共服务绩效改进的意义与理论框架）。在理论部分，主要界定了与本书相关的重要概念：公共服务、政府购买公共服务、政府购买公共服务绩效与政府购买公共服务绩效改进等；分析了本书所使用的主要理论：委托—代理理论、利益相关者理论、目标一致性理论和绩效改进理论；同时，在介绍政府购买公共服务绩效改进的意义与基本原则的基础上，从现状分析、原因诊断、改进方案设计与方案实施结果评估方面构建了本书的理论分析框架。这些也是本书的主要理论基础。

第三部分是理论建构与实证分析部分，主要包括第四章、第五章和第六章。首先，是历史回顾与简要评价，即本书的第四章：政府购买公共服务的实践与绩效改进探索。该章主要从历史沿革的角度分析了在自发探索、范围和规模逐步扩大和快速发展三个阶段政府购买公共服务的内容与制度演进，从利益相关者角度分析了政府购买公共服务的主要参与主体及其主要职责，并从购买制度、基本理念、购买程序、监管评估等方面对政府购买公共服务绩效改进的实践探索进行了总结。其次，是第五章：政府购买公共服务绩效现状分析，诊断实际绩效与期望绩效之间是否存在差距。最后，是本书的第六章：政府购买公共服务绩效影响因素分析。该章利用问卷调查和深度访谈数据，从参与主体、购买过程、购买制度和购买环境四个方面分析了其对政府购买绩效的影响，以诊断绩效差距产生的主要原因。这部分也是本书的主要实证分析部分。

第四部分：政府购买公共服务绩效改进的机制构建，为本书的第七章。在绩效现状与影响因素分析的基础上，本书从需求识别机制、承接主体选择机制、绩效监督与管理机制、绩效评估与反馈机制、激励与约束机制五个方面构建了绩效改进的基本机制。

第五部分：政府购买公共服务绩效改进的路径选择，为本书的第八章。为保障政府购买公共服务绩效改进机制的协调运转，实现持续稳定的绩效改进，从购买主体基本理念、购买能力、购买制度与购买环境方面提出绩效改进的基本路径。

第六部分：研究结论、不足与展望。作为最后一部分，对研究的内容进行总结，指出研究中存在的不足以及进一步研究的问题与方向。

第五节 研究的创新之处

本书的创新之处主要体现在以下几个方面。

一是构建了政府购买公共服务绩效改进的理论框架。在明确界定政府购买公共服务绩效改进内涵的基础上，构建了包括绩效现状分析、绩效差距原因诊断、绩效改进对策设计和结果评估的绩效改进理论框架。鉴于当前我国学界对政府购买公共服务绩效改进的研究较少，还没有形成系统的绩效改进理论，本书拓宽了政府绩效和绩效改进的研究范围，在理论视角方面具有一定的新颖性。

二是实证分析了政府购买公共服务的绩效现状及其影响因素。无论所构建的政府购买公共服务绩效评价指标体系，还是绩效现状与影响因素的分析方法，都与已有研究有所不同。首先，本书从过程绩效和结果绩效两个维度而非单一维度构建评价指标体系，采用问卷调查数据和政府网站公开信息，实证分析政府购买公共服务绩效现状，并采用比较研究法分析实际绩效与期望绩效、东部地区绩效和中西部地区绩效之间的绩效差距，诊断政府购买公共服务绩效差距的程度。其次，综合利用调查问卷数据以及对购买主体、承接主体和财政部门负责人的深度访谈资料和已有文献资料等，对影响政府购买公共服务绩效的主要因素进行分析，较为系统和全面地分析了绩效差距形成的原因。相对于已有研究对政府购买公共服务的绩效分析多停留在理论层面或个别项目和小样本评估的现象，本书综合利用大样本数据、政府公开数据和深度访谈资料，不仅分析绩效现状、诊断绩效差距，还探析绩效差距形成的原因，更能实现绩效改进的目的。

三是构建了政府购买公共服务绩效改进的基本机制。完善的机制设计和协调的机制运作是政府购买公共服务绩效改进的关键。本书从需求识别机制、承接主体选择机制、绩效监督与管理机制、绩效评估与反馈机制及激励与约束机制方面构建了绩效改进的基本机制,弥补了已有研究对政府购买公共服务绩效改进机制研究的不足。

四是提出了政府购买公共服务绩效改进的基本路径。为保障绩效改进机制的协调运转和绩效的持续提升,从转变理念、提高能力、完善制度和优化环境方面提出系统化的、持续稳定的绩效改进路径。与已有政策建议不同的是,本书关于绩效提升的政策建议是建立在实证分析和绩效改进理论基础上的,更突出绩效改进的持续性和稳定性。

第二章 核心概念界定与理论基础

基于研究的基本问题，本章对公共服务、政府购买公共服务、政府购买公共服务绩效及政府购买公共服务绩效改进等与本书相关的核心概念进行界定。然后，对本书的理论基础进行阐释，这些理论包括委托—代理理论、利益相关者理论、目标一致性理论和绩效改进理论，同时阐述这些理论在本书应用的基本思路。

第一节 核心概念界定

清晰界定所使用的核心概念，是研究的基本起点。公共服务、政府购买公共服务、政府购买公共服务绩效与政府购买公共服务绩效改进等本书的关键概念，虽然在理论研究与实践探索中频繁出现，但并不是每个定义都有统一的认识，因此需要在本书展开前进行界定。

一 公共服务

公共服务与公共产品是经常出现而又时常让人迷惑的两个概念。从产生时间而言，公共服务概念晚于公共产品，并且现代意义上的"公共服务"来源于公共产品理论。1954年，保罗·萨缪尔森在把公共产品定义为每个人都可以消费、又不会导致他人减少对该产品消费的产品，包括有形的产品和无形的服务。[1] 公共服务的概念最早由国

---

[1] Paul A. Samuelson, "The Theory of Public Expenditure", *Review of Economics and Statistics*, Vol. 4, No. 36, 1954, pp. 387–389.

外学者莱昂·狄冀提出，他认为公共服务是一项有助于实现和促进社会团结的由政府控制和规范的活动。① 美国学者弗雷德里克森认为公共服务是通过政府和官员的行为创造社会利益和公共利益。② 埃莉诺·奥斯特罗姆则认为，公共服务是以服务形式表现出来的公共产品，具有非排他性、公用性、不可分割性和不可衡量性。③ 萨瓦斯在《民营化与公私部门的伙伴关系》一书中，提出物品和服务"将被用作同义词"，并在后来的论述中把公共产品和公共服务也当成同义词。④ 如果从细节分析，公共产品和公共服务是有区别的，公共产品是作为私人物品的对立物而提出的，是经济学常用的概念，而公共服务是作为政府的基本职责而强调的，更多应用于公共管理领域。可以说，"公共产品是解决资源配置的有效性问题，公共服务是解决公众利益的保障性问题"⑤。在实践中，"公共服务专指公共部门运用公共资源提供的以满足社会成员的普遍需求为目的服务行为"⑥。公共服务也是政府与公共部门"依据公共权力，以公共价值和服务人民为导向，通过提供各种物质形态和非物质形态的产品和服务，不断回应社会公众的需求偏好，维护公共利益，促进社会公平"的行为过程。⑦

依个人对公共服务的依赖程度为划分依据，又可分为基本公共服务和非基本公共服务。其中，"基本公共服务是由政府主导、保障全体公民生存和发展基本需要、与经济社会发展水平相适应的公

---

① [法]莱昂·狄冀：《公法的变迁：法律与国家》，郑戈、冷静译，春风文艺出版社1999年版，第12—23页。
② [美]H.乔治·弗雷德里克森：《公共行政的精神》，张成福、刘霞、张璋等译，张成福校，中国人民大学出版社2013年版。
③ [美]埃莉诺·奥斯特罗姆：《公共资源的未来：超越市场失灵和政府管制》，郭冠清译，中国人民大学出版社2015年版，第47页。
④ E.S.萨瓦斯：《民营化与公私部门的伙伴关系》，周志忍译，中国人民大学出版社2002年版，第42页。
⑤ 杜万松：《公共产品、公共服务：关系与差异》，《中共中央党校学报》2011年版第6期。
⑥ 杨宏山：《公共服务供给与政府责任定位》，《中州学刊》2009年第4期。
⑦ 陈振明等：《公共服务导论》，北京大学出版社2011年版，第1页。

共服务"①。在《"十三五"推进基本公共服务均等化规划》中明确规定目前我国的基本公共服务包括基本公共教育、基本劳动就业创业、基本社会保险、基本住房保障、基本医疗卫生、基本公共文化体育、基本社会服务、残疾人基本公共服务八大类,并制定了基本公共服务清单。

除基本公共服务外,其他公共服务都划分为非基本公共服务。尽管目前公共服务的生产与供给形式多样,有政府生产并供给、政府委托市场生产政府购买、政府委托市场生产并供给、政府与市场合作生产与供给等多种形式,但政府作为公众的委托人,有义务节约公共服务供给成本并保障公共服务质量,且永远都是公共服务的最终责任主体。虽然也存在部分志愿服务、市场或个人提供的公共服务,但只占公共服务供给数量的极少比例,政府依然是公共服务供给的最重要主体。

鉴于此,本书从公共服务责任主体、需求主体和公共利益维护等角度来界定公共服务。首先,公共服务的责任主体是政府。不管这项服务是政府及其附属的公共部门提供,还是委托社会组织、企业等其他市场主体提供,或者政府与社会力量合作提供,政府都是公共服务的最终责任主体。其次,公共服务的需求主体是公众,这个公众既可以是全国范围的公众,也可是一个地方政府辖区的公众,还可以是某个社区或村庄的公众,由此划分出全国公共服务、地方公共服务和社区公共服务。最后,公共服务体现公共利益,强调政府对一国公民或居民所肩负的责任。因此,本书把公共服务界定为政府部门利用公共资源,由政府、政府委托社会力量或者政府与社会力量合作提供的,用于满足一定范围的公众需求的产品或服务。

---

① 《国务院关于印发"十三五"推进基本公共服务均等化规划的通知》,http://www.gov.cn/zhengce/content/2017-03/01/content_ 5172013.htm,2017年3月1日。

二 政府购买公共服务

政府购买公共服务在国外通常被称为公共服务外包或公共服务市场化，是公共服务生产与供给方式的变革与创新。国内学者对政府购买公共服务的内涵进行了较多的探索。王浦劬等认为："政府购买公共服务是指政府将原来直接提供的公共服务事项，通过直接拨款或者公开招标的方式，交给有资质的社会服务机构来完成，最后根据择定者或中标者所提供的公共服务数量和质量，来交付服务费用。"[①] 徐家良和赵挺认为政府购买公共服务是在市场机制作用下，政府将本应由自身承担的公共服务转交给社会组织或企事业单位。[②] 魏娜等对政府购买公共服务的边界进行了界定，并提出具有非排他性和竞争性的公共服务，政府可通过采购、租赁等方式，把公共服务具体生产与供给工作交给社会组织或企事业单位。[③] 总之，政府购买公共服务作为一种创新型公共服务供给方式，具有"政府承担、定向委托、合同管理、评估兑现"的基本特点，购买的基本形式包括合同外包、公私合作、政府补助、凭单制等。[④]

在我国政府指导性文件和相关制度规范中，政府购买公共服务和维持自身运转所需要的后勤服务经常一起被统称为政府购买服务。虽然 2013 年国务院办公厅发布的《指导意见》规定"政府向社会力量购买服务，就是通过发挥市场机制作用，把政府直接向社会公众提供的一部分公共服务事项，按照一定的方式和程序，交由具备条件的社会力量承担，并由政府根据服务数量和质量向其支付费用"，强调政府购买的服务是指公共服务。但 2020 年 1 月，财政

---

① 王浦劬、[美] 莱斯特·M. 萨拉蒙等：《政府向社会组织购买公共服务研究：中国与全球经验分析》，北京大学出版社 2010 年版，第 4 页。
② 徐家良、赵挺：《政府购买公共服务的现实困境与路径创新：上海的实践》，《中国行政管理》2013 年第 8 期。
③ 魏娜、刘昌乾：《政府购买公共服务的边界及实现机制研究》，《中国行政管理》2015 年第 1 期。
④ 李军鹏：《政府购买公共服务的学理因由、典型模式与推进策略》，《改革》2013 年第 12 期。

部发布的《政府购买服务管理办法》规定:"政府购买服务的内容包括政府向社会公众提供的公共服务,以及政府履职所需辅助性服务。"在政府购买实践中,也经常把政府购买公共服务与自身运转所需辅助性服务混在一起。因此,有必要在研究中对政府购买公共服务单独进行界定。

综合学术界研究成果和政策文件的规定,政府购买公共服务在购买主体、承接主体、管理和付费方面都应该满足以下条件:一是政府购买公共服务的主体是政府和其他负有公共服务供给责任的公共部门,购买范围属于政府职责范围;二是政府购买公共服务的承接主体必须在公共服务生产与供给方面具有相对于政府的优势,或效率优势,或质量优势,或成本优势等,这也是政府把公共服务推向市场的充分理由;三是政府购买的公共服务须是适合通过市场方式提供的,不适合市场方式提供的政府固有职能,如外交、国防等,不能采用购买的方式提供,否则会给国家安全带来威胁;四是在购买管理方面,都主张采用过程合同管理、评估兑现购买资金的方式;五是在购买规范方面,都是以公共服务项目的形式进行购买,并对购买方式和程序有一定的要求。根据这些条件,本书把政府购买公共服务界定为政府及其他负有公共服务供给责任的公共部门,使用公共财政资金,以公共服务项目的形式,把本应由政府部门供给的公共服务事项,采用合理的购买方式和规范的购买程序,择优选择符合条件的社会力量,通过在购买合同中规定服务数量、质量等具体事项,并依照合同约定支付购买费用的公共服务生产与供给方式。

三 政府购买公共服务绩效

对政府而言,如果不能正确地理解并合理控制购买公共服务的绩效问题,结果可能会盲目购买一些公共服务项目,造成公共财政资源的浪费和效率损失;如果不能正确认识政府购买公共服务绩效问题,也无法实现购买公共服务绩效的持续改进。认识政府购买公共服务绩效需要从绩效和公共服务绩效两个概念开始。"绩"指的是工作的成绩与业绩,"效"衡量的是目标的完成情况与取得的成绩。① 绩效是预期目标的实现程度,体现在组织为实现其目标而展现在不同层面上的有效输出。② 很多时候,绩效被看作"一个系统所产生的被认为有价值的以产品或服务形式表现的产出"③。但也有一些学者坚持绩效过程中行为的重要性,Murphy等将绩效定义为"一套与组织或个体所工作的组织单位的目标相关的行为"④。而Mwita坚持认为公共服务的绩效应该包括行为、产出与结果。⑤ 其中,行为更为重要,这是因为结果的影响因素比较复杂,而行为是组织可以控制的,这也成为过程绩效与结果绩效划分的理由。在结果方面,经济、效率与效益是被广泛认可与接受的绩效考核标准。总之,绩效作为现代公共管理的核心价值追求,是组织活动的成绩和效果,亦是组织目标的实现程度。

根据不同的层次,绩效可以分为组织绩效、部门绩效、个人绩效和项目绩效。已有研究中对组织绩效、部门绩效和个人绩效的关注比较多,对项目绩效的关注相对较少。如绩效是指"特定组织和个体的行为对目标群体需要、价值和机会的满足程度"⑥。从组织生存与发展的角度,绩效更是对一个组织目标实现程度的度量。"政府绩效是

---

① 王泽彩:《绩效:政府预算的起点与终点》,立信会计出版社2016年版,第1页。

② Kane J S, Lawler, "Performance appraisal Effectiveness: Its Assessment and Determinants", *Research In Organizational Behavior*, No. 1, 1979, pp. 425-478.

③ [美]理查德·A·斯旺森:《绩效分析与改进》,孙仪、杨生斌译,中国人民大学出版社2010年版,第26页。

④ Murphy G, Athanasou J, King N, "Job satisfaction and organizational citizenship behaviour: A study of Australian human-service professionals," *Journal of Managerial Psychology*, Vol. 4, No. 17, 2002, pp. 287-297.

⑤ John Isaac Mwita, "Performance Management Model: A Systems-based Approach to Public Services Quality," *International Journal of Public Sector Management*, Vol. 1, No. 13, 2013, pp. 19-37.

⑥ 李正风:《政府绩效管理与基础研究绩效评估》,《自然辩证法通讯》2005年第5期。

政府管理所取得的结果与成效。"① 公共服务作为政府最主要的责任，其绩效是政府绩效的重要组成部分。公共服务绩效是指一级政府或政府职能部门的公共服务供给效果，是以政府为主的供给主体对公众的服务需求满足的程度。与一般公共项目不同的是，政府购买公共服务项目是政府与社会力量共同合作完成的，其绩效结果取决于政府、社会力量、公众之间的合作，因此影响因素更为复杂。除了关注其结果绩效外，从绩效形成的角度，过程绩效更应引起重视。同时，对于政府购买公共服务而言，"过程绩效评价不是只注重过程而不注重结果，而是采取目标与过程并重的价值取向"②。

政府购买作为提高公共服务绩效的有效工具，已成为全球性趋势。在我国，政府购买服务是以公共项目形式进行运作的，因此政府购买公共服务绩效指的政府购买公共服务项目目标的实现程度，这不仅包括项目整体目标的实现程度，还包括管理过程中阶段性目标的实现程度。鉴于此，本书强调政府购买公共服务的项目属性和绩效的全过程管理，主张绩效理念贯穿于政府购买决策、执行、管理、监管和评估的各个环节。因此，本书认为政府购买公共服务绩效是在政府购买公共服务项目执行过程中对政府购买过程目标、产出与结果目标的实现程度，是过程绩效与结果绩效的统一。其中，过程绩效强调购买目标制定、购买流程完善与规范等情况，结果绩效强调政府购买公共服务的经济、效率、效益、社会组织培育与公众满意度等目标的实现情况。过程绩效和结果绩效是绩效在不同阶段的表现形式，体现的是不同阶段管理目标的实现程度，过程绩效亦是政府购买公共服务过程中为达到购买目标在流程方面的管理绩效。

---

① 尚虎平、韩清颖：《我国政府独特绩效产生的原因及其价值——面向2007—2017年间我国172个政府独特绩效案例的探索》，《政治学研究》2019年第3期。
② 吉鹏、李放：《政府购买养老服务绩效内涵界定与评价模型构建》，《广西社会科学》2017年第11期。

四 政府购买公共服务绩效改进

绩效改进又称绩效技术，是用于实现绩效改进的流程、工具和技巧①，是全过程绩效管理中的重要环节。早期应用于教育培训、企业组织或员工绩效提升领域，后引入公共部门多个领域，如公共教育、公共健康等。新西兰城市服务委员会于2008年还开发出了绩效改进框架（Performance Improvement Framework）用以指导公共部门的绩效改进。②

在对绩效改进的定义中，强调系统方法、绩效差距分析和改进方案设计。绩效改进的核心思想是通过一整套系统化和整体化的方法，识别阻碍达到最佳绩效的障碍，并实施有效的解决方案扫除障碍，从而达到绩效提升和目标实现的过程。③ 美国培训与开发协会（American Society For Training and Development，ASTD）和绩效改进协会（International Society of Performance Improvement，ISPI）也都认为绩效改进是在分析绩效差距的基础上，找出绩效差距产生的原因，从而制定相应的干预措施，在成本收益合理的前提下，实现绩效提升的过程。我国学者方振邦指出绩效改进是通过对现有绩效状态的分析，找出当前绩效与理想绩效之间的差距，分析差距产生的原因，制定并实施有针对性的改进计划和策略，从而实现不断提升组织、部门、个人或项目绩效的活动。④ 国内部分学者也持相似观点，认为绩效改进是一个系统化的过程，强调绩效分析的系统方法⑤、

---

① [美]达琳·M.范·提姆、詹姆斯·L.莫斯利、琼·C.迪辛格：《绩效改进基础：人员、流程和组织的优化》（第3版），易虹、姚苏阳译，中信出版社2013年版，第6页。

② Allen, Barbara, etc, Independent Review of the Performance Improvement Framework, https://ssc.govt.nz/our-work/performance-improvement-framework/.

③ 刘美凤、方圆媛：《绩效改进》，北京大学出版社2011年版，第8页。

④ 方振邦编著：《战略性绩效管理》，中国人民大学出版社2014年版，第291页。

⑤ 张祖忻主编：《绩效技术概论》，上海外语教育出版社2005年版，第16页。

组织目标的总体导向①、绩效系统与环境的互动②等问题，认为绩效改进是利用一定的测量方法对组织或项目进展中的绩效进行测量，分析绩效差距，剖析期望绩效与实际绩效差距产生的原因，在此基础上制定绩效改进方案，以最终达到提高组织绩效目的的过程③④。绩效改进的基本流程包括确定现状、差距分析、实施干预措施和评估绩效改进结果。对于大多数组织活动而言，其绩效通常是没有最好只有更好，因此"绩效改进的机会和可能性是无穷无尽的"⑤，这些机会就隐藏在组织活动的各个流程当中。可以说，绩效改进是全过程绩效管理中的重要环节，强调绩效提升对策必须建立在有效的绩效测量之上，是一个持续利用绩效目标进展和绩效测量信息的过程。绩效改进关注全过程绩效管理的流程环节、阶段性目标评估、主要利益相关者的作用等，是一个系统的绩效分析与提升过程。

对政府购买公共服务而言，这是一个牵涉到多个主体（购买主体、承接主体、消费主体、拨款主体等）、多个流程和多种影响因素的财政支出项目，其绩效表现不仅关系到政府购买公共服务改革目标的实现，还关系到公众对政府的信任、财政支出绩效和政府购买可持续性等问题，因此绩效改进对政府购买公共服务而言既现实又紧迫。借鉴已有绩效改进的基本思想，本书从改进主体、改进目的、条件与方法、改进内容等方面来阐释政府购买公共服务绩效改进。一是政府购买公共服务绩效改进的主导主体是政府，由于政府对公共服务负有最终责任，其在购买过程中应如政府自身提供公共服务一样，负有不断提升所购买的公共服务绩效的责任与义务；二是政府购买公共服务

---

① 梁林梅：《教育技术学视野中的绩效技术研究》，博士学位论文，华南师范大学，2004年。
② 刘美凤、方圆媛：《绩效改进》，北京大学出版社2011年版，第8—9页。
③ 方振邦编著：《战略性绩效管理》，中国人民大学出版社2014年版，第291页。
④ 张祖忻主编：《绩效技术概论》，上海外语教育出版社2005年版，第26页。
⑤ [美]达琳·M.范·提姆、詹姆斯·L.莫斯利、琼·C.迪辛格：《绩效改进基础：人员、流程和组织的优化》（第3版），易虹、姚苏阳译，中信出版社2013年版，第xv页。

绩效改进的目的是提升所购买的公共服务绩效水平,前提是对政府购买公共服务绩效进行准确界定,制定绩效评估标准和评估指标体系,并据此进行绩效测量;三是政府购买公共服务绩效改进的内容源于产生绩效差距的原因,购买主体和承接主体的能力、观念,购买制度,购买过程中监管、绩效评估与反馈等环节都可能是绩效改进的内容。由此,本书认为政府购买公共服务绩效改进是在对政府购买公共服务绩效进行分析与诊断的基础上,找出影响绩效差距的主要原因,然后运用系统思维,从价值理念、基本流程、体制机制、购买环境等方面系统设计绩效提升的整体性方案,以达到持续提升政府购买公共服务绩效的管理活动。

第二节　理论基础

一　委托代理理论

(一) 委托代理理论的基本内容

委托代理理论是 20 世纪 60 年代末 70 年代初一些经济学家在研究企业内部信息不对称和激励问题时,发展起来的有关委托人与代理人之间关系及其行为规则的理论。委托人与代理人目标不一致和信息不对称是委托代理研究的出发点,为此该理论主要关注以下三个问题:一是委托人与代理人之间存在的信息不对称问题;二是因信息不对称而产生委托代理合同签订前的逆向选择与签订后的道德风险问题;三是最优契约的选择与执行问题。如果不存在有效的制度约束,在信息不对称的情况下,代理人很可能在追求自身利益最大化的过程中损害委托人的利益(即发生道德风险),代理人会倾向于设计一种"参与约束"和"激励相容约束"的激励机制,以最大化自己的期望效用。[1] 因此,委托代理理论的中心任务是研究在利益相冲突和信息不

---

[1] 陆雄文主编:《管理学大词典》,上海辞书出版社 2013 年版,第 62 页。

对称的环境下，委托人如何通过最优契约约束和激励代理人的问题。①

早在委托代理理论产生之前，文森特·奥斯特罗姆、查尔斯·蒂博特和罗伯特·沃伦就提出公共产品和服务的生产与供给分开的思想，指出生产可以由公共部门承担，也可以由私人部门承担，从而促进公共服务生产机构之间开展最大限度的竞争。② 在发源于欧美，席卷世界的公共管理运动中，英美等国家对其公共服务生产进行大规模的私有化或外包，在此过程中形成了公共服务生产与供给过程中的委托代理关系。在政府购买公共服务过程中，存在双重委托代理关系，第一层委托代理关系存在于纳税人与政府之间，纳税人以税收形式把生产公共服务的权利委托给政府，政府作为代理人具有以成本最小的方式生产纳税人所需要的公共服务之义务，纳税人作为委托人具有监督公共服务生产过程的责任。第二层委托代理关系存在于作为购买主体的政府与作为承接主体的社会力量之间，政府把本应该由自己生产与供给的公共服务委托给社会组织、企业或事业单位等来生产和供给，由此它们之间产生了合同意义上的委托代理关系。在这层委托代理关系中，委托人政府只是把生产与供给公共服务的权力转让给社会力量，但并不因此减少政府对公共服务质量保障的责任。因此，在承接主体进行公共服务生产与供给过程中，对政府而言，具有监督与评估公共服务质量的义务；对承接主体而言，具有按照购买合同约定提供一定数量和质量的公共服务的义务。

（二）委托代理理论在政府购买公共服务绩效分析中的应用

委托代理关系和财政交换关系的存在意味着预算支出对经济、效率和效益的追求具有内生性。③ 在政府购买公共服务过程中，由于信

---

① Sappington D. E. M, "Incentives In Principal Agent Relationshipy," *Journal Of Economics*, No. 5, 1991, pp. 45-66.

② Vincent Ostrom, Charles M. Tiebout, "Robert Warren. The Organizationof Governmentin Metropolitan Areas: A TheoreticalInquiry", *American Political Science Review*, Vol. 4, No. 55, 1961, pp. 831-842.

③ 晁毓欣、李干、彭蕾：《全面预算绩效管理下政府购买服务绩效评价的理论思考》，《经济研究参考》2019年第11期。

息不对称和制度约束不力等原因,作为委托人的购买主体和作为承接主体的社会力量可能因以下行为影响购买绩效。一是在承接主体选择过程中,由于作为委托人的购买主体不可能完全了解购买市场和各个潜在承接主体的情况,也可能由于设租、寻租等腐败现象存在,发生逆向选择风险,结果是选择的承接主体在服务生产能力和公共责任方面存在缺陷,导致政府购买公共服务目标不能完全实现,影响最终的绩效结果。二是在政府购买公共服务合同履行期间,由于信息不对称和委托人责任缺失,没有进行有效的监督和评估,承接主体出现道德风险,在最大限度地增进自身利益的过程中,损害了购买主体和消费主体的利益。对于购买主体而言,财政支出效率降低、政府信用受到损害、购买服务目标不能实现,而对消费者而言,对公共服务的质量感知不满意,服务需求得不到满足。三是在政府购买公共服务合同终止时,如果作为委托人的购买主体不能及时有效地对承接主体公共服务生产与供给情况进行评价,或者在有效评价的前提下不能及时把评估结果反馈给主要利益相关者,并作为政府购买公共服务绩效改进与以后承接主体选择的依据,结果会导致购买绩效不高的委托代理关系存在。在这种情况下,政府购买公共服务绩效改进只能停留在理念当中。

因此,在政府购买公共服务中,政府作为双重委托代理关系中的关键主体,应坚守受托责任观,在追求购买质量的同时,兼顾转变政府职能、提高公共财政使用效率、节约公共财政成本、培育社会组织等目标,始终围绕最终委托人——公共服务消费者的核心关切,约束和引导承接主体实现公共服务质量最优化和供给成本最小化。当然,政府购买公共服务绩效的实现需要政府与社会力量的紧密合作,合作治理在其中的重要性尤为明显。否则,这种委托代理关系会很不稳定,最终将在公共财政支出绩效受损和公众不满意中导致购买的公共服务被收回的结局。

二 利益相关者理论

(一)利益相关者理论的基本内容

利益相关者理论是公司治理决策和战略管理中的重要理论工具,

产生于20世纪60年代英美国家的企业治理理论研究中。该理论认为组织的生存和发展离不开各利益相关者的有效参与或真实投入，因此组织必须照顾到各利益相关者的现实利益。组织与各利益相关者之间既存在相互冲突的利益关系，又为了实现共同的目的而相互依赖。

利益相关者具有广义和狭义之分。广义的利益相关者是指"能够影响一个组织目标的实现，或者受到一个组织实现其目标过程影响的所有个体和群体"[1]；而狭义的利益相关者是指在"企业中投入了一些实体资本、人力资本、财务资本或一些有价值的东西，并由此承担了某些形式的风险，或者说，他们因企业活动而承受风险"[2]。根据利益相关者与企业之间的利益关系远近和影响程度，又可以分为直接利益相关者和间接利益相关者。其中，直接利益相关者包括企业的经营者、股东、供应商、消费者和直接竞争者等主体；间接利益相关者包括社会公众、银行、中介机构、保险机构等主体。而根据企业对利益相关者的依赖关系，又可以把利益相关者分为主要利益相关者和次要利益相关者，前者是企业的生产与发展对其依赖程度比较强的利益相关者，后者是指企业的生产与发展对其依赖程度较小的利益相关者。一般而言，直接利益相关者都是企业的重要利益相关者，间接利益相关者以次要利益相关者为主，而直接利益相关者和间接利益相关者以及主要利益相关者与次要利益相关者之间在一定的条件下可以相互转换。

（二）利益相关者理论在政府购买公共服务绩效分析中的应用

利益相关者理论提示研究政府购买公共服务绩效问题必须关注主要利益相关者在绩效形成中的作用。政府购买公共服务中的利益相关者与企业或公司治理中的利益相关者最大的区别是实现公共利益是实现自身利益的前提。这就需要对政府购买公共服务中的利益相关者进行界定和分类，区分主要利益相关者和次要利益相关者。这样有助于

---

[1] Freeman R Edward, Evan William M, "Corporate Governance: A Stakeholder Interpretation", *The Journal of Behaviors Economics*, No. 19, 1990, pp. 337-359.

[2] Clarson, Max. B. E, "A Stakeholder Framework For Analyzing And Evaluating Corporation Social Performance", *Academy of Management Review*, No. 20, 1995, pp. 92-117.

在理解不同的利益相关者对政府购买公共服务绩效影响的同时，可以通过利益相关者关系的有效调整与合理约束达到改进政府购买服务绩效的目的。

已有研究有关政府购买公共服务主体划分的"三元论"（购买者、承接者和使用者）、"四元论"和"多元论"，其实都是从主要利益相关者角度进行分析的。如王浦劬等从政府供给、生产与消费三个环节，提出购买公共服务包括购买者、承接者和使用者"三元"主体。[①] 随后又有一些学者提出"四元"和"多元"主体论，王箭[②]、刘明慧和常晋[③]都认为政府购买公共服务的主体为购买者、承接者、使用者和评估者，后者又把负责购买服务预算审批与拨款的财政部门也纳入购买服务主体范围。虽然一些学者在政府购买公共服务主体的研究中较少提及财政部门，但越来越多的学者注意到财政部门作为资金拨付者，其作为财政资金使用绩效的监管者甚至政府购买公共服务绩效评估者的作用不可或缺。

从政府购买公共服务直接参与者角度界定主要利益相关者，包括购买主体、拨款主体、承接主体和消费主体。本书在分析时也是重点关注这几类直接利益相关者在政府购买公共服务中的责任、行为与相互关系，以及对绩效的影响。但政府购买公共服务的主要利益相关者不完全是直接参与主体，还包括作为评估主体的审计部门和第三方评估主体。这些利益相关者一方面会影响政府购买公共服务过程与绩效结果，同时也会影响政府购买公共服务的可持续性以及政府与公众之间的信任关系。由于主要利益相关者与次要利益相关者在一定条件下可以相互转换，因此本书虽然重点关注政府购买公共服务中主要利益相关者，但坚持在满足主要利益相关者在政府购买公共服务的利益诉

---

① 王浦劬、[美]莱斯特·M.萨拉蒙等：《政府向社会组织购买公共服务研究：中国与全球经验分析》，北京大学出版社2010年版，第9页。

② 王箭：《政府购买服务机制比较：四直辖市例证》，《重庆社会科学》2014年第11期。

③ 刘明慧、常晋：《政府购买公共服务主体：职责界定、制约因素与政策建议》，《宏观经济研究》2015年第11期。

求的同时，也要关注次要利益相关者对政府购买公共服务的期望与要求。

三 目标一致性理论

（一）目标一致性理论的基本内容

目标一致性理论的基本思想在日本学者中松义郎的《人际关系方程式：用公式开拓你的人生》①一书中首次提出。该理论强调在一个组织中，组织成员目标与组织目标的一致性是实现组织目标的前提，如果组织成员与组织目标不一致，将会产生组织内耗，最终难以实现组织目标。因此，无论是组织、个人还是项目，所有有目的的活动，都始于确定目标、制定实施计划，而目标是否实施却依赖于所有过程目标的一致性程度。目标一致性理论有多个层次的含义。一是组织所有层次的目标要保持一致。战略目标是层层分解的，不同层级的目标都要和战略目标保持一致，目标一致性的"绩效逻辑"也是要求"低层次的目标与高层次的目标保持一致"②。二是人员目标与组织目标、部门目标保持一致。这也是中松义郎目标一致性的最原始意义。三是绩效指标、绩效评价目标与组织绩效目标保持一致。这就要求在绩效管理过程中，效果评价指标的设计要与绩效目标保持一致，而绩效目标的设置要与组织目标保持一致，只有这样，组织的绩效才能够实现。③

（二）目标一致性理论在政府购买公共服务绩效分析中的应用

政府购买公共服务的目标包括制度目标和购买主体在具体服务项目中的具体目标。制度目标体现在政府制度文件中，具体购买公共服务项目的目标体现在各个项目的购买服务合同中。能否实现政府购买

---

① ［日］中松义郎：《人际关系方程式：用公式开拓你的人生》，李相哲、郭美兰译，漓江出版社1990年版，第16页。

② Geary A. Rummler, Alan P. Brache, *Improving Performance: How to Manage the White Space in the Organization Chart*, San Frasisco: Jossey-Bass, 1995, p.30-31.

③ 张悦玫：《基于价值增长的企业绩效评价体系研究》，博士学位论文，大连理工大学，2004年，第42页。

公共服务的目标,除了取决于政府购买公共服务过程有效控制之外,关键取决于能否实现主要利益相关者之间的目标一致性。

表2-1 政府购买公共服务中主要利益相关者的目标及其实现方式

主要利益相关者	目标	实现方式
购买主体	提高公共服务质量 提高公共服务效率 降低公共服务成本 提高公共服务满意度 精简政府机构 转变公共服务态度	购买目标设置 购买过程进行监控 购买结果评估
承接主体	服务生产与供给 组织发展 组织信用积累	按合同标准或者超标准提供购买服务
消费主体	满足个体公共服务需求	服务体验与服务参与
拨款主体	预算绩效目标	预算目标审核 预算支出过程监管 预算支出绩效评估

资料来源:笔者根据政府购买服务政策文件和相关文献整理。

不同的利益相关者在政府购买公共服务中的利益追求不同,预期目标也不同,对于购买主体而言,购买的目标是为了提高公共服务质量和效率、节约购买成本和提高公众满意度,同时在政府购买公共服务中改革政府机构、培育社会组织、重塑政府与公众之间的信任关系,对于地方而言也可能有以政府购买公共服务增强地方竞争力的考虑;而对于承接主体而言,既有通过参与政府购买共同致力于公共服务质量提高的目的,也有通过政府购买维持和发展自身组织的目的;而对于服务消费主体而言,关注的重点在于这些公共服务能否满足自身的需求,而不是这些公共服务是政府还是社会组织提供的。政府购买服务中各利益相关者的目标及其实现方式如表2-1所示。

因此,政府购买公共服务项目目标和制度目标的实现取决于在政府购买公共服务的整个流程中,各利益相关主体共同致力于合同目标的实现,如果合同目标不能实现,各主体的目标也不能有效实现。特别是对于承接主体而言,目前大部分承接主体是依赖政府购买资金而生存的,如果为了组织的利益而牺牲公共利益的话,组织可能获得了一时的发展,但在失去政府信任和失去持续承接购买公共服务项目的情况下,组织目标的实现也将无从谈起。当然,如何让各参与主体都能够致力于政府购买公共服务的目标实现,还需要一系列的激励与约束机制设计。

四 绩效改进理论

(一)绩效改进理论的基本内容

绩效改进理论是建立在系统理论、经济学理论、心理学理论基础上的一套严谨理论。[①] 其中,经济学的稀缺资源理论、可持续发展理论和人力资本理论不仅指导绩效改进活动要关注组织内外资源和资源的可持续性,实现有效率的资源分配和实现成本收益最大化,而且也提示进行绩效改进的组织必须意识到在所有资本投资中,人是最有价值的资本。心理学理论中的学习理论、人类动机理论、信息处理理论等,能够解释和分析具有能动的利益相关者在绩效形成过程中的决策和行为,当然绩效改进的启动与过程也主要受制于直接利益相关者的理念与认知行为。系统理论再次提醒人们,不仅组织是一个系统,绩效过程和绩效改进过程也是一个系统,因此不仅需要明确组织的产出,也需要系统地界定绩效改进的流程,把绩效改进作为一个系统才能实现绩效的真正提升。三大理论相结合,由此形成指导绩效改进的理论基础。其中,道德规范起着非常重要的调控作用,它"既是绩效改进的背景,也在经济学、心理学和系统论三大核心理念间发挥着过渡器的作用"。正如斯旺森教授所言,经济学、心理学和系统学三大学科组成了绩效改进的三条板凳腿,而这只凳子被置于了道德规范的

---

① [美]理查德·A. 斯旺森:《绩效分析与改进》,孙仪、杨生斌译,中国人民大学出版社2010年版,第16页。

"地毯"之上。①

在这些理论的指导下,绩效改进又形成包括绩效分析、差距分析和绩效提升对策在内的一套完整理论框架。在具体操作方面,"绩效改进不仅是一门科学,更是一门艺术"②。

(二) 绩效改进理论在政府购买公共服务中的应用

在我国大部分地区,政府购买公共服务实践历程较短,作为购买主体的政府在需求调研、目标设置、承接主体选择、合同管理、过程监管、结果评估与反馈等方面经验不足,作为承接主体的社会组织发育不成熟,作为消费主体的公众参与意识较低,这一系列的原因导致政府购买公共服务的阶段性目标和最终目标不能完全实现,因此很容易发现政府购买公共服务绩效改进的机会。将绩效改进理论应用于政府购买公共服务绩效的提升,需要解决以下几个问题:一是政府购买公共服务的期望绩效与实际绩效之间存在的差距;二是造成这些差距的原因是什么,即什么因素影响期望绩效没有实现;三是在现有环境下实现高绩效的必要条件是什么;四是如何在考虑各个利益相关者利益的基础上,制定一个系统的绩效改进方案,以促进政府购买公共服务绩效的持续提升。

单个政府购买公共服务项目的期望绩效主要体现在合同中的购买目标上,而总体政府购买公共服务的期望绩效体现在政府购买公共服务制度设计的目标中。在政府购买公共服务实践中,由于需求识别不精准、目标设置不清晰、购买流程不严格执行、评估指标不清楚、评估结果应用有限等原因,都可能造成期望绩效与实际绩效之间的差别。但由于政府购买公共服务类别比较多,主要利益相关者性质不同等原因,影响每个购买公共服务项目绩效的因素不同,因此具体到各个政府购买公共服务项目的绩效改进方案可能存在较大差别。但从整

---

① [美] 理查德·A. 斯旺森:《绩效分析与改进》,孙仪、杨生斌译,中国人民大学出版社 2010 年版,第 16 页。
② [美] 达琳·M. 范·提姆、詹姆斯·L. 莫斯利、琼·C. 迪辛格:《绩效改进基础:人员、流程和组织优化》(第 3 版),易虹、姚苏阳译,中信出版社 2013 年版,第 6 页。

体而言，所有政府购买公共服务项目在性质、流程、制度设计等方面又具有同质性，因此绩效改进方案又必然具有共通性。基于这样的思考，本书应用绩效改进理论分析政府购买公共服务绩效改进问题时，不再局限于单个政府购买公共服务项目的绩效提升问题，而是从总体判断目前政府购买公共服务的绩效，并从总体上设计绩效改进的方案。

第三节　小结

相关概念的界定是研究的逻辑起点。本部分对与本书相关的主要概念：公共服务、政府购买公共服务、政府购买公共服务绩效和政府购买公共服务绩效改进进行了界定。（1）公共服务是指政府部门利用公共资源，由政府、政府委托社会力量或者政府与社会力量合作提供的，用于满足一定范围的公众需求的产品或服务。（2）政府购买公共服务作为公共服务供给的一种重要方式，是指政府及其他负有公共服务供给责任的公共部门，使用公共财政资金，把本应由政府部门供给的公共服务事项，采用合理的购买方式和规范的购买程序，择优选择符合条件的社会力量，通过在购买合同中规定服务数量、质量等具体事项，并依照合同约定支付购买费用的公共服务生产与供给方式。（3）政府购买公共服务绩效是在政府购买公共服务项目执行过程中对政府购买过程目标、产出与结果目标的实现程度，是过程绩效与结果绩效的统一。（4）政府购买公共服务绩效改进是在对政府购买公共服务绩效进行分析与诊断的基础上，找出影响绩效的主要因素，然后运用系统思维，从价值理念、基本流程、体制机制等方面系统设计绩效提升的整体性方案，以实现政府购买公共服务绩效的持续提升。

基于研究的需要，本书的主要理论基础包括委托代理理论、利益相关者理论、目标一致性理论和绩效改进理论，这几个理论并不是割裂地体现在研究分析的某个部分，而是贯穿于研究的始终。政府购买公共服务中因委托代理关系而产生的信息不对称，在购买服务过程中会引发逆向选择、道德风险、监管不到位等问题。各个利益相关者在购买过程中的地位、参与程度和责任履行方式，政府购买公共服务战略目标与项目目标、各个主体之间的目标、项目目标与评估目标、评估指标等的一致性程度，既是政府购买公共服务绩效形成的原因，也是其绩效改进的切入点。而绩效改进理论就是通过把政府购买公共服务期望绩效与实际绩效之间的差距通过绩效测量显现出来，再进一步探究导致绩效差距的原因，系统地设计体制机制，有效地处理委托代理问题、合理定位各个利益相关者的地位与作用、有效协调各利益相关者之间的关系，从而在购买服务过程中通过有效提高各利益相关者之间的目标一致性，达到系统地、持续地提高政府购买公共服务绩效的目的。

第三章 政府购买公共服务绩效改进的意义与理论框架

地方政府自探索购买公共服务实践开始，就产生了对绩效改进的需求，并且在实践中不断探索绩效改进的路径与方法。本章主要从理论上分析政府购买公共服务改进的意义与基本原则，同时构建政府购买公共服务绩效改进的理论框架。

第一节 政府购买公共服务绩效改进的意义

"实现国家治理体系和治理能力现代化，主要看政府绩效。"[1] 公共服务绩效是政府绩效的重要组成部分，而政府购买公共服务绩效又是公共服务绩效的重要内容。在政府购买公共服务制度不完善、购买主体经验不足、承接主体不成熟、消费者参与不足等背景下，政府购买公共服务绩效如何，不仅关系到要不要购买的问题，更关系到公众服务需求能否满足及公众对政府的信任问题，因此，绩效改进在政府购买公共服务中具有重要的现实意义。

一 绩效改进是政府购买公共服务绩效的基本要求

政府购买公共服务最初的动力来自于通过购买可以实现成本节约、更好的服务质量等改革期望。在政府购买公共服务的过程中，绩效既是判断购买服务效果好不好的主要标准，也是衡量购买服务值不

---

[1] 王泽彩：《绩效：政府预算的起点与终点》，立信会计出版社2016年版，第1页。

值的基本尺度。各国公共服务的市场化过程，都是在绩效考验的过程中不断前行的。我国政府购买公共服务从地方政府的自发探索时期，就已经开始以绩效来决定是否可以购买，并在购买中不断探索绩效的提升问题。可以说，地方政府购买公共服务实践探索之所以能够上升至国家顶层制度设计，最根本的原因是地方探索中实现了公共服务绩效提升，并能进一步看到大规模推广后绩效提升的广阔空间。从这个意义上而言，绩效是政府购买公共服务的基本要求，而绩效改进则是政府购买公共服务绩效的基本要求。只有通过持续的绩效改进，才能在政府购买公共服务的实践中实现成本节约、公共服务质量和效率提升，并能通过购买公共服务实现政府职能转变、社会组织培育和事业单位改制等改革的基本目标。

二 绩效改进是政府购买公共服务制度不断完善的助推力量

制度是带有根本性的问题，也是人们施加于自身的自我约束。我国政府购买公共服务在地方自发探索时期，就开始通过制定制度来指导政府购买公共服务行为。虽然目前政府购买公共服务已经上升为国家顶层设计，地方政府也相继出台相应的配套改革政策，但各地政府购买公共服务的实践发展很不均衡，有些地方已经有20多年的实践探索，各项制度相对比较完善，而有些地方是2013年国务院办公厅印发了《指导意见》后才开始实行购买。因此，各地政府出台的政府购买公共服务制度文件质量和对中央制度文件的落实速度也存在较大的差异。通过绩效评价，可以更为清楚地看到政府购买公共服务制度及其制度执行情况在不同地区购买服务绩效差距形成的影响程度，能够帮助地方政府正确认识制度的重要影响及其绩效改进的必要性。因此，绩效改进有助于助推地方政府对其购买公共服务制度进行重新审视，并从绩效源头上完善政府购买公共服务的制度体系及其执行机制。

三 绩效改进是购买公共服务参与主体能力同步提升的加速器

政府购买公共服务绩效受制于各参与主体的能力水平，特别是购买主体与承接主体的能力水平。而在没有进行系统地绩效改进的情况下，相关方往往只会关注某一参与主体的能力水平对购买绩效的影响。如现有研究要么关注政府在购买服务中的合同管理能力、监督能力等，要么关注社会组织在承接服务过程中的能力问题，而很少同时关注购买主体、承接主体和其他参与主体的能力协同问题。绩效改进要求对政府购买公共服务各流程中的参与主体的责任履行情况与能力水平予以关注，并在分析绩效差距的原因时重点分析各参与主体的能力水平对绩效怎样产生影响以及影响的程度如何，当然就也会有针对性地提出能力提升的对策建议。因此，政府购买公共服务绩效改进有助于推动购买主体合同管理能力、监管能力和评估能力，承接主体服务能力以及消费主体参与能力同步提升。

四 绩效改进是公众服务需求得到满足的重要保障

满足人民群众日益增长的、多样化的公共服务需求是政府购买公共服务最重要的目的，其他改革目的都必须是在公众服务需求得到满足的前提下才有现实意义。公众服务需求的满足是在政府购买公共服务过程中实现的，并且受制于购买制度和购买目标设计、购买主体的责任履行程度和过程管理能力、承接主体的服务生产能力和服务态度以及消费主体的参与程度等因素，而绩效改进的任务是在对政府购买公共服务目标绩效进行评价的基础上，找到影响绩效的主要因素，并通过系统化的政策建议推动政府购买公共服务绩效的提升，也正是通过这个过程实现公众服务需求的有效满足。可以说，如果没有持续的绩效改进，公众服务需求就难以得到有效满足，当然政府购买公共服务的改革目标也难以实现。

第二节 政府购买公共服务绩效改进的基本原则

绩效改进依赖于这样的思维框架：期望绩效是什么、实际绩效与期望绩效是否存在差距、差距形成的原因是什么、如何缩小绩效差距以实现绩效的提升。在政府购买公共服务的过程中，要通过绩效改进实现购买公共服务绩效的提升，应坚持系统思考、结果导向、价值增加和协同合作等基本原则。

一 系统思考原则

在组织绩效的研究中，有学者发现"局部方案无法解决整体问题"①。系统思考原则要求把政府购买公共服务看成一个有机系统，该系统包括购买过程、参与主体、购买制度和购买环境。一方面，要看到政府购买公共服务绩效形成过程的复杂性，是由多个利益相关主体、多个购买流程在相关制度与环境因素的影响下产生的。这就需要用系统的方法确定和规范各个主体之间的相互关系、主次地位，各个流程之间的相互关系以及各个利益相关主体对不同流程的影响，同时也要看到制度因素和外部环境对购买过程和绩效的影响。可以说，系统的各个部分既相互独立，又相互影响，牵一发而动全身，从不同方面对购买绩效产生不同程度的影响。另一方面，绩效改进过程本身也是一个完整的系统，包括绩效现状分析、绩效差距诊断、绩效影响因素与差距原因分析、绩效改进方案制定、绩效改进方案实施和绩效改进方案评估环节。"政府绩效改进是一个非线性、复杂路径的系统调节过程。"② 因此，对绩效改进影响因素的分析和改进措施的选择也需要用系统的观点进行分析和思考。只有系统思考，才能在购买主体、承接主体和消费主体各自的目标中，找到既能实现政府购买服务目标，又能实现各参与主体目标的方法路径。

二 结果导向原则

政府购买公共服务绩效作为财政支持的公共项目绩效，与组织的绩效改进不同。对于组织而言，绩效改进是组织内部的事情，更容易控制。而政府购买公共服务项目既涉及政府组织，又涉及社会力量，

---

① [美]理查德·A. 斯旺森：《绩效分析与改进》，孙仪、杨生斌译，中国人民大学出版社 2010 年版，第 16 页。

② 吴建南、马亮、杨宇谦：《比较视角下的效能建设：绩效改进、创新与服务型政府》，《中国行政管理》2011 年第 3 期。

还涉及公众,相关主体比较复杂。各参与主体身份和目标不同,对绩效的理解与要求也不同。"结果导向"意味着要使各参与主体在实现各自目标的过程中实现购买公共服务的目标,这就需要深入分析影响绩效的原因是什么,通过何种机制与制度设计才能在目标绩效提升的过程中实现各参与主体的目标。结果导向原则强调在绩效改进过程中要遵循"执果索因"和"对症下药"的基本思路。[①] 对于政府购买公共服务而言,"执果索因"是指首先明确绩效差距是否存在,绩效差距是绩效结果的呈现,然后从绩效差距出发,探析产生绩效差距的原因。导致绩效差距的原因可能是制度不完善,也可能是购买主体和承接主体的能力问题,还可能是各参与主体之间的合作不顺利而导致的系统内耗。只有明确问题是什么、问题出现在哪个环节,才能够"对症下药",设计出系统化制度与激励约束机制以实现绩效提升的目的。

三 价值增加原则

绩效改进的目标是为了实现绩效的提升。但与一般的绩效提升对策不同的是,绩效改进更加面向未来,以改进对象的战略目标实现和活动的可持续性为目的,为此更加重视主要利益相关者的价值增加问题。对于政府购买公共服务而言,绩效改进的结果不仅能从政府层面提高公共服务质量、节约成本、增加政府公信力,同时绩效改进的结果也能为社会力量和公众带来价值增加。对社会力量而言,绩效改进的结果要能够增加社会组织、企业和事业单位参与政府购买公共服务的便利性,并能够促进其发展,提高其组织能力和组织信誉;而对公众而言,绩效改进措施的实施能增加公共服务消费的便利性,并实现质量提升。不能为其利益相关者带来价值增值的绩效改进难以得到拥护和支持,也不可能顺利实施。

四 协同合作原则

所有涉及多个具有不同目标主体参与的活动要想达到预期的活动

---

① 刘美凤、方圆媛:《绩效改进》,北京大学出版社2011年版,第16页。

目标，都需要这些参与主体在一定规则下的协同合作。政府购买公共服务的直接利益相关主体包括购买主体、承接主体和消费主体，购买主体作为公共责任的最终承担者，需要在购买过程中与承接主体沟通协调，实现购买目标；承接主体需要与购买主体和消费主体加强合作，才能在实现服务供给目标的同时实现自身发展；消费主体在消费服务时也需要与承接主体有效合作，不然难以实现服务满意。因此，协同合作既是政府购买公共服务绩效实现的基本原则，也是绩效改进需要坚持的一项基本原则。当然，政府购买公共服务绩效改进在考虑各方利益相关主体利益的基础上，还需要通过体制机制设计，充分利用各方利益相关者的积极能动性，通过制度规范促进各利益相关者之间的有效合作，从而更好地实现政府购买公共服务目标。

第三节　政府购买公共服务绩效改进的理论框架

公共项目的存在如同组织的存在一样，都是为了特定的目的和使命。政府购买公共服务就是在政府职能转变、事业单位改革、公众需求变化的大背景下，带着满足公众服务需求、转变政府职能、承接事业单位改革以及培育社会组织的改革使命而被各级政府重视起来的。虽然政府购买公共服务的实践历程已有 20 多年的时间，但由于各地实践步伐不一致，对于一些地方政府而言，还属于改革探索中的新鲜事物，期望绩效与实际绩效经常存在较大的差距。因此，为完成政府购买公共服务的历史使命，其实践探索必然要求绩效改进理论的指导。

从技术层面上而言，组织绩效改进"是指通过运用系统的工具与方法，改变固有的工作行为模式，使其产生的结果更趋向于与组织的发展愿景及目标一致，以期成本产出比率最大化"[1]。由于组织、外部环境、技术等因素都是在不断变化的，一次性的绩效改进并不能产生一劳永逸的效果，绩效改进是一项永无止境的工作。在政府购买公

---

[1] [美] 达琳·M. 范·提姆、詹姆斯·L. 莫斯利、琼·C. 迪辛格：《绩效改进基础：人员、流程和组织的优化》（第 3 版），易虹、姚苏阳译，中信出版社 2013 年版，译者序，第 Ⅻ 页。

共服务领域，主要是以项目的形式推进政府购买服务政策落实，试图通过购买实现政府职能转变、提高服务质量和效率、培育社会组织等综合目标。公共项目绩效与单一组织绩效的区别如以下几个方面：一是公共项目绩效的实现不仅要考虑政府主体因素，还要考虑与政府合作完成公共项目的市场主体因素；二是公共项目都有特殊的运作流程，这与任何参与公共项目的主体所在组织的内部流程都是完全不同的；三是公共项目绩效目标是所有参与主体目标的一部分，但又区别于其组织目标。因此，区别于组织绩效改进，政府购买公共服务绩效改进的理论框架是建立在公共项目绩效基础上的。

政府购买公共服务绩效改进的基本理论框架包括绩效现状分析、绩效差距的原因分析、绩效改进对策选择、绩效改进对策实施和绩效改进对策评估等方面，如图 3-1 所示。

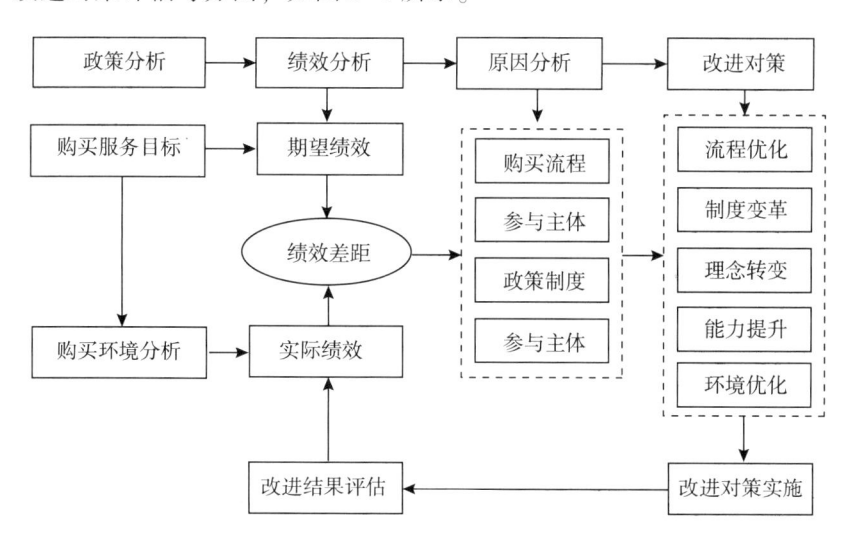

图 3-1　政府购买公共服务绩效改进的理论模型

一　绩效现状分析

绩效分析，也称绩效诊断，是通过实际绩效与期望绩效之间的对比，确定是否存在绩效差距，以及绩效差距的具体程度，以便确定是否存在进行绩效改进的必要。绩效分析之所以重要，是因为在没有确定期望绩效与实际绩效之间存在差距时，就贸然实施绩效改进，既不合理，也不经济。① 绩效分析的主要目的有两个：一是确定组织的绩效问题或绩效差距，明确绩效改进的努力方向；二是找到导致组织绩效不佳的原因，为选择合适的改进措施奠定基础。②

因此，绩效现状分析的具体内容包括期望绩效分析、实际绩效评估和绩效差距分析。需要强调的是：绩效信息是绩效改进的基础。在绩效现状分析阶段，需要收集有关期望绩效与真实绩效的信息，才能准确判断绩效差距。可以说，绩效分析就是收集相关信息，并做出分析和判断的过程。③

（一）期望绩效

期望绩效是组织为了实现其战略目标，组织、各部门和各工作岗位在理想状态下应该达到的绩效水平。④ 对政府购买公共服务而言，从总体上来说，其期望绩效是政府购买公共服务的改革战略目标，而对每个公共服务项目而言，是购买合同条款中约定的绩效目标。确定政府购买公共服务的期望目标是对其绩效改进的逻辑起点。期望绩效对政府购买公共服务的购买主体和承接主体具有重要的行为导向作用。同时，明确了期望绩效，当前绩效水平才有对比的标准。

政府购买公共服务的政策目标直接决定了购买公共服务的期望绩效水平。2013年，国务院办公厅印发的政府购买公共服务的顶层制度文件《关于政府向社会力量购买服务的指导意见》指出："与人民群众日益增长的公共服务需求相比，不少领域的公共服务存在质量效率不高、规模不足和发展不平衡等突出问题，迫切需要政府进一步强化公共服务职能，创新公共服务供给模式，有效动员社会力量，构建多层次、多方式的公共服务供给体系，提供更加方便、快捷、优质、高

---

① [美]达琳·M. 范·提姆、詹姆斯·L. 莫斯利、琼·C. 迪辛格：《绩效改进基础：人员、流程和组织的优化》（第3版），易虹、姚苏阳译，中信出版社2013年版，第6页。

② 刘美凤、方圆媛：《绩效改进》，北京大学出版社2011年版，第37页。

③ [美]达琳·M. 范·提姆、詹姆斯·L. 莫斯利、琼·C. 迪辛格：《绩效改进基础：人员、流程和组织的优化》（第3版），易虹、姚苏阳译，中信出版社2013年版，第43页。

④ 刘美凤、方圆媛：《绩效改进》，北京大学出版社2011年版，第51页。

效的公共服务。"同时,提出政府购买的政策目标:"到2020年,在全国基本建立比较完善的政府向社会力量购买服务制度,形成与经济社会发展相适应、高效合理的公共服务资源配置体系和供给体系,公共服务水平和质量显著提高。"为实现该目标,地方政府在购买公共服务合同中都有明确的目标要求,该目标即是单个购买服务项目的期望绩效水平。

总之,政府购买公共服务的期望绩效主要体现在两类文件中:一是体现在政府购买公共服务政策文件中,一般较为宏观,多为战略性目标或政策目标;二是体现在政府购买公共服务合同中,这类目标是在政策目标的指导下制定的,目的是实现政策目标。当然,期望绩效总是处于较高的绩效水平,在实践中经常会通过相应的指标体系对目标绩效实现情况进行评估来观察实际绩效目标对期望绩效目标的实现程度。

(二)实际绩效

实际绩效即绩效现状,是在当前环境条件下,政府购买公共服务完成绩效目标的情况。实际绩效又可分为过程绩效和结果绩效两大类,分别为政府购买公共服务项目执行过程中呈现的绩效状态和项目结束后所呈现的最终绩效状态。过程绩效影响结果绩效,结果绩效是过程绩效的最终呈现。绩效改进需求分析的任务是既要评估过程绩效,又要评估结果绩效。关注过程绩效的理由是:对于具有一个较长流程的项目而言,最终绩效的形成也需要较长时间,而在这段时间里对过程绩效的任何忽视都可能影响最终的绩效结果。关注结果绩效的理由在于:任何活动都有一个结果,对于使用公共财政资金、满足特定消费需求的购买服务项目而言其最终绩效结果不仅关系到财政资金的节约、价值实现,更关系到消费者的服务需求能否得到满足。而一系列的结果又关系到政府购买公共服务选择是否正确以及公众对政府的信任问题。可以说,"真实绩效就像一面镜子,能有效反映出组织当前的运行状况,帮助我们从'感受到出现了问题'走向'明确出现了什么问题'"[①]。

---

① 刘美凤、方圆媛:《绩效改进》,北京大学出版社2011年版,第39页。

一般而言，政府相关绩效现状的评估与诊断需要设计相关的指标体系，然后利用收集到的绩效信息，采用合适的评估方法得到现有绩效水平。收集绩效信息的方法有问卷调查法、深度访谈法、座谈法等。

（三）绩效差距

绩效差距是指实际绩效与期望绩效之间的距离。罗思韦尔把绩效差距分为积极差距、中立差距和消极差距三种类型。[①] 其中，积极差距是指实际绩效水平超过期望绩效水平；中立差距是指实现绩效水平与期望绩效水平相同；消极差距是指实际绩效水平低于期望绩效水平。消极差距的存在是绩效改进最常见的理由，但是具有革新精神的组织也经常在中立差距和积极差距存在的情况下充满激情地实施绩效改进活动。罗思韦尔也提醒人们，不管目前是何种差距，但如果不努力，都会转化为未来的消极差距。

绩效差距源于在绩效产生过程的绩效损失。造成绩效损失的原因包括管理不善、价值偏离和实际冲突等。[②] 在绩效差距存在的情况下，是否实施绩效改进源于绩效改进需求是否强烈。斯旺森根据绩效改进的时间是否紧迫，把组织绩效改进的需求分为三类。[③]（1）因当前绩效过程出现问题需要改进绩效。这种绩效改进需求主要是因为当前绩效过程中出现的问题导致组织实际绩效低于期望绩效，市场竞争压力推动组织迫切需要针对绩效差距，从而解决组织当前在流程、员工、资源等方面存在的问题，借机挖掘组织绩效潜能。（2）对当前绩效的改进。这种绩效改进需求没有第一类那么急迫，但是出于组织发展的长期考虑，需要进行绩效提升。（3）对未来绩效的改进。这类绩效改进与当前的绩效改进比较类似，只是时间跨度不同，是出于战略

---

① ［美］达琳·M. 范·提姆、詹姆斯·L. 莫斯利、琼·C. 迪辛格：《绩效改进基础：人员、流程和组织的优化》（第3版），易虹、姚苏阳译，中信出版社2013年版，第145页。

② 王学军、王子琦：《公共项目绩效损失测度及治理：一个案例研究》，《中国行政管理》2019年第1期。

③ ［美］理查德·A. 斯旺森：《绩效分析与改进》，孙仪、杨生斌译，中国人民大学出版社2010年版，第58页。

发展而进行的绩效变革。一般而言，私有组织总是奔跑在绩效改进的路上，因为一旦放慢脚步就可能消失在竞争丛林中。而对于公共组织而言，在没有外部压力和危机存在的情况下，经常没有改革的动力，往往也没有绩效改进的需求。但在变革压力的环境下，公共组织对组织自身及其公共服务会产生强烈的绩效改进需求。

政府购买公共服务作为一项直接涉及购买主体、承接主体和消费主体的公共项目，不仅当前绩效问题比较敏感，会影响服务供给质量和消费者感受；而且未来绩效也很重要，它会影响政府购买这种公共服务供给模式存在的合法性问题。因此，要使政府购买公共服务成为公共服务提供的一种稳定模式，更需要考虑影响未来发展的绩效改进。因此，本书的分析框架既关注当前存在问题带来的绩效改进机会，也关注政府购买公共服务发展的长期绩效需求。

（四）绩效目标与环境

对政府购买公共服务绩效的分析，还应注意绩效目标的设置与所处的购买环境问题。（1）理想绩效受绩效目标的控制，但并不是每个组织和每个项目理想绩效的设置都是合理的。"如果目标是错误的，那么根据错误的目标进行的活动项目就是在浪费组织的时间和资源。"[1] 因此，对于绩效改进而言，有必要分析当前目标是否恰当[2]，这包括目标是否明确、是否可测量、是否可实现等目标设置所要遵循的 SMART 原则。（2）真实绩效既受主要利益相关者、项目流程、组织文化、激励机制、思想认知、能力技术等内部环境因素的影响，也受外部环境因素的影响，如国家政策支持、上级政府重视程度、地方财政能力、社会绩效氛围、其他地方政府购买服务绩效水平等。因此，对政府购买公共服务实际绩效的分析必然要涉及其内外部环境影响因素的分析。同时，政府购买公共服务政策目标对政府购买环境又会产生重要影响，如影响各级地方政府的重视程度、购买的范围与规模、培育社会组织的速度、监督评估质量等，其结果又会进一步影响

---

[1] [美]理查德·A. 斯旺森：《绩效分析与改进》，孙仪、杨生斌译，中国人民大学出版社2010年版，第30页。

[2] 刘美凤、方圆媛：《绩效改进》，北京大学出版社2011年版，第52页。

政府购买公共服务的实际绩效水平。此外，各地政府购买公共服务的实践发展水平、政府购买理念等也会影响实际绩效水平。

总之，通过政府购买公共服务具体项目的目标绩效、实际绩效与绩效差距的分析，可以判断该项目是否有进行绩效改进的必要。而通过对多个政府购买公共服务绩效项目的绩效需求分析，则可以在总体上判断政府购买公共服务绩效改进的必要性，并可据此提出相应的绩效改进路径。

二 绩效差距的原因分析

绩效差距原因分析的目的是找到产生绩效差距的原因，进而借此机会，把问题转化为有效的绩效改进方案。绩效差距所呈现出的只是问题的表面现象，只有找出造成差距的原因并设置有针对性的绩效改进机制和路径才能消除差距，不断拉近与期望绩效之间的距离。如果不能明确产生绩效差距的各种决定因素，就无法描述绩效问题，结果也无法提升绩效。导致绩效差距的原因也是绩效形成过程中的重要影响因素。在企业绩效研究中，斯旺森认为："具体的绩效决定因素都体现在人的身上，即体现在他们的想法及实现这些想法所需要的物质资源上。"[1] 大卫·威尔（David Wile）把影响组织绩效的因素归结为员工个人和外部的因素。[2] 朗姆勒和布兰赫则强调系统的视角，把组织绩效分为三个层次：组织层次的绩效、流程层次的绩效和工作（人员）层次的绩效，并认为组织最终绩效的取得是这三个层次协调运转的结果，任何一个层次出现了问题，都不会使组织达到期望的绩效目标。[3] 对于政府购买公共服务绩效差距的原因分析，也需要运用系统思维，把绩效的产生放在一个更大的项目执行环境系统中去考虑。正如罗森伯格所提示的那样："深入观察绩效差距，发现它产生的根源……一方面继续让高水平绩效产生的动力发挥作用，另一方面消除

---

[1] ［美］理查德·A. 斯旺森：《绩效分析与改进》，孙仪、杨生斌译，中国人民大学出版社2010年版，第27页。

[2] 转引自刘美凤、方圆媛《绩效改进》，北京大学出版社2011年版，第93页。

[3] 转引自刘美凤、方圆媛《绩效改进》，北京大学出版社2011年版，第91页。

第三章 政府购买公共服务绩效改进的意义与理论框架

产生绩效差距的原因。"[①]

在政府购买公共服务中，具体的购买项目都是政府相关人员在主导，因此政府内部因素和外部因素都会影响购买绩效的水平。其中，内部因素包括主要领导者的认知水平、具体经办人员的知识技能和管理水平、监管评价机制设置等，外部因素包括购买市场的竞争程度、承接主体的能力、制度环境、其他地方政府购买进展情况等。

在吸取已有研究成果的基础上，本书构建政府购买公共服务绩效差距原因分析的基本思路框架，从参与主体、购买流程、购买制度、购买环境四大类因素分析导致绩效差距的原因，如图3-2所示。其中，参与主体包括主要的直接利益相关者：购买主体、承接主体和消费主体；同时也包括间接的利益相关者，如拨款主体、第三方评估主体、新闻媒体、一般公众等。购买流程主要包括需求识别、编报购买预算、审核购买预算、公开购买信息、实施购买活动、选择承接主体、签订购买合同、履约与资金支付、开展绩效评价九大步骤。购买制度主要包括有关政府购买公共服务的法规、政策文件和其他规范性文件。购买环境主要包括购买市场的竞争程度、承接主体的能力、制度环境、其他地方政府购买进展情况等。

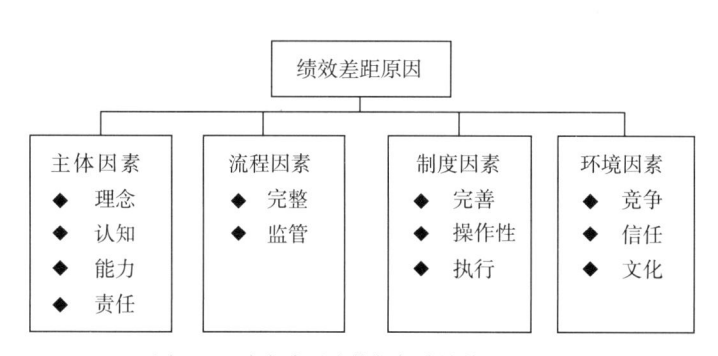

图 3-2 政府购买公共服务绩效差距的原因

---

① [美]达琳·M. 范·提姆、詹姆斯·L. 莫斯利、琼·C. 迪辛格：《绩效改进基础：人员、流程和组织的优化》（第3版），易虹、姚苏阳译，中信出版社2013年版，第150页。

三 绩效改进对策选择

在绩效差距原因清楚的情况下，绩效改进最重要的工作就是采取何种措施消除这些不利于实现期望绩效目标的因素，即绩效改进对策的设计与选择。斯旺森在对私有组织的研究发现："绝大多数组织的领导者追求绩效改进但却没有采取相应的、针对性强的专业干预措施。"① 结果，绩效改进的前期付出却没有带来绩效的真正提高。当然，如果发现问题后，不去认真地诊断问题产生的原因，那么提出的解决方案可能比原来更为糟糕。Brache 认为"有效的绩效干预工具都存在于组织、流程、团队和个人层面"②。同时，"如果不能超越孤立的个体、团队或流程层，采取视野更为宽广的干预措施，那么这个绩效改进很可能仍然是短视的"③。同时，绩效改进措施"如果不能与组织的重要目标进行准确对接，就只是一件很不合体的外衣，最终会被组织彻底抛弃"④。

对于私有组织而言，组织决策的结果所影响的主要是组织生存和员工福利，对消费者的影响较小，因为在高度竞争的市场上消费者总是很容易找到可替代的产品。而对于公共组织或者公共组织主导的公共项目而言，因其所具有的公共特性决定了任何决策所产生的影响都是难以预料的。因此，对于政府购买公共服务而言，在发现绩效差距及找到差距产生的原因后，应该科学谨慎的选择可行的解决方案。当然，对于同一个问题，可能有多种措施可以解决，从经济学的角度选择成本最小收益最大的方案。同时，政府购买公共服务的公共性还要考虑解决措施的溢出效应。这就需要利用系统思维选择一个较为经

---

① ［美］理查德·A. 斯旺森：《绩效分析与改进》，孙仪、杨生斌译，中国人民大学出版社 2010 年版，第 25 页。
② ［美］理查德·A. 斯旺森：《绩效分析与改进》，孙仪、杨生斌译，中国人民大学出版社 2010 年版，第 27 页。
③ ［美］理查德·A. 斯旺森：《绩效分析与改进》，孙仪、杨生斌译，中国人民大学出版社 2010 年版，第 25 页。
④ ［美］理查德·A. 斯旺森：《绩效分析与改进》，孙仪、杨生斌译，中国人民大学出版社 2010 年版，第 5 页。

济、可行与正溢出效应的综合解决方案。零碎的和不系统的绩效改进对策，非但无益反而有害，也会直接或间接地浪费资源。① 由于本书无意针对具体的政府购买公共服务项目进行绩效改进，因此对绩效改进对策的设计将根据对多个购买项目问卷调查和深度访谈的结果，从利益相关主体、购买流程、购买制度、购买环境方面提出相应的改进对策。

四　绩效改进对策实施与评估

绩效改进对策确定后，就可以在实践中运用改进对策。但实施并不是绩效改进过程的结束，完整的绩效改进流程还包括对绩效改进对策的评估。需要指出的是，由于各种因素的限制，本书对于政府购买公共服务绩效改进的研究只进行到绩效改进对策制定阶段，即通过问卷调查、深度访谈等方法，找到产生绩效差距的原因后，从机制设计和可行路径方面提出政府购买公共服务绩效改进的具体建议。对于理论模型中的绩效改进对策实施和评估，由于条件所限，笔者拟在以后进行进一步的研究。

第四节　小结

本章对政府购买公共服务绩效改进的意义、基本原则与改进步骤进行了阐释，建立了政府购买公共服务绩效改进的基本理论框架。（1）政府购买公共服务绩效改进的意义主要体现在以下几个方面：绩效改进是政府购买公共服务绩效的基本要求、政府购买公共服务制度不断完善的助推力量、购买公共服务参与主体能力同步提升的加速器和公众服务需求得到满足的重要保障。（2）政府购买公共服务绩效改进是一个系统性和持续性工程，在绩效改进过程中需要坚持系统思考原则、结果导向原则、价值增值原则和协同合作原则。（3）政府购买

---

① ［美］理查德·A. 斯旺森：《绩效分析与改进》，孙仪、杨生斌译，中国人民大学出版社2010年版，第51页。

公共服务绩效改进理论框架包括绩效现状分析、绩效差距的原因分析、绩效改进对策选择、绩效改进对策实施与评估部分。其中，政府购买公共服务政策目标决定了期望绩效水平。绩效现状与差距分析主要通过实际绩效与期望绩效的对比，判断是否存在绩效差距，如果存在绩效差距，就会产生对绩效改进的需求。当然，真实绩效的诊断需要依据充分可靠的绩效信息对政府购买公共服务绩效的现状进行分析和评估。在绩效差距原因方面，本书从参与主体、购买流程、购买制度、购买环境四个方面构建了政府购买公共服务绩效差距原因的分析框架，据此，本书拟从这几个方面提出政府购买公共服务绩效改进的具体对策。从绩效现状的分析，到绩效改进对策的实施与评估，构成绩效改进的完整理论框架。

第四章 政府购买公共服务的实践与绩效改进探索

政府购买公共服务当前绩效受参与主体、购买程序、制度环境等因素的影响，因此要理解政府购买公共服务绩效现状形成的原因并进一步发现可能的改进路径，需要追溯政府购买公共服务的实践探索历程与制度演进轨迹。本章的任务首先把政府购买公共服务的实践探索分为自发探索、逐渐推广和快速发展三个阶段，并分析每个阶段取得的改革进展与制度演进；其次，梳理政府购买公共服务的基本流程、各参与主体及其主要责任；最后，从购买制度、购买程序、监管评估主体、购买方式、购买主体与承接主体之间的关系以及评估结果应用等方面分析了政府购买公共服务绩效改进的实践探索。

第一节 政府购买公共服务的实践探索

一 自发探索阶段（1994—2000年）

20世纪70年代末80年代初，英国和美国等西方发达国家都面临着政府效率低下、财政赤字增加、政府信任下降等现实压力，在此背景下这些国家通过公共服务市场化和公共服务外包模式推进政府购买，从而在提高公共服务供给效率、降低提供成本、改善政府与公民关系等方面取得了明显效果。与英美两国面临较大的改革压力不同的是，我国对于政府购买公共服务的探索并不是为了缓解政府执政压力，而是地方政府在发展过程中出于对效率的追求和对公众的责任担当而自发形成的公共服务供给模式改革。

我国最早对政府购买公共服务的探索可以追溯到1994年深圳在环境卫生领域的购买尝试。深圳之所以成为政府购买服务改革中"第一个吃螃蟹"的地方,与其发展背景有关。作为最早实行改革开放的地方,开放的经济环境和宽松自由的经济政策使深圳走上了快速发展的道路。1993年末,深圳地区的国内生产总值已达到78.13亿美元。经济发展为高质量的公共服务提供了坚实的经济基础,经济的发展又离不开高质量的公共服务。针对政府在提供公共服务方面的效率与质量问题,1994年深圳市罗湖区借鉴香港经验,引导原有的环卫工人成立环卫公司,然后由政府向这些公司购买服务,借公共服务市场化打破了政府与环卫工人的聘用关系,结果保洁效果大大提高,这也是我国政府向企业购买公共服务的最早探索。此后,罗湖区将这一模式推广。1998年,深圳市绿化管理处借鉴罗湖区做法,引导一部分公园养护工人成立园林绿化公司,政府再向公司购买服务,由此深圳的园林绿化市场力量迅速发展。

1996年,同是经济比较发达的上海市浦东新区社会发展局开始向民办非企业组织罗山会馆购买服务,成为我国政府购买社会组织服务的最早案例[①]。同时,在20世纪90年代国有企业比较集中的地方正面临着国有企业改制,加重了职工下岗的压力,在这种情况下,有些地方开始探索政府购买就业培训服务。石家庄1997年开始购买培训服务,到1999年底,政府共支付培训资金948万元,培训下岗、失业职工32151人,20959人实现就业,培训后再就业率达65%以上。[②]为使政府就业培训方向与下岗人员就业需求方向一致,上海市也从1997年下半年开始,建立起"政府购买培训成果"的政策导向机制,计划在1998—2000年三年间培训40万人。同时,为提高培训质量,上海市广泛发动社会各培训机构共同参与,开发"上海市就业培训信息管理系统"和就业培训信息网络,培训机构和职业介绍机构都可入

[①] 贺巧知:《政府购买公共服务研究》,财政部财政科学研究所2014年版。
[②] 周景芝:《石家庄政府购买培训促再就业》,《中国培训》2000年第6期,第20页。

网，并引入招投标办法，由职业介绍机构发布招标信息，培训单位一旦中标即与招标的职业介绍机构签订培训协议。下岗职工和失业人员经过培训实现了再就业，其培训费用由政府支出。[①] 1998 年，国家劳动部制定了《"三年千万"再就业培训计划》，打算在 1998—2000 年的三年内，有序地组织 1000 万下岗职工分期接受职业指导和参加职业培训，帮助下岗职工转变就业观念，提高职业技能，尽快实现再就业。这也是国家较早出台的指导政府购买公共服务的文件。

这一时期我国社会组织也迎来了发展的契机。1993 年召开的中共十四大明确了中国走向市场经济的改革方向，成为中国社会组织活跃起来的外部条件。1995 年在北京召开的世界妇女大会在国内推介了 NGO（Non-Governmental Organizations）的概念，传播了 NGO 的知识与价值，激发了国内社会组织的出现与改变传统社团模式的冲动，1991—1996 年登记社团的数量从 11 万个上涨到 18.7 万个[②]。这一时期，官办社会组织、行业协会和草根社会组织同时涌现，各类民办非企业组织与国际 NGO 也在一定程度上得到发展。1998 年，国务院办公厅颁布《社会团体登记管理条例（修订）》和《民办非企业单位登记管理暂行条例》，从制度方面对社会组织的发展和管理进行规范，这为 2000 年后政府购买公共服务的推广奠定了基本制度条件。

在自发探索阶段，政府购买公共服务的主要特点有两个。一是地方政府由于任务压力或者内部改革的需要，自发选择购买的事项和自发探索购买的形式。中央和上级政府没有明确的制度政策指导，也没有改革的任何指示，完全是地方政府部门为追求绩效提升、回应公众和社会需求的一种改革自觉。这一时期，政府购买公共服务主要集中于城市管理和社区服务两个领域，并且集中于道路保洁、公园管理、社区服务等方面。二是这一时期政府购买公共服务的实践探索多发生在经济比较发达的城市，这也表明地方政府的服务理念与认知水平对

[①] 上海市劳动和社会保障局：《再就业培训新机制：政府购买成果》，《中国劳动》1999 年第 2 期，第 34 页。
[②] 谢菊、马庆钰：《中国社会组织发展历程回顾》，《云南行政学院学报》2015 年第 1 期，第 35—39 页。

公共服务改革方面发挥着关键作用。针对下岗职工集中出现的问题，这一时期政府开始购买就业培训服务，这也体现出我国政府购买公共服务改革在某些领域也是由于政府管理压力的存在，但又体现出在没有国家政策引导下，地方政府积极面对问题、回应公众服务需求方面的主动和自觉。

二　购买范围和规模逐步扩大阶段（2001—2013 年）

（一）国际国内形势，促使政府更加重视公共服务供给

进入 21 世纪，我国政府面临的国内国际形势发生了重大变化。2001 年，我国加入世界贸易组织（以下简称 WTO），开启了全面开放的发展历程。经济领域的开放必然带来行政领域的变革。在开放的环境下，国外政府管理的先进经验对我国政府管理模式与管理理念不断进行冲击，推动着政府进行变革。同时，随着国内生活水平的提高，特别是在经济比较发达的地区，人民群众对公共服务数量、质量和结构的需求发生较大的变化，这在一定程度上考验着政府公共服务供给的能力与水平。这一时期，在 2002—2013 年的《中央政府工作报告》中，从强调政府的公共服务职能，到不断要求转变公共服务供给方式，体现出政府更加重视公共服务供给，并持续回应广大人民群众对公共服务需求变化的积极态度（如表 4-1 所示）。如 2002 年，中央政府工作报告首次提出把政府职能转到经济调节、市场监管、社会管理和公共服务上来，此后通过各种制度变革不断强化政府的公共服务职能；2005 年，明确提出建设服务型政府的战略目标；2007 年提出"增强基本公共服务能力"；2008 年提出基本公共服务均等化的建设目标，此后不断强化建设公共服务体系与公共服务能力建设问题，并于 2013 年提出要改进公共服务提供方式。

表 4-1　2002—2013 年《中央政府工作报告》中有关公共服务的内容

年份	中央政府工作报告
2002	"必须进一步解放思想，彻底摆脱传统计划经济的羁绊，切实把政府职能转到经济调节、市场监管、社会管理和公共服务上来。"

续表

年份	中央政府工作报告
2003	"在社会主义市场经济条件下,政府职能主要是经济调节、市场监管、社会管理和公共服务。"
2004	"推进政府职能转变。各级政府要全面履行职能,在继续搞好经济调节、加强市场监管的同时,更加注重履行社会管理和公共服务职能。"
2005	"在继续抓好经济调节、市场监管的同时,更加注重社会管理和公共服务,把财力物力等公共资源更多地向社会管理和公共服务倾斜,把领导精力更多地放在促进社会事业发展和建设和谐社会上。""努力建设服务型政府。"
2006	"切实转变政府管理经济方式,加强社会管理和公共服务职能。"
2007	"加强社会管理和公共服务,增强基本公共服务能力,着力解决人民群众反映强烈的问题。"
2008	1. "制定全面推进依法行政实施纲要,推动政府职能转变和管理创新,强化社会管理和公共服务。" 2. "在加强和改善经济调节、市场监管的同时,更加注重社会管理和公共服务,维护社会公正和社会秩序,促进基本公共服务均等化。"
2009	"统筹经济社会发展,全面加强以改善民生为重点的社会建设。"
2010	1. "完善财政转移支付制度,加大一般性转移支付,增强地方政府提供基本公共服务的能力。" 2. "要以转变职能为核心,深化行政管理体制改革,大力推进服务型政府建设,努力为各类市场主体创造公平的发展环境,为人民群众提供良好的公共服务,维护社会公平正义。" 3. "要全面正确履行政府职能,更加重视公共服务和社会管理。加快健全覆盖全民的公共服务体系,全面增强基本公共服务能力。"
2011	1. "重在加快完善公共财政体系,促进基本公共服务均等化。" 2. "完善财政转移支付制度,加大一般性转移支付,增强地方政府提供基本公共服务的能力。" 3. "加快健全覆盖全民的公共服务体系,全面增强基本公共服务能力。"
2012	"进一步提高区域发展的协调性和基本公共服务均等化水平""强化政府社会管理和公共服务职能力"。
2013	"改进政府提供公共服务方式,加强基层社会管理和服务体系建设。"

资料来源:根据 2002—2013 年《中央政府工作报告》整理。

(二)地方政府购买服务范围和规模不断扩大

中央政府对公共服务问题的重视,引导与激励着地方政府加强公共服务财政投入,并不断探索更为有效的公共服务供给方式。为了提高公共服务供给效率，缓解地方财政压力，经济较发达地区的地方政府加快了政府购买公共服务探索的步伐，更多的地区开始试行政府购买公共服务工作，在购买范围和购买规模方面有了较大的突破。以北京、上海、广州以及这一时期具有代表性的其他地区为例，可以窥探这一时期政府购买公共服务的发展情况。

在北京，2005 年北京市海淀区成立公共服务委员会，采取招投标、合同外包、民办公助等形式向医疗机构购买服务，并采用合同管理模式。为规范政府购买公共服务行为，2006 年 12 月，海淀区开始实施《关于政府购买公共服务指导意见（试行）》，购买服务试点推广到卫生、文化、体育等领域。为改善民生，2010 年初，北京市财政部门拟定了 1 亿多元的公共服务采购计划，向社会组织购买了 200 项公益服务项目。2010 年 7 月，北京市民政局组织召开了"政府购买社会组织公益服务项目推介展示暨资源配置大会"，鼓励和引导基金会和支持性组织参与到政府购买公共服务项目中。2011 年 1 月，北京启动"文化服务民生"民办文化场馆公益服务行动项目，政府购买了 16 家民办文化场馆的公益服务。截至 2014 年 5 月，北京市总计投入 2.53 亿元，购买了 1544 项社会组织服务项目，服务对象超过 789 万人次。[①]

在上海，2000 年之前就进行了购买社区公共服务和就业培训服务的探索。上海市也是国内最早探索政府购买养老服务的地区。2000 年，上海市卢湾区民政局向"金色港湾老年公寓"（民办非企业单位）购买了价值 30 万元的"居家养老服务"和"入住养老服务"，为符合条件的老人提供日托服务或居家养老服务，对困难老年人家庭护理服务实行直接补贴，既解决了民办非企业单位的经费难题又提高了养老服务的质量。随后，南京、杭州、北京、天津、深圳、厦门、福州等城市纷纷尝试政府购买居家养老服务。2003 年，上海市开始全面推进社区居家养老服务，为老年人提供上门或日间生活照料等服

---

① 许光建、吴岩：《政府购买公共服务的实践探索及发展导向——以北京市为例》，《中国行政管理》2015 年第 9 期。

务。2004年，居家养老服务补贴正式被纳入上海市政府项目预算。到2005年底，上海市区和街道层面共成立了233个助老服务社、83家老年人日托服务机构。① 针对不断增长的公共卫生服务需求，2001年长宁区卫生局开始以项目形式探索政府购买社区公共卫生服务，对区卫生服务中心进行经费补贴。在其他领域，2006年，上海市浦东新区残联向"新途社会健康促进社"购买价值44万元的公共服务项目。2010年，上海各级政府通过购买服务、补助等形式为社会组织提供资金37.88亿元。②

在广州，2004年民营医疗机构仁爱天河医院承接了广州市残联的残疾人服务项目。2007年，广州市在海珠区、荔湾区试点购买"居家养老"服务。同时，荔湾区政府向社工机构购买老年人、青少年、残疾人和困难群体的家庭服务。2008年，广州政府购买公共服务支出达到552万元。2010年，广州市开始探索家庭综合性服务中心试点，通过招投标形式引入民办社工机构从事家庭综合服务。2012年，广州政府购买公共服务资金成倍增长，购买范围扩展到空巢老人服务、精神康复服务等，全年投入2.93亿元。2013年，该经费增加到3.61亿元。③ 同时，为了推进政府购买公共服务改革和为社会组织发展提供更广阔的空间，2012年5月，广东省提出凡是社会组织能够有效提供的公共服务，原则上由各级政府及其各部门以政府购买服务等方式提供。

在经济较为发达的其他地区，政府购买公共服务也在2000年以后有了较大程度的发展。无锡市从2005年开始在文化、旅游、水利等6个部门试点政府购买公共服务，到2007年全市市政设施养护、污水处理、路灯设施维护、环卫清扫保洁、水资源监测、社会养老机

---

① 管兵、夏瑛：《政府购买服务的制度选择及治理效果：项目制、单位制、混合制》，《管理世界》2016年第8期。
② 王雪云、高芙蓉主编：《政府购买公共服务研究》，经济科学出版社2016年版，第98页。
③ 刘怀宇：《广州去年政府购买服务花了3.61亿元》，《中国社会组织》2014年第6期。

构、城区绿化养护等十多项公共服务,由政府直接参与转变为政府购买。2005年,宁波市海曙区在全区65个社区中推广政府购买养老服务模式,并由区政府将购买公共服务项目的支出列入年度财政预算。2008年初,深圳宝安区西乡街道办事处开始购买城管服务,2008年1月至2009年12月,城市暴力执法案件下降到0,市民满意率则从63%上升到91%,更令人兴奋的是财政预算却没有增加。① 2008年,南京市鼓楼区引入"市场化物业管理模式",通过竞标选取物业公司管理全区15家农贸市场。2009年,南京市玄武区通过"数字玄武"网络平台,对外发布政府购买居家养老服务项目招标公告,最终两家养老服务中心中标。2010年,玄武区又将公益创投理念引入"扶老、助残、救孤、济困"等社区公共服务领域。2011年,南京市鼓楼区划拨50万元作为社区社会组织发展专项资金,资助社会组织主持的社区项目。② 2013年,佛山市财政安排2.45亿元购买服务、教育和就业创业帮扶等公共服务。③

在国家层面,2005年12月,国务院扶贫办、亚洲开发银行、江西省扶贫办和中国扶贫基金会共同合作推动"非政府组织与政府合作实施村级扶贫规划试点项目",1100万元的合同最终由6家社会组织通过竞争方式获得,这也是中国最早购买的扶贫服务项目。④ 而在该时期,由于没有中央政府的明确推动以及受限于地方政府理念和财政资金等因素,其他地区虽然也开始探索政府购买公共服务,但购买范围和资金规模都明显低于经济发达地区。例如,2007年,江西省向有资质的社会组织购买了30余项公共服务。济南市于2011年成立了

---

① 吕侠:《中国政府购买公共服务研究》,湖南师范大学出版社2015年版,第71页。
② 邹婷:《城市社区社会组织参与社区治理研究》,《法制与社会》2018年第3期。
③ 《佛山两亿购买社会服务珠三角政府"瘦身"》,中国社会组织公共服务平台:http://www.chinanpo.gov.cn/3500/68872/nextindex.html.,2018年10月10日。
④ JingYijia and E. S. Savas, "Managing Collaborative Service Delivery: Comparing China and the United States", *Public Administration Review*, No. 69 (Special Issue), 2009, pp. 101-107.

"社区居家养老服务站",由居委会代管,政府为8个试点社区各发放3万元"代币券"。① 2009年长沙市政府向游泳馆购买体育服务在假日免费向学生开放等,都体现了各地政府对购买公共服务的积极探索。

总体而言,这一时期先行先试地区实践探索的显著效果引起其他地区政府的关注和模仿,东莞市、佛山市、济南市、宁波市、嘉兴市等多地政府投入大量资金向民办非企业机构购买相关服务,无锡市、北京市海淀区、上海市浦东新区、杭州市、成都市、珠海市等多地政府陆续制定政府购买服务实施意见,以指导购买服务实践,上海、浙江、江苏、湖南、广东、四川、河南等地方政府出台省级层面政策文件,统筹规划其辖区内政府购买服务工作。②

(三) 社会组织迅速发展也为政府购买服务提供了可能

从2000年到2013年,中国社会组织(包括社会团体、民办非企业单位、基金会)的数量从15.33万个增加到54.72万个,如图4-1所示。而在这一时期政府购买公共服务项目主要由社会组织承接。社会组织的发展一方面给政府购买公共服务提供了可供选择的市场主体,另一方面,政府购买服务在一定程度上也促进了社会组织的发展。在这一时期,大部分社会组织具有官办背景,有些就是政府单位主导成立的,因此在政府购买服务时也比较容易选择政府信任的社会组织。2013年,政府购买社会组织服务的资金已经达到250多亿元。③

(四) 中央政府部门开始认可并支持推动政府购买公共服务

地方政府购买公共服务在早期实践探索时就已引起中央政府有关部门的注意,1999年时任劳动和社会保障部部长的张左己到上海调研

---

① 吕侠:《中国政府购买公共服务研究》,湖南师范大学出版社2015年版,第72页。
② 王家合、赵琰霖:《我国政府购买服务政策:演进、特征与优化》,《学习论坛》2018年第4期。
③ 杨团主编:《慈善蓝皮书:中国慈善发展报告(2014)》,社会科学文献出版社2014年版,第30页。

（万个）

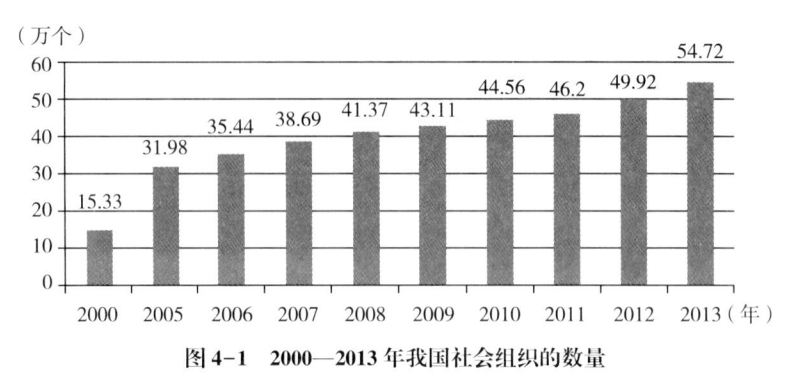

图4-1 2000—2013年我国社会组织的数量

资料来源：《中国统计年鉴》（2018年），http://www.stats.gov.cn/tjsj/ndsj/2018/indexch.htm。

数据：2000年15.33，2005年31.98，2006年35.44，2007年38.69，2008年41.37，2009年43.11，2010年44.56，2011年46.2，2012年49.92，2013年54.72。

后，对上海政府购买就业培训成果进行了充分肯定，认为解决了培训与就业不对路、培训质量不高、社会力量办学等问题，并提出要推广政府购买培训成果模式[①]。2005年后，中央政府各部门主要以扩大政府购买服务试点或出台相关制度文件的方式，对地方政府及其部门政府购买服务工作进行肯定和给予支持。

2006年，深圳市被民政部选为社工制度试点城市，顺利启动了购买社工服务工作。2012年，民政部和财政部联合发布《关于政府购买社会工作服务的指导意见》，同年，中央财政将拨付2亿元专项财政资金购买社会服务，购买对象为在民政部门登记的社会团体、基金会和民办非企业。2007年，《财政部关于开展政府购买社区公共卫生服务试点工作的指导意见》发布，正式提出"购买服务"的概念，并对政府购买社区公共卫生服务的承接主体、资金来源、监管评估等进行规定。在政府购买公共服务上升为中央顶层制度设计的前一年，2012年11月，《民政部 财政部关于政府购买社会工作服务的指导意见》（民发〔2012〕196号）就明确说明了该文件出台的背景："近年来，不少地方围绕政府购买社会工作服务政策制度、体制机制、方式方法等进行了一系列实践探索，在拓宽服务领域、深化服务内涵、提

---

① 张左己：《论"政府购买培训成果"》，《现代技能开发》1999年第3期。

高服务质量、满足社会需求等方面取得了重要成果。"同时，提出加快推进政府购买社会工作服务。

总之，在该时期，政府购买公共服务仍以地方政府的自发探索为主，但是相对于 2000 年以前，由于服务型政府建设目标的提出，公共服务供给的压力增加，更多地方政府加入购买公共服务的积极探索之中。同时，中央政府相关部门对先行先试地区工作的认可、试点工作的推动和政策方面的肯定，对政府购买公共服务产生较大的推动作用，但由于地方政府理念认知限制、承接主体不成熟等方面的原因，购买探索依然主要集中于经济比较发达的城市。在该时期，政府购买公共服务从原来的养老服务、社区管理、就业培训等方面，扩展到政策咨询、特殊群体服务、文化服务、体育服务、涉农服务、环境服务等多个领域，购买的规模也有了较大幅度的上升。

三 快速发展阶段（2014 年至今）

地方政府购买公共服务的探索逐渐得到中央政府的认可。2013 年 9 月，国务院办公厅下发了《关于政府向社会力量购买服务的指导意见》（以下称《指导意见》），这标志着我国政府购买公共服务开始步入规范化、制度化的发展轨道。2013 年 11 月，党的十八届三中全会提出"推广政府购买服务，凡属事务性管理服务，原则上都要引入竞争机制，通过合同、委托等方式向社会购买"。2016 年 6 月，"为加快推进政府购买服务改革，加强对有关工作的组织领导和政策协调"，国务院办公厅成立政府购买服务改革工作领导小组，由国务院副总理张高丽任组长。为落实《指导意见》，规范政府购买服务采购行为，2014 年 4 月，作为政府购买服务预算和资金使用监管部门的财政部下发《关于推进和完善服务项目政府采购有关问题的通知》，对政府采购服务类别、需求管理、采购方式、验收管理、绩效评价等内容进行规定。2014 年 12 月，财政部、民政部和国家工商行政管理总局联合印发《政府购买服务管理办法（暂行）》，对政府购买服务的范围、基本原则、购买主体和承接主体、购买内容和指导目录、购买方式及程序、预算及财务管理、绩效评价和监督管理等内容进行了规定。针对政府购买公共服务无法律依据的担心，2015年3月1日开始施行的《中华人民共和国政府采购法实施条例》明确规定，《政府采购法》中所称的服务"包括政府自身需要的服务和政府向社会公众提供的公共服务"。《中华人民共和国政府采购法实施条例》明确了公共服务属于政府采购范围，从而初步形成一套比较完整的购买服务法律体系，为购买主体提供基本的行为准则，同时也以制度的形式为绩效管理提供了明确方向。2013年以来全国人大常委会、中央政府出台的有关政府购买公共服务方面的法律政策如表4-2如示。

为搭建政府与社会、中央与地方和政府部门之间的信息沟通和工作交流平台，推动政府购买服务改革工作，2017年10月31日财政部依托"中国政府采购网"创办的"中国政府购买服务信息平台"正式开通。截至2019年8月6日，全国31个省级政府单位（省、自治区、直辖市）中有20个依托本级政府采购网建立了政府购买服务信息平台，有23个省级政府在政府采购网站上设有政府购买服务专栏。[①]

表4-2　2013年以来全国人大常委会、中央政府出台的有关政府购买公共服务的法律政策

序号	时间	名称
1	2013	国务院办公厅关于政府向社会力量购买服务的指导意见（国办发〔2013〕96号）
2	2013	财政部关于做好政府购买服务工作有关问题的通知（财综〔2013〕111号）
3	2014	中华人民共和国政府采购法（2014年修正）
4	2014	财政部 民政部 国家工商行政管理关于印发《政府购买服务管理办法（暂行）》的通知（财综〔2014〕96号）
5	2014	财政部关于政府购买服务有关预算管理问题的通知（财预〔2014〕13号）
6	2014	财政部关于推进和完善服务项目政府采购有关问题的通知（财库〔2014〕37号）

① 数据根据31个省政府采购网站信息整理所得。

续表

序号	时间	名称
7	2014	财政部 民政部关于支持和规范社会组织承接政府购买服务的通知（财综〔2014〕87号）
8	2015	中华人民共和国政府采购法实施条例
9	2015	财政部关于做好行业协会商会承接政府购买服务工作有关问题的通知（试行）（财综〔2015〕73号）
10	2016	财政部 中央编办关于做好事业单位政府购买服务改革工作的意见（财综〔2016〕53号）
11	2016	财政部 民政部关于通过政府购买服务支持社会组织培育发展的指导意见（财综〔2016〕54号）
12	2017	财政部关于坚决制止地方以政府购买服务名义违法违规融资的通知（财预〔2017〕87号）
13	2018	财政部关于推进政府购买服务第三方绩效评价工作的指导意见（财综〔2018〕42号）
14	2020	政府购买服务管理办法（财政部第102号令）

资料来源：笔者根据政府部门网站资料整理。

总之，在一系列中央政府政策的支持下，购买服务探索较早的地方政府加大了购买力度。如2014年，江苏省财政厅支持的39个重点购买服务项目，购买资金达到16.7亿元。[1] 一些开始较晚以及尚未开展政府购买服务工作的地方政府也相继出台地方政府购买服务指导意见或其他鼓励支持购买服务的政策文件，从而推动政府购买服务走上了快速发展的轨道，购买服务的范围不断扩大，购买服务的资金规模逐年增加。全国政府购买服务规模从2013年的1534.4亿元上升至2017年的8901.6亿元[2]，2018年进一步达到12081.9亿元[3]。与此同时，政府购买所依托的社会组织发展比较迅速，由2014年的60.60

---

[1] 王向民：《中国社会组织的项目制治理》，《经济社会体制比较》2014年第5期。
[2] 《根据财政部网站国库司发布的历年全国政府采购数据整理得出》，http://gks.Mof.gov.cn/redianzhuanti/，2019年8月10日。
[3] 《2018年全国政府采购简要情况》，财政部网站，http://gks.mof.gov.cn/tongjishuju/201909/t20190903_3379360.htm，2019年9月6日。

万个增加到 2017 年的 76.15 万个。① 政府购买市场竞争环境不断完善，一些地方政府开始探索新的购买服务领域，2014 年，常州市在全国率先出台《关于购买公共体育服务的实施办法》，正式开启了政府向社会力量购买公共体育服务的实践探索。

第二节　政府购买公共服务的基本流程及主要参与主体

一　政府购买公共服务的基本流程

所有目标的实现都必须经过一定的流程。绩效改进的机会就隐藏在组织和活动的各个流程环节。从政府购买公共服务决策到购买的各个流程，再到服务生产的各个环节，每个流程都有具体的实施主体和管理实施机制，每个流程的实施情况既是过程绩效的重要组成部分，又是结果绩效的影响因素。从这个意义上，关注政府购买公共服务绩效及其绩效改进应从关注购买的主要流程及其实施情况开始。在各级政府购买公共服务的实践探索中，逐渐形成一套基本流程，用以指导政府购买公共服务的整个过程。

（一）政府购买公共服务流程的相关制度规定

为了使国家完成公共行政领域内的任务，除有必要建立一个有效的法律和制度体系外，也有明确的必要控制所有过程。② 在中国，早在政府购买服务地方自发探索时期的 2006 年 11 月，北京市海淀区出台的《关于政府购买公共服务的指导意见（试行）》（海政发〔2006〕103 号）就对政府购买公共服务流程进行了规定，共包括提出购买项目、起草购买细则、报请政府审议、确定购买规模、组织

---

① 《中国统计年鉴（2018）》，国家统计局网站，http://www.stats.gov.cn/tjsj/ndsj/2018/indexch.htm，2019 年 10 月 18 日。

② Milana Otrusinova, Eliska Pastuszkova, "Concept of 3 E's and Public Administration Performance," *International Journal of Systems Applications, Engineering and Development*, Vol. 6, No. 2, 2012, pp. 171-178.

实施购买和进行绩效评价六个环节。2013年国务院办公厅印发的《指导意见》明确规定，要"建立健全项目申报、预算编报、组织采购、项目监管、绩效评价的规范化流程"。随后一些地方政府也出台了相应的关于政府购买服务流程的专项制度，表4-3为一些省级政府购买公共服务流程文件及其中规定的具体购买流程。但目前并不是所有的省份都制定了专门的政府购买公共服务流程文件，有些地方只是把政府购买公共服务的过程体现在政府购买服务管理办法或其他相关文件中。

表4-3　省级政府购买公共服务工作流程文件及其具体规定

时间	省份	文件名称	主要流程
2015.11	湖南	《省级部门政府购买服务工作基本流程（试行）》（湘财综〔2015〕28号）	编报购买预算、审核购买预算、公开购买信息、实施购买活动、选择承接主体、签订购买合同、履约及资金支付、开展绩效评价
2015.07	安徽	《安徽省财政厅关于进一步规范省级政府购买服务流程的通知》（财购〔2015〕849号）	预算编制、信息公开、计划申报、采购程序、合同签订、履约验收、资金支付
2015.04	湖北	《湖北省省级政府采购工作规程》（鄂财采规〔2015〕2号）	政府采购预算编制、政府采购预算执行、政府采购合同签订、备案及履约验收、政府采购资金支付、政府采购信息及档案管理、政府采购监督检查、政府采购绩效管理
2014.10	黑龙江	《省直单位政府购买服务项目采购管理规程（试行）》（黑财综〔2014〕142号）	需求调研和咨询论证、编制购买服务预算、审核预算、组织采购（集中、部分和分散采购形式）、实施过程中财政部门监督管理和购买主体全过程动态管理

续表

时间	省份	文件名称	主要流程
2014.10	山东	《省级部门政府购买服务工作基本流程(试行)》(鲁财购〔2014〕2号)①	编报购买计划、核定购买计划、公开购买信息、实施购买活动、签订购买合同、履约及资金支付、开展绩效评价
2014.11	四川	《关于印发政府向社会组织购买服务项目政府采购工作流程的通知》(川财采〔2014〕66号)	确定采购需求、申报政府采购计划、公开购买信息、委托采购代理机构、确定采购方式、组织实施有关采购事项、确定中标(成交)供应商、签订政府采购合同、履行政府采购合同、政府采购合同履约验收、政府采购资金支付
2014.12	重庆	《关于印发政府向社会组织购买服务项目政府采购工作流程的通知》(渝财采购〔2014〕35号)	确定采购需求、编报采购计划、确定政府采购方式、审批采购计划、公开政府购买服务信息、组织实施政府购买服务采购、确定中标(成交)供应商、发布中标(成交)公告、签订政府采购合同、履行政府采购合同、政府采购合同履约验收、政府采购资金支付、采购项目评价

资料来源:笔者根据各省财厅网站资料整理。

专门制定政府购买服务流程的地方政府,购买流程也不完全一致。例如,湖南省财政厅在《省级部门政府购买服务工作基本流程(试行)》中把购买流程划分为编报购买预算、审核购买预算、公开购买信息、实施购买活动、选择承接主体、签订购买合同、履约及资

---

① 《关于〈省级部门政府购买服务工作基本流程(试行)〉的通知》,山东省文化旅游厅网站,http://www.sdwht.gov.cn/html/2015/zfcg_0227/19683.html,2018年11月2日。

第四章　政府购买公共服务的实践与绩效改进探索

金支付、开展绩效评价八个部分。① 晋江市民政局把政府购买社会服务的流程分为立项审批、组织购买、签订合同、资金拨付、监管与评估五大环节。② 而山东省财政厅在《省级部门政府购买服务工作基本流程（试行）》中把编报购买服务计划和核定政府购买计划作为政府购买服务基本流程的一部分③。四川省、黑龙江省和重庆市等在地方文件中都要求把确定采购需求和咨询论证作为购买服务的必需流程。

目前，很多省份还没有制定专门的政府购买服务流程文件，但在调研过程中发现，这些地方政府在实际购买过程中也都有各自的流程程序。总之，虽然一些地方政府购买服务的流程还不完善，但遵循一定的流程进行购买，已经成为各地政府的实践共识。

（二）政府购买公共服务的基本流程构成

参考各地政府对购买服务流程的规定，并根据实地调研和深度访谈所收集到项目流程资料，政府购买公共服务流程可分为服务需求调研、编报购买预算、审核购买预算、公开购买信息、实施购买活动、选择承接主体、签订购买合同、履约与资金支付、开展绩效评价九大环节。政府购买公共服务的主要流程及每个环节的主要参与主体，如图4-2所示。

需要指出的是，这些购买流程都是一般化的购买流程，实行政府集中采购、部门集中采购和分散采购④的购买活动在具体过程中采购

---

① 《省级部门政府购买服务工作基本流程（试行）》，湖南省财政厅网站，http://czt.hunan.gov.cn/xxgk/tzgg/201511/t20151117_1984306.html，2018年10月16日。
② 《晋江市民政局关于印发〈晋江市民政局购买社会服务操作规程〉的通知》，晋江市人民政府网站，http://www.jinjiang.gov.cn/zfshow.aspx?id=55138，2018年11月2日。
③ 《山东省财政厅关于〈省级部门政府购买服务工作基本流程（试行）〉的通知》，山东省财政厅网站，http://czt.shandong.gov.cn/col/col10563/index.html?uid=102943&pageNum=4，2018年11月2日。
④ 一般情况下，集中采购主要针对属于政府集中采购目录中的政府购买服务项目，委托集中采购或代理机构采购；部门集中采购是在集中采购目录内的政府购买服务项目，指相关部门经批准后由主管部门、单位统一组织实施或委托代理机构的采购活动；分散采购的服务在集中采购范围以外，经批准由购买主体自行组织采购活动。

— 81 —

实施主体和流程环节在各地实践操作中也有所区别，除非研究必要，本书不专门细分具体购买方式。

```
服务需求调研 ----> 购买主体
     ↓
编报购买预算 ----> 购买主体
     ↓
审核购买预算 ----> 财政部门
     ↓
公开购买信息 ----> 购买主体
                   财政部门
     ↓
实施购买活动 ----> 购买主体
     ↓
选择承接主体 ----> 购买主体
     ↓
签订购买合同 ----> 购买主体
                   承接主体
     ↓
履约与资金支付 ----> 购买主体
                   承接主体
     ↓
开展评价活动 ----> 购买主体
                   财政部门
                   审计部门
                   第三方主体
```

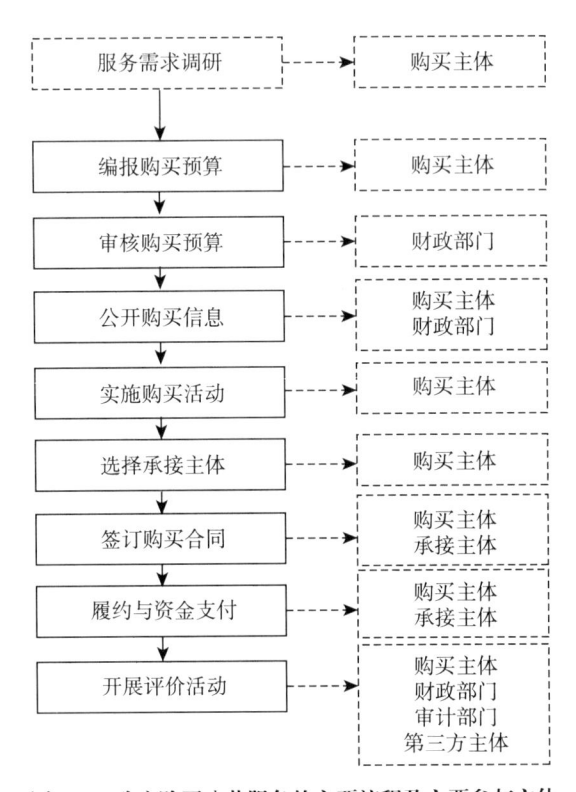

图 4-2 政府购买公共服务的主要流程及主要参与主体

1. 公共服务需求调研

政府购买作为公共服务供给侧结构性改革的重要内容，其要解决的一个核心问题是有效地满足公众的服务需求。政府购买公共服务一个最基本的假设是这些公共服务都是有效供给的，即都是根据公众需求而购买的服务。因此，满足该假设的首要工作是对要购买的公共服务进行需求识别，以确定为谁购买、购买什么、购买多少的问题。可以说，准确了解公众的服务需求是供给决策的基础和前提。而要了解公众的公共服务需求，必然需要进行深入的调研，收集真实可靠的需求信息，编制公共服务需求图谱，找到合适的需求满足机制。① 政府购买公共服务作为公共服务供给的重要形式以及服务型政府建设的重要内容，也必然以公众的服务需求为导向。因此，在政府购买决策前，对购买服务的受益群体的需求数量、质量、结构等进行调研，准确掌握其需求情况，不仅可以回应"是否需要买"的问题，还是实现"买得值"的重要保障。在我国，购买服务需求调研的主体多是购买主体主导，有的地方是购买主体实施调研，有的地方则是购买主体委托第三方实施调研。调研的方法也是多样的，有的是在需求中了解，有的采用问卷调查、居民访谈、座谈等形式。② 实践中，政府部门经常根据自身承担的公共服务职责和社会公众需求，参考政府购买服务指导目录③，确定具体政府购买公共服务事项。

2. 编报购买服务计划和预算

政府购买服务预算编制阶段的任务是制订政府未来在购买服务方面的支出计划，即政府各职能部门预测各类公共服务的规模并安排支出以满足公共需求的过程。在购买服务计划中，绩效目标设计尤为重要，体现为各职能部门准备"办什么事"，为实现计划之"事"需要多少"钱"。④ 根据"先有购买预算，后购买服务"的要求，购买主体在确定购买服务需求后，所要做的就是根据自身职责范围编制政府购买服务计划和政府购买服务项目预算，明确政府购买服务目标，并与年度部门预算一起上报本级财政部门。对于预算编制质量的保障，

---

① 陈水生：《公共服务需求管理：服务型政府建设的新议程》，《江苏行政学院学报》2017年第1期。

② 蔡礼强：《政府向社会组织购买公共服务的需求表达——基于三方主体的分析框架》，《政治学研究》2018年第1期。

③ 各地对政府购买服务的内容实行指导性目录管理，如《北京市政府购买服务预算管理办法》（京财综〔2019〕1554号）规定"指导性目录分为三级。其中，一级目录分为基本公共服务、社会管理性服务、行业管理与协调性服务、技术性服务、政府履职所需辅助性服务和其他服务事项六大类。二级目录是在一级目录基础上，结合本部门的行业特点，对有关服务类型的分类和细化。三级目录是在二级目录基础上，结合本部门的具体支出项目特点，对有关具体服务项目的归纳和提炼。"

④ 晁毓欣、李干、彭蕾：《全面预算绩效管理下政府购买服务绩效评价的理论思考》，《经济研究参考》2019年第11期。

在《政府购买服务管理办法（暂行）》中有明确要求："购买主体应当充分发挥行业主管部门、行业组织和专业咨询评估机构、专家等专业优势，结合项目特点和相关经费预算，综合物价、工资、税费等因素，合理测算安排政府购买服务所需支出。"① 同时，为了保障政府购买服务效果，中央部门和地方政府的政策文件都要求不得把购买服务作为增加部门预算支出的理由。同时，根据中共中央、国务院《关于全面实施预算绩效管理的意见》"建立全过程预算绩效管理链条"的要求，"全面设置部门和单位整体绩效目标、政策及项目绩效目标"，"各级财政部门要将绩效目标设置作为预算安排的前置条件，加强绩效目标审核"②，因此，在政府购买公共服务预算中要明确政府购买服务绩效目标和为实现该目标所需要的财政支出。

3. 审核购买服务信息

在收到政府职能部门的购买服务计划后，同级财政部门根据相关法律政策规定，核定购买服务预算，对符合规定的购买服务项目，纳入年度政府购买计划，并随同部门预算反馈给各政府职能部门；对不符合规定、审核不通过的购买项目，提出问题所在，退回政府职能部门即购买主体部门进行修改，修改后重新提交财政部门审核。审核通过的，进入预算编制流程。然后，政府购买服务预算连同职能部门其他预算由财政部门报立法机构即本级人大审核批准，成为具有法律效力的预算文件，如图4-3所示。

4. 公开政府购买服务信息

通过同级财政部门审核的政府购买服务信息，需要在财政部门门户网站"政府购买服务专栏"向社会公开本年度政府购买服务计划，接受社会监督。同时，按照要求，购买主体应该在本部门网站公开购

---

① 《关于印发〈政府购买服务管理办法（暂行）〉的通知》，中华人民共和国财政部网站，http://zhs.mof.gov.cn/zhengwuxinxi/zhengcefabu/201501/t20150104_1175300.html，2018年12月20日。

② 《中共中央 国务院关于全面实施预算绩效管理的意见》，中华人民共和国中央人民政府网站，http://www.gov.cn/zhengce/2018-09/25/content_5325315.htm，2018年10月8日。

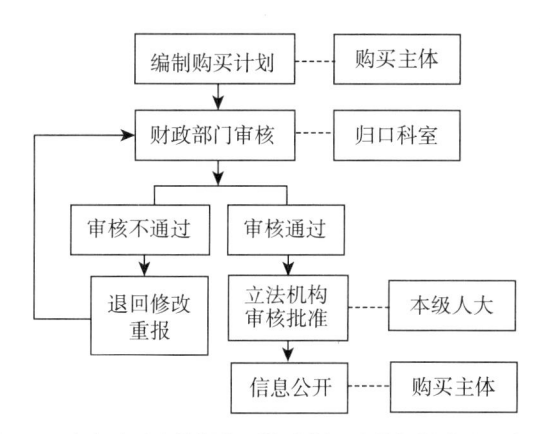

图 4-3　政府购买公共服务预算编制、审核与批准的基本流程

买服务信息。如山东省财政厅要求公开"购买服务项目名称、资金安排、购买内容、服务标准、服务对象、承接主体资格条件、购买方式、项目评价方法、实施期限等信息。符合财政项目支出绩效目标管理要求的，应按有关规定一并公开相关信息"①。

5. 确定购买服务方式并实施购买活动

购买服务计划经财政部门核准后，购买主体应尽快组织实施购买活动，确定政府购买方式。一般而言，纳入政府采购目录的购买服务项目应当依照《政府采购法》等法律政策的规定，采用公开招标、邀请招标、竞争性谈判、竞争性磋商、单一来源等采购方式确定服务承接主体。未纳入政府采购目录的购买服务项目，购买主体也应该引入公开竞争机制，以保障承接主体的择优选择。为保障购买服务质量，有些地方还要求确定购买服务标准，如湖南省规定："各部门要加强服务项目标准体系建设，科学设定服务需求和目标要求，建立服务项目定价体系和质量标准体系，合理编制规范性服务标准文本。"②

---

①　《山东省财政厅关于〈省级部门政府购买服务工作基本流程（试行）〉的通知》，山东省财政厅网站，http://www.sdwht.gov.cn/html/2015/zfcg_0227/19683.html，2018 年 11 月 20 日。

②　《省级部门政府购买服务工作基本流程（试行）》，湖南省财政厅网站，http://czt.hunan.gov.cn/xxgk/tzgg/201511/t20151117_1984306.html，2018 年 10 月 16 日。

6. 选择承接主体

承接主体是指承接政府购买服务的企业、社会组织和事业单位。承接主体公共服务的生产能力、生产过程中对公共责任的维护等影响购买公共服务的目标能否实现。在政府购买公共服务的相关政策文件中都有明确的承接主体资质要求，在此基础上，购买主体一般也会针对要购买的服务项目明确购买服务的目标、质量标准，确保能够选择到合适的承接主体。根据购买服务的不同方式，承接主体可以通过公开招标的方式选择，也可以通过邀请招标、竞争性谈判或者直接委托、项目申请等方式选择。即便如此，对于政府而言，选择承接主体并不是容易的事情，由于信息不对称的问题，逆向选择风险经常发生。[1]

7. 签订购买服务合同

合同管理是政府购买公共服务的基本工作。合同的内容包括购买服务的内容、数量、质量标准、价格、绩效目标、合同期限、资金支付方式、双方权利义务、违约责任等。一般而言，合同条款规定的越详细，越有利于购买主体在合同履行过程中的监管和验收评估，出现违约等问题双方协商解决的成本也越低。有学者通过对公共服务外包动因和效果的分析，指出合同内容的设计在决定公共部门外包成功中具有重要的作用。[2] 除合同的一般要素外，激励与惩罚机制在政府购买合同中也非常重要。理想情况下，激励机制应该能够奖励好的绩效，而惩罚机制可以阻止差的绩效。[3] 我国有些地方政府通过承诺与绩效优秀的承接主体连续签约，把绩效差的服务项目收回即是激励与惩罚机制设计的典型案例。

---

[1] [美]唐纳德·凯特尔：《权力共享：公共治理与私人市场》，孙迎春译，周志忍校，北京大学出版社 2009 年版，第 19 页。

[2] Paul H. Jensen, Robin E, Stonecash, "The Efficiency of Public Sector Outsourcing Contracts: A Literature Review", *Working paper*, 2005.

[3] [美]唐纳德·凯特尔：《权力共享：公共治理与私人市场》，孙迎春译，周志忍校，北京大学出版社 2009 年版，第 22 页。

由于政府购买公共服务合同具有公共性的典型特征，合同公开既是政府信息公开的基本要求，也有利于社会对合同履行过程的监督。因此，一些地方政府的购买服务文件也都对政府购买服务合同的公开形式进行明确规定，如《安徽省财政厅关于进一步规范省级政府购买服务流程的通知》要求："纳入政府采购的购买服务项目合同，购买主体应当自签订之日起2个工作日内，将合同在安徽省政府采购网等省级财政部门指定的媒体上公告，涉及国家、商业秘密的除外。""未纳入政府采购的购买服务项目合同，购买主体应当自签订之日起2个工作日内，将合同在部门网站等媒体上公告，涉及国家、商业秘密的除外。"①

8. 合同履行与资金支付

政府购买公共服务合同签订以后，履约过程是政府购买服务流程中历时最长的环节，也是购买的公共服务生产与供给、公众消费服务的过程。购买主体为了保障公共服务供给质量，合同执行过程中的监管成为必不可少的工作。正如一些学者所强调的那样，合同外包虽然使政府退出公共服务生产和供给的某些环节，但并不意味着政府职责的减少，相反政府加大了在监管方面的职责。② 因此，履约过程既考验政府的合同管理能力，也检验着承接主体合同内容的遵守程度、服务态度和公共责任的履行情况。有效的监管可以使购买主体了解掌握购买服务项目实施进度，及时帮助承接主体与相关政府部门、服务对象进行沟通协调，必要的时候还可以通过目标纠偏机制防止履约过程中的行为偏离合同目标。

资金的及时支付可以为承接主体的服务提供资源保障。因此，购买主体在合同履行过程中要及时支付购买服务资金。同时，为保障资金合理有效使用和合同目标的实现，按照合同约定和购买服务的要

---

① 《安徽省财政厅关于进一步规范省级政府购买服务流程的通知》，安徽省财政厅网站，http://czt.ah.gov.cn/portal/zwgk/zbcg//zbzc/1435692497711200.htm，2018年10月16日。

② Brown Trevor L, Matthew Potoski, "Contract Management Capacity in Municipal and County Governments", *Public Administration Review*, Vol. 2, No. 63, 2003, pp. 153-64.

求,承接主体应接受购买主体、服务对象及其他政府部门和社会主体的监督。

9. 开展绩效评价

在2013年国务院公办厅印发的《指导意见》中就明确规定,要"建立健全由购买主体、服务对象及第三方组成的综合性评审机制,对购买服务项目数量、质量和资金使用绩效等进行考核评价。评价结果向社会公布,并作为以后编制政府向社会力量购买服务年度预算和选择政府购买服务承接主体的重要参考依据"。因此,政府购买服务项目实施完成后,购买主体一般都会采用不同的形式对服务项目数量、质量和资金使用绩效等进行考核评价。有的地方实行购买主体评价,有的地方委托第三方进行评价,有的地方则采用购买主体、公众和第三方多元主体进行综合评价。

二 政府购买公共服务的主要参与主体及其责任

我国政府购买公共服务实践的主要参与主体包括购买主体、承接主体、消费主体、财政部门、评估主体等。这些参与主体都是购买公共服务的主要利益相关者,拥有各自的目标,并且会根据自己的偏好采取行动。政府购买公共服务与所有多方参与活动一样,各个主体是因为共同的目标聚在一起,因此各利益相关者又有统一的目标。[1] 在政府购买公共服务中,所有利益相关者的共同目标就是改善公共服务质量、降低公共服务成本、提高公共服务效率。当然,每个利益相关者在政府购买公共服务活动中又因有各自的目标,经常存在激烈的目标冲突。[2] 为保障政府购买公共服务目标的实现,这就需要明确各主体的主要责任。

---

[1] Milana Otrusinova, EliskaPastuszkova, "Concept of 3 E's and Public Administration Performance", *International Journal of Systems Applications, Engineering and Development*, Vol. 6, No. 2, 2012, pp. 171-178.

[2] Julie A. Harrison, Paul Rous, Charl J. De Villiers, "Accountability and Performance Measurement: A Stakeholder Perspective", *The Business and Economic Journa*, Vol. 2, No. 5, 2012, pp. 245-258.

（一）购买主体

1. 购买主体类别与构成

购买主体是政府购买公共服务决策与监管主体，也是最终责任主体。在我国政府购买服务制度规定和实践操作中，购买主体包括本应承担公共服务生产和供给责任的行政机关，党的机关，参照公务员法管理、具有行政管理职能的事业单位。其中，行政机关既包括中央政府和地方政府，也包括中央政府和地方政府的职能部门。按照此前制度规定，"完全或主要承接行政职能的事业单位"可以作为购买主体。但财政部2020年1月最新发布的《政府购买服务管理办法》明确规定："公益一类事业单位、使用事业编制且由财政拨款保障的群团组织，不作为政府购买服务的购买主体和承接主体。"从而把政府购买服务主体的范围限定为各级国家机关，政府购买公共服务的主体类型及其构成如表4-4所示。本书主要关注行政机关作为主体的购买服务行为。

表4-4 政府购买公共服务主体类型及其构成

购买主体类型	购买主体构成
行政单位	各级行政机关
其他国家机关	中国共产党各级机关
	各级人民代表大会及其常务委员会机关
	中国人民政治协商会议各级委员会机关
	各级监察机关
	各级审判机关
	各级检察机关
	各民主党派的各级机关

资料来源：笔者根据国务院和财政部政府购买公共服务相关文件整理。

2. 购买主体的责任

在政府购买公共服务的主要利益相关者中，作为购买主体的政府是公共服务购买的推动者和主导者。① 购买主体把本应由自己提供的公共服务交予市场，对购买公共服务质量负有最终责任，这就需要其在服务质量保障和购买服务绩效方面履行以下责任：精准确定服务需求、合理控制预算成本、公平选择承接主体、有效利用合同手段监管服务生产过程、绩效评估与结果反馈。购买主体对购买公共服务绩效影响就体现在这些责任的具体履行中。

一是精准识别购买需求

提供符合消费者需要的公共服务不仅仅是政府购买公共服务的基本要求，也是政府购买公共服务绩效目标能否实现的前提和基础。精准识别购买公共服务需求亦是政府回应公众需要的重要途径。需求导向的服务供给理念要求政府在购买公共服务决策之前，对消费对象的真实需求进行精准调研，了解在当前经济、社会条件下消费者的一般需求和个性化需求，测算需求数量，定位需求质量，实现供给与需求的有效匹配。

二是明确政府购买公共服务目标

明确的政府购买公共服务目标对承接主体而言具有行为导向作用。如果在政府购买服务合同中没有明确的目标，政府购买公共服务绩效的测评也就无从谈起。但对于政府而言，"明确目标的工作很难开展，因为公共目标极少会一直坚持到精确公式的出台"②。但目标的存在能促进绩效改进，Boyne 和 Chen 对公共服务的研究就支持了绩效目标与服务改进相关的论点③。因此，对于作为购买主体的政府而言，制定政府购买公共服务的目标、服务标准和评价指标体系是提高绩效的必然选择。

---

① 蔡礼强：《政府向社会组织购买公共服务的需求表达——基于三方主体的分析框架》，《政治学研究》2018 年第 1 期。
② [美] 唐纳德·凯特尔：《权力共享：公共治理与私人市场》，孙迎春译，周志忍校，北京大学出版社 2009 年版，第 21 页。
③ Boyne, G. and Chen, A, "Performance targets and public service improvement", *Journal of Public Administration Research and Theory*, No. 3, 2007, pp.455-477.

三是合理控制购买成本

是否实行公共服务外包,取决于政府组织生产的成本与公共服务外包的总交易成本之间的比较与权衡。①"以事定费"是政府购买服务的基本要求,但如何在操作过程中做到"以事定费"也不是件容易的事。从国内外已有实践来看,政府购买过程中合理控制成本的基本前提是对购买成本进行合理测算,如对政府购买居家养老服务成本进行测算,需要根据当地消费水平、物价水平等确定每小时上门服务成本,然后再根据购买需求的老人数量乘以总共购买的小时数确定;购买道路保洁成本,则要根据道路保洁面积、当地保洁工人每天工资等进行确定。由于多数公共服务是体验式服务,很难进行准确定量,因此也给政府购买公共服务成本测算增加了难度。为了维护价格合理公平,有必要建立定价多方参与机制,在核算公共服务成本时多收集、听取各利益相关者的意见,对成本进行多方论证,使购买价格与服务的真实效益挂钩。

四是公平选择承接主体

选择什么质量的承接主体决定了能够提供什么质量的公共服务。在竞争较为充分的条件下,采用公开招标的形式公平选择承接主体,既能够激发承接主体的活力和市场竞争意识,也能够保障购买服务的质量。但在我国社会组织发育不成熟、承接市场竞争不充分的情况下,如何选择到优秀的承接主体对作为购买主体的政府部门而言是一个较大的挑战。在此过程中如果政府一方积极主动地公开购买信息,自觉接受各利益相关者和社会监督,则可以在对购买主体和承接主体进行监督的同时促进购买绩效的提升。

五是有效监督合同过程

"为公众做个好交易不只是取决于是否要签订合同、合同给谁,而是取决于合同从头到尾整个过程的管理。"② 在我国,政府购买公

---

① 句华:《公共服务合同外包的适用范围:理论与实践的反差》,《中国行政管理》2010 年第 4 期。
② [美]菲利普·库珀:《合同制治理——公共管理者面临的挑战与机遇》,竺乾威、卢毅、陈卓霞译,竺乾威校,复旦大学出版社 2007 年版,第 5 页。

共服务实行"政府承担、定向委托、合同管理、评估兑现"的购买机制。无论选择承接主体的方式是采取项目申请、直接资助还是公开招标，购买主体与承接主体之间都必须签订购买合同，明确购买服务的范围、标准、数量、质量要求，以及服务期限、资金支付方式、权利义务和违约责任等。因此，政府购买公共服务对购买主体的合同管理能力要求较高，不仅需要在签订合同阶段把握合同的内容条款，还需要在合同签订之后有效监督合同执行过程，及时评价合同目标实现情况。可以说，政府购买公共服务并不意味着政府责任的减少或转移，只不过实现这种责任的方式由直接提供转变为通过合同方式监管承接主体按质保量的完成。

六是科学实施绩效评估

没有评估，就难以实现较好的绩效。政府购买公共服务的目标是否实现，需要进行科学的绩效评价。政府购买公共服务绩效评价体系包括评价标准、评估主体、评价指标、评价结果应用等。评估主体除购买主体和服务对象外，还可以引入第三方专业评估机构。正如《财政部关于推进政府购买服务第三方绩效评价工作的指导意见》的规定："受益对象为社会公众的政府购买公共服务项目，应当积极引入第三方机构开展绩效评价工作，就购买服务行为的经济性、规范性、效率性、公平性开展评价。"完整的绩效评价体系还包括评价结果的应用，评价结果作为下一年度同类服务项目的预算编制、承接主体的选择等的依据，从而推动购买主体和承接主体共同致力于购买绩效水平的提升。

七是维护市场竞争秩序

政府购买能够提高公共服务绩效的前提假设是具备竞争性市场。如何构建并维护有效的竞争性市场，是政府在购买公共服务中的基本责任。著名的民营化大师萨瓦斯教授也认为："任何民营化努力的首要目标是将竞争和市场力量引入到公共服务和公共资产的利用过程中。"[1]

---

[1] [美] E.S. 萨瓦斯：《民营化与公私部门的伙伴关系》，周志忍等译，中国人民大学出版社2002年版。

在有效竞争市场存在的情况下，政府还需要负起维护市场竞争秩序的责任，防止承接主体为了争取到政府购买服务项目而竞相降低价格，最终以服务质量降低、公众权益受损的结果出现。当然，维护竞争秩序也是为了持续保持市场竞争活力，防止规模较大、实力较强的社会组织和企业，先压低价格排挤出实力弱小的承接主体，在取得购买服务市场的垄断地位后提高服务价格。市场竞争力不足的结果会引发定向购买，在这种情况下，承接主体对购买主体存在明显的依附关系，并容易诱发寻租和腐败行为。① 彭婧认为，判断政府是否有效地维持市场竞争秩序的标准有三个：一是在购买中是否采用公共招标的形式选择服务提供者；二是政府购买服务过程的信息是否公开；三是承接主体在服务生产过程中是否采取有效监管措施。②

（二）承接主体

1. 承接主体类别与构成

政府购买公共服务的承接主体是公共服务的主要生产者和提供者，也是政府购买公共服务绩效的直接创造者。对于承接主体的类型与资质要求，我国主要的政府购买服务政策文件中都有明确规定。如2020年的《政府购买服务管理办法》规定政府购买服务的承接主体包括"依法成立的企业、社会组织（不含由财政拨款保障的群团组织），公益二类和从事生产经营活动的事业单位，农村集体经济组织，基层群众性自治组织，以及具备条件的个人。"政府购买公共服务中承接主体类型及其构成如表4-5所示。

---

① 彭婧、张汝立：《如何避免政府购买服务成为公众"不称心的礼物"？——基于政府责任视角的分析》，《中央民族大学学报（哲学社会科学版）》2018年第1期。

② 彭婧：《公共服务购买中的政府责任研究——一个分析框架》，《甘肃行政学院学报》2017年第3期。

表 4-5　　　　　　　政府购买公共服务承接主体类型及其构成

承接主体类别	承接主体的构成
社会力量	依法成立的社会组织（不含由财政拨款保障的群团组织）和企业
事业单位	公益二类和从事生产经营活动的事业单位
其他主体	农村集体经济组织，基层群众性自治组织，以及具备服务提供条件和能力的个体工商户或自然人

资料来源：根据《政府购买服务管理办法》整理。

2. 承接主体的基本要求

承接主体是公共服务的生产者和提供者，各国都在承接主体的能力、经营、社会影响等方面有具体的要求。在我国的相关法律文件中，对承接主体的一般能力、专业能力、治理结构、内部管理监督制度、财政制度、依法纳税、缴纳社会保障记录、社会和商业信用等方面进行了原则性的规定，如表4-6所示。同时，一些地方政府和部门在具体公共服务购买合同中，对承接主体还有更为详细的要求。如在郑州市某区购买社工岗位服务中，对承接主体的运营团队能力、维持社工的稳定性、制作宣传材料要求、编制年度工作计划、阶段工作计划等方面进行了较为具体的规定。

3. 承接主体的责任

承接主体作为政府购买过程中公共服务的生产主体，其主要责任为：保障公共服务质量和维护自身与行业信用。承接主体对购买服务绩效影响也体现在这些责任的具体履行中。

表 4-6　　　　　　　政府购买公共服务承接主体的具体要求

要求		具体规定
能力方面	一般能力	依法设立，具有独立承担民事责任的能力
	专业能力	具备提供服务所必需的设施、人员和专业技术能力
管理制度方面		治理结构健全，内部管理和监督制度完善
		具有独立、健全的财务管理、会计核算和资产管理制度
		具有独立、健全的财务管理和资产管理制度，会计核算符合国家统一的会计制度要求

续表

要求	具体规定
信用记录	具有依法缴纳税收和社会保障资金的良好记录
	前三年内在依法缴纳税收和社会保障资金、按要求履行信息公示义务方面无不良记录
	具有良好的社会和商业信誉，前三年内无重大违法记录，未被列入严重违法失信名单（"黑名单"）
其他要求	符合国家有关政事分开、政社分开、政企分开的要求
	法律、法规规定以及购买服务项目要求的其他条件
弹性条款	承接主体的具体条件，可以结合购买服务项目具体需求确定

资料来源：笔者根据《关于政府向社会力量购买服务的指导意见》（国办发〔2013〕96）等文件整理。

一是保障公共服务质量

无论是社会组织、企业、事业单位还是个人，一旦成为政府购买公共服务的承接主体，其保障公共服务质量的责任就正式出现在购买公共服务合同条款之中。对于承接主体而言，按照合同约定生产一定质量和数量的公共服务，首先要具备生产公共服务的能力，这包括拥有生产公共服务所需要的设备、人员和必要技术条件。如对于承接日间照料服务的社会组织而言，需要具备日间照料的场所、餐饮人员、照料老人的人员等。然后，要保持良好的服务态度。政府购买的公共服务，如养老服务、文化服务、医疗服务等，大都是体验式服务，服务态度决定了服务消费者的感知，也最终决定服务的质量，因此对于承接服务的主体而言，不仅需要具有提供服务的硬件设施，更需要具体服务人员良好的服务态度。这就需要承接主体要不断地学习，提升服务能力，改善服务态度，才能更好地承接起购买服务的生产责任。当然，政府作为公共服务质量的最终责任主体，有义务和责任监管承接主体的责任履行情况，督促承接主体履行公共服务责任。

二是维护自身和行业信用

良好的信用是承接主体承接政府购买公共服务的基本要求，也是在服务中得到公众认可的前提条件。在信用水平比较低时，很难产生购买主体与承接主体之间的信任关系,监督成本、协调成本也会相应提高,这本身不是政府购买公共服务追求高绩效过程中希望发生的事情。承接主体在服务中人员、设备的配置,服务态度,服务质量等都是影响信用的重要因素。这也要求承接主体在承接公共服务的过程中要不断提高服务能力,保持组织自主意识,始终以非营利、非政府等形象来提供公共服务①。

(三) 消费主体

1. 消费主体的构成

由于政府购买公共服务的范围很广,消费主体的分布也很广泛,涉及几乎所有的公众群体,既包括老弱病残等非劳动力群体,也包括青少年、中年等劳动力群体。这些群体包括有能力表达自己需求的群体,也包括没有能力表达自己需求而需要监护人代替表达需求的群体。尊重与识别消费主体的消费需求数量、质量和层次是购买主体和承接主体的共同责任。

2. 消费主体的责任

在参与政府购买公共服务的过程中,消费主体的主要责任为:合理表达服务需求、理性参与服务供给、客观评估服务绩效。消费主体对购买服务绩效影响主要体现在这些责任的具体履行中。

一是合理表达服务需求

"凡生活受到某项决策影响的人,就应该参与那些决策的制定过程。"② 需求识别的前提是需求表达,消费主体具有合理表达需求的责任。因此,"政府购买公共服务项目既需要政府自上而下主动调查公民的需求偏好,也需要作为服务消费者的公民自下而上积极表达自己的需求偏好"③。而公众是否愿意表达自己的需求,取决于他们对表达结果的预期收益。如果预期收益较低,可能选择"理性的无知",

---

① 苗红培:《政府与社会组织关系重构——基于政府购买公共服务的分析》,《广东社会科学》2015年第3期。
② [美]科恩:《论民主》,聂崇信、朱秀贤译,商务印书馆1988年版,第15页。
③ 蔡礼强:《政府向社会组织购买公共服务的需求表达——基于三方主体的分析框架》,《政治学研究》2018年第1期。

并进而产生"路径闭锁"现象,即"有意识地选择不去表达或者不去表达真实需求"①。公众需求表达的条件既需要有效的需求表达渠道,也需要需求表达的预期效果能够较大程度地兑现。因此,公众合理的需求表达是政府和社会共同努力的结果,而这样的结果恰恰是政府购买公共服务绩效提升的必要条件。

二是理性参与服务供给

在政府购买服务中,公众的理性参与有利于实现购买目标。公共服务多是体验式服务,服务质量如何只有通过体验才能感知。如果没有公众的参与,政府购买公共服务的质量到底如何很难通过观察进行准确判断。从这个意义上而言,提供公共服务是政府的责任,而公众参与既是一种权利也是应履行的义务。参与不足与过度参与都不是理性参与的表现形式。政府有责任引导公众合理地参与政府购买公共服务的整个过程,通过公开信息、畅通参与渠道、及时回应公众诉求等方面,为公众参与创新良好的条件。

三是客观评估服务绩效

公众作为政府购买服务的消费主体,也是重要的绩效评估主体。这既需要公众积极地参与服务评价,也要求公众能够根据服务标准、态度、服务感知等客观地评价服务结果。公正客观的评价结果不仅有利政府制订下一阶段的购买计划,选择合适的承接主体,也能更好保障公众的公共服务权利和满足公众的服务需求。

(四)评估主体

1. 评估主体的构成

政府购买公共服务的评估主体是指在法律法规的范围内,根据评估标准和指标,对政府购买公共服务绩效进行评价的部门、机构和个人,这些评估主体既包括实施自我评价的购买主体,也包括专门实施评价的政府部门,还包括第三方评估机构、新闻媒体和社会公众,各类评估主体评价的主要内容及特点如表4-7所示。

---

① 邓念国、翁胜杨:《"理性无知"抑或"路径闭锁":农民公共服务需求表达欠缺原因及其对策》,《理论与改革》2012年第5期,第74—77页。

表 4-7　政府购买公共服务评估主体的评价内容与主要特点

评估主体	评估的主要内容	主要特点
购买主体	合同目标与改革目标	强制性、公共性
承接主体	合同目标	自愿性与强制性的结合
财政部门	财政支出绩效目标	强制性、公共性
审计部门	资金使用绩效	独立性、强制性、权威性
第三方评估机构	合同目标、公共服务质量、效率、成本等	非连续性、权威性
消费主体	服务质量、态度、满意度等	直接性和依附性
新闻媒体	购买目标、服务质量、态度、满意度等	非连续性、影响力大

资料来源：笔者根据相关政策与文献整理。

2. 各类评估主体的责任与特点

不同的评估主体都需要客观、公正地对政府购买公共服务绩效进行评价。评价结果及其应用既对当前绩效水平产生影响，同时又对未来绩效方向具有引导作用。

对于购买主体而言，根据合同目标和政府购买服务改革目标对购买服务的绩效进行评价是其固有的责任。购买主体是否对购买绩效进行评价、评价的客观公正性、结果应用等情况不仅会影响当前购买公共服务的绩效，也会影响以后购买服务的绩效水平。客观公正的实质性评估及其有效的结果应用会促进承接主体更好履行合同责任，也会激发承接主体在服务提供中的创新精神，从而让整个购买市场提供的服务质量更优。

对承接主体而言，一般购买主体都会要求其对承接服务的满意度等绩效情况进行评估，同时负责任的承接主体还会对其自身提供服务的质量、满意度、服务态度等进行评价。因此，承接主体的评价具有自愿性和强制性双重特点，两者的有效结合能够促进购买服务绩效的提高。

财政部门是购买公共服务的拨款主体，对购买服务资金使用过程和预算目标完成情况具有监管责任，同时也负责对财政资金预算目标、资金拨付及时性等进行评价。财政部门的评价也具有强制性，不以公共财政资金使用主体的意志为转移。

审计部门作为政府内部权威的评估主体，主要责任是对政府购买服务资金使用从经济、效率、效益方面进行评价，对于发现的问题，提出绩效改进的对策建议。审计部门的评价具有独立性、强制性、权威性特点。

第三方评估机构受购买主体委托，开展绩效评价，其责任是按照委托要求客观公正的对购买服务绩效进行评价。第三方的评价取决于政府的委托，具有非连续性的特点；同时因其独立于购买主体和承接主体，又具有客观性的特点。

消费主体作为政府购买公共服务的消费者，最有权利发表有关公共服务绩效方面的意见，但也有责任客观公正地进行绩效评价。消费主体对政府购买绩效的评价都是在其他评价主体的主导和引导下进行的，因此其评价具有直接性和依附性的特点。

新闻媒体主要关注购买公共服务的目标是否实现，服务质量是否达标，服务态度是否友好以及公众是否满意等。虽然这种评估具有非连续性，但由于新闻媒体具有传播性快的特点，其影响力比较大。

第三节 政府购买公共服务的绩效改进探索

自地方政府开始探索政府购买服务实践以来，各级政府及其部门也在不断地探索如何提高政府购买公共服务绩效。虽然，并没有明确的绩效改进理论引导，但是各级政府及其部门从购买实践中出现的问题出发，沿着发现问题、解决问题的基本思路，在购买服务绩效提升方面也做了大量的工作，主要表现为从填补制度空白到不断完善制度、从形式监管到实质性监管、从无评估、形式评估到实施规范的评估、从购买程序模糊到形成规范的政府购买服务程序，这些工作和努力对于厘清各主体在购买服务中的地位和责任，进而推动政府购买服务绩效改进方面发挥重要的作用。

一 制度规范:从空白到不断完善

政府购买公共服务系统由完善的法律制度、科学的运行机制和成熟的参与主体等要素构成。[①] 其中,制度因素决定着运行机制的有效性与各参与主体的成熟程度。而相对于地方政府的实践探索,购买公共服务相关制度的建立和完善则慢了一拍。

2006年财政部、卫生部等联合下发《关于城市社区卫生服务补助政策的意见》,第一次在中央政府部门制度文件中使用"购买服务"概念。2007年,国务院办公厅出台《关于加快推进行业协会商会改革和发展的若干意见》,在中央政府文件中首次提出"政府向社会组织购买服务"的改革思路。其实,最早出台购买公共服务政策文件的不是中央政府,而是地方政府。较早实施政府购买公共服务探索的地方,为了规范政府购买服务行为,在实践探索的基础上出台有关管理办法、指导意见等,并在实践推进的基础上不断完善购买服务制度文件。如在北京市,2005年海淀区开始探索购买社会组织公共服务项目,2006年北京市政府就在实践探索的基础上出台了《关于政府购买公共服务指导意见(试行)》。2011年,北京市又出台了《政府购买社会组织服务项目指南》,明确重点购买基本公共服务、社会公益服务、社区便民服务、社会管理服务、决策研究和信息咨询服务。2005年,无锡市出台了《关于政府购买公共服务的指导意见(试行)》;2007年,上海浦东新区出台了《浦东新区关于政府购买公共服务的实施意见(试行)》;2009年成都市出台了《关于建立政府购买社会组织服务的意见》。此后,上海市闵行区、静安区等都出台了有关政府购买社会组织服务的指导意见,广东、江苏等省也先后制定有关政府购买服务的意见、通知等。如广东省于2012年6月,在全国率先出台《政府向社会组织购买社会服务暂行办法》,明确了政府向社会组织购买服务的范围、程序方式和资金安排等。在政府购买上

[①] 常晋、权英:《政府购买公共服务的最优激励水平——基于购买主体视角》,《地方财政研究》2018年第4期,第36—45页。

升为国家顶层制度设计前,各地政府出台的有关购买公共服务的制度文件如表4-8所示。

表4-8　　2013年以前各地政府出台有关购买公共服务政策文件

时间	地区	文件名称
2005	无锡市	《关于政府购买公共服务的指导意见（试行）》
2006	北京市海淀区	《关于政府购买公共服务指导意见（试行）》
2006	宁波市	《关于大力推进公共服务实行政府采购的工作意见》
2007	上海市浦东新区	《浦东新区关于政府购买公共服务的实施意见（试行）》
2007	上海市浦东新区	《关于着力转变政府职能建立新型政社合作关系的指导意见》
2007	山东省	《政府购买城市社区公共卫生服务指导意见（试行）》
2008	黑龙江省	《黑龙江开展政府购买社区公共卫生服务试点工作实施办法（试行）》
2008	深圳市宝安区	《推进政府购买公共服务改革工作方案的通知》
2009	成都市	《关于建立政府购买社会组织服务制度的意见（试行）》
2009	广东省	《关于开展政府购买社会组织服务试点工作的意见》
2010	广州市	《政府购买社会服务考核评估实施办法（试行）》
2010	杭州市	《杭州市人民政府关于政府购买社会组织服务的指导意见》
2010	上海市闵行区	《关于规范政府购买社会组织公共服务实施意见》
2011	上海市静安区	《关于政府购买社会组织公共服务的实施意见（试行）》
2011	上海市长宁区	《购买公共服务暂行办法》
2012	广东省	《政府向社会组织购买服务暂行办法》
2012	广东省	《关于印发〈2012年省级政府向社会组织购买服务目录（第一批）〉的通知》
2012	广东省	《关于确定具备承接政府职能转移和购买服务资质的社会组织目录的指导意见》
2012	广东省	《关于政府向社会组织购买服务供应方竞争性评审的管理办法》
2012	上海市	《关于进一步规范政府购买服务的建议》

资料来源：笔者根据政府网站和文献资料整理。

2013年9月，国务院办公厅出台《指导意见》后，各地政府相继出台了政府购买服务的系列文件，从而推动政府购买服务走上快速发展轨道。2014年5月北京市发布《北京市关于政府向社会力量购买服务的实施意见》，提出制度建设的中期目标，到2017年建立比较完善的政府购买服务制度。其他省级政府，如江苏、山东、河北等地也陆续出台实施细则，用以指导和规范地方政府购买公共服务实践。与此同时，国务院和中央政府部门也不断出台有关公共服务制度文件和具体服务行业的相关制度。如2015年，国务院办公厅发布了《关于做好政府向社会力量购买公共文化服务工作的意见》；2016年4月，财政部、中央编办发布了《关于做好政府服务指导性目录编制管理工作的通知》，要求中央各部门负责会同财政部制定本部门指导性目录。

根据实践中出现的严重问题，政府在制度层面也给出了及时的回应。在政府购买公共服务出现内容泛化，甚至以政府购买公共服务名义变相融资等现象出现后，财政部发布了《关于坚决制止地方以政府购买服务名义违法违规融资的通知》（财预〔2017〕87号），要求政府购买服务的内容应当严格限制在"属于政府职责范围、适合采取市场化方式提供、社会力量能够承担的服务事项"。同时列出负面清单，严禁将铁路、公路等领域的基础设施建设，农田水利等建设工程以及建设工程与服务打包等作为政府购买服务项目。从而紧急叫停了一些地方政府利用购买公共服务制度漏洞扩大购买服务范围、延长购买服务期限等问题。

可以说，从制度空白到制度的不断完善，既为规范、指导和管理购买服务事业提供了法律依据，也为购买绩效不断提升提供了基本制度保障。

二 购买程序：从模糊到规范

地方政府进行购买服务探索主要是因为政府提供公共服务存在效率低下和不专业等问题，希望借助市场力量缓解政府压力，同时也是探索西方国家实行的公共服务外包是否适合我们国家，并尝试本土化的过程。早期的政府购买服务多是政府职能部门从部门经费中拿出一部分，交给自己比较熟悉或信任的社会组织进行服务生产与供给，对于购买服务的流程没有专门规定，即使有也比较模糊。但随着购买公共服务经验的积累，一些先行先试的地方政府意识到规范的购买流程对保障公共服务质量和便于政府管理等具有不可或缺的作用，于是开始探索购买服务流程问题。2001年，在没有明确的流程可以借鉴的情况下，上海市长宁区政府购买社区卫生服务项目实行年初制订社区卫生服务项目计划，每半年进行数量、质量考核评估，根据项目绩效支付经费的管理模式。2007年，上海市浦东新区出台的《关于政府购买公共服务的实施意见（试行）》，在对购买服务实践进行总结的基础上，对政府购买主体、内容、流程等进行了明确规范。2013年国家明确政府购买公共服务政策后，一些地方政府陆续出台政府购买服务流程规范办法，如2014年10月，山东省财政厅印发《省级部门政府购买服务工作基本流程（试行）》（鲁财购〔2014〕2号），规定政府购买服务的基本流程包括"编报购买计划、核定购买计划、公开购买信息、实施购买活动、签订购买合同、履约与资金支付、开展绩效评价"七个步骤。[①] 2015年11月，湖南财政厅印发《省级部门政府购买服务工作基本流程（试行）》（湘财综〔2015〕28号），也规定了基本一致的步骤。[②] 其他省份虽然没有专门的政府购买服务流程文件，但在其他制度文件中对购买流程有相应规定。如2015年底，《四川省政府购买服务管理办法（暂行）》）明确下达了购买服务预算后，基本流程为编制采购计划、公开购买信息、确定承接主体、签订购买合同和加强履约验收。[③]

[①]《山东省财政厅印发〈省级部门政府购买服务工作基本流程（试行）〉的通知》，山东省财政厅网站，http://www.sdcz.gov.cn/Article/ShowInfo.jsp? aid = 4871，2018年11月2日。

[②]《湖南省财政厅关于印发〈省级部门政府购买服务工作基本流程（试行）〉的通知》，湖南省财政厅网站，http://czt.hunan.gov.cn/xxgk/tzgg/201511/t20151117_1984306.html，2018年10月16日。

[③]《四川出台政府购买服务管理办法首次明确购买流程》，四川省财政厅网站，http://czt.sc.gov.cn/new_ web/new_ NewShow.jsp? id = 2824&tname = 政策宣传解读&TS = 1569682988440，2018年11月2日。

同时，在实践中，为了规范政府购买服务行为，各地政府也更加重视政府购买服务流程遵守质量，在实现了从流程模糊到流程清楚过渡之中，正在努力从形式流程到实质流程转向。

三 监管评估：从以政府为主到多元主体共同参与

只有建立对公共服务购买的监管与评估体系，并进行动态监管与实施科学评估，才能保证公共财政资金的有效利用。[①] 严格的监管也有助于减少寻租空间，确保购买服务的目标实现。在地方政府购买公共服务的早期实践中，主要依靠政府主体进行监管与评估，如购买主体监管购买过程，评估目标是否实现；财政部门监管与评估购买服务资金使用情况，审计部门评估购买服务资金使用效率与效益。当然，购买主体也会强调承接主体应加强自我管理，并要求其对购买服务效果进行自我评估。但也有一些地方政府在国务院办公厅印发《指导意见》之前，就已经探索监管评估制度完善与实践应用问题。如，北京市早在 2010 年就已经建立政府购买服务项目的动态监管体系，包括社会组织提交审计报告，委托会计事务和第三方评估机构参与评估。[②] 上海市按照"谁购买，谁监管"的原则明确了购买主体的监管职责。同时，购买服务项目接受审计监督、人大、政协监督和社会监督，评估内容也从结果评估到重视需求评估与过程管理评估。[③] 2012年广东省颁布的《政府向社会组织购买服务暂行办法》规定由购买主体按规定提高透明度，主动接受财政监察、审计等部门监督和社会监督，绩效评价由财政部门实施或引入第三方实施。2013 年安徽省蚌埠市实施的《政府向社会组织购买服务暂行办法》则要求财政部门为绩效评估的牵头单位，购买主体等参与评价过程。

---

① 王浦劬、[美] 莱斯特·M. 萨拉蒙等：《政府向社会组织购买公共服务研究：中国与全球经验分析》，北京大学出版社 2010 年版，第 38 页。
② 许光建、吴岩：《政府购买公共服务的实践探索及发展导向——以北京市为例》，《中国行政管理》2015 年第 9 期，第 44—48 页。
③ 周俊：《政府购买社会组织服务的评估与监管——体系与运作机制》，http://www.chinanpo.gov.cn/700103/92506/newswjindex.html.

早期出台的有关政府购买服务政策文件原则性较强,没有对预算管理、监管评估等具体问题进行详细规定。2013年国务院办公厅出台的《指导意见》提出要加强购买服务监管与评估,此后民政部、财政部和地方政府及其各级政府部门出台的有关政府购买服务文件中,也都提出要加强监管与评估,同时在实践中通过推动政府购买服务信息公开,重视监管流程,引入外部监管和评估主体等,对政府购买服务绩效提升具有较大的促进作用。例如2014年广东省制定的《政府向社会力量购买服务暂行办法》要求采用合同管理方式,由购买主体对合同跟踪监督,并及时验收结算,绩效评价由财政部门组织或引入第三方评估机构实施。[1] 第三方评估主体的引入扩大了评估的范围,除了结果评估外,还有项目立项评估甚至政策评估。2015年6月,内蒙古自治区包头市昆区民政局委托包头市益行社会组织服务中心4位评审专家和3位行政单位评审员组成的评审团,对2014年政府购买社会组织的5个项目进行了集中评审[2],评估的内容包括项目设计、完成过程、服务质量等[3]。2018年,浙江省财政厅委托第三方浙江大学公共政策研究院对政府购买服务政策绩效进行评价。

总之,各级政府及其部门对政府购买公共服务监管评估方面的探索,虽然尚没有完全解决绩效监管和评估形式化、评估结果应用不充分等问题,但对政府购买公共服务绩效的提升方面起到较为明显的推动作用。

四 购买方式:从直接委托到多种方式并存

西方政府公共服务外包和私有化是建立在承接主体比较成熟的基础上,购买市场主体具有一定的竞争程度,因此招投标是最主要的购

---

[1] 《广东省人民政府办公厅关于印发政府向社会力量购买服务暂行办法的通知》,中国政府采购网,http://www.ccgp.gov.cn/gpsr/dfgz/201710/t20171017_8999799.htm,2018年3月21日。

[2] 这五个项目是指社区老年群体能力评估及老化预防项目、青少年社会工作服务项目、社区老年群体社会服务需求项目、来务工人员服务和婚姻家庭咨询。

[3] 《我市首次对政府购买服务项目进行评审》,包头市人民政府网站,http://www.baotou.gov.cn/info/1143/64648.htm,2018年12月19日。

买方式。而在我国政府购买服务的早期实践中，由于承接主体市场基本上没有发展起来，能够承接政府购买服务的社会组织和企业都比较少，因此多采取直接委托的方式。承接主体也主要是政府自己成立的社会组织和政府支持成立的社会组织，没有政府背景的社会组织和企业承接政府购买服务的机会较少。这虽然在一定程度上解决了相互信任问题，但却形成社会组织对政府的过度依赖，不利于社会组织自身的发展，也不利于公共服务质量的提升。严重的话，还可能会产生社会组织对政府的嵌入，影响政府购买决策结果。因此，随着政府购买公共服务规模的扩大和购买经验的积累，地方政府开始依照《政府采购法》，实施多样化的购买服务方式，如超过一定规模实行招投标模式，其他根据情况采用直接委托、定向购买、单一来源等形式。2013年国务院办公厅出台的《指导意见》也明确规定"凡适合社会力量承担的，都可以通过委托、承包、采购等方式交给社会力量承担"。并规定"购买工作应按照政府采购法的有关规定，采用公开招标、邀请招标、竞争性谈判、单一来源、询价等方式确定承接主体，严禁转包行为"。

不同类型的购买服务方式具有不同的特征和优势，可以应用于发展程度不同的各类区域和服务性质差异化的购买服务领域。因此，政府购买公共服务方式"较强的适应性和包容性推动了政府购买服务在更多领域和更大区域的发展和推广"[1]。

五 购买主体与承接主体的关系理念：从管理与被管理到平等合作

购买主体与承接主体之间的关系理念影响政府以何种方式与身份参与政府购买服务整个过程。政府购买服务的初衷是利用社会力量的专业优势，让专业的主体做专业的事情，在购买中实现政府职能转变、社会组织发展和公众需求满足的多重改革目标。但如果政府对承

---

[1] 王家合、赵琰霖：《我国政府购买服务政策：演进、特征与优化》，《学习论坛》2018年第4期，第55—60页。

接主体管制过多，认为承接主体是政府的依附，那么承接主体将成为类似于政府机构的准政府结构，其努力方向可能不是提供优势的公共服务，而是如何与政府打好交道。效率损失必然反映到公共服务供给质量方面，最终购买公共服务目标难以实现。

随着政府购买公共服务规模的不断扩大，购买主体与承接主体之间的关系理念受到挑战，购买主体也意识到如何界定与承接主体之间的关系问题。早在 2015 年，上海市在《关于进一步建立健全本市政府购买服务制度的实施意见》中规定"购买主体要坚持规范操作，确保社会力量公平参与、平等竞争，不得以不合理的条件对承接主体实行差别化歧视"①。虽然在轰轰烈烈的政府购买公共服务中，社会组织参与范围和参与力度不断扩大，但社会组织与政府依然没有处于完全平等的地位。② 而在实践操作中，由于合同工具的使用，在合同所倡导的平等、合作、互惠等理念的引导与约束下，购买主体也逐渐改变原来认为与承接主体之间是管理与被管理的关系，开始接受两者之间的平等合作关系，并探索更有效的合同治理模式。

六 评估结果：由个别应用到强制推广

在政府购买公共服务探索之初，由于选择的承接主体都是政府比较信任的社会组织或企业，对其监管和评估不足。同时，在刚开始探索购买公共服务时，国内绩效管理与绩效评估理念还没有普及，因此一些地方对购买结果没有进行绩效评估，即使有也由于指标体系不成熟，应用有限。但随着政府购买公共服务规模的扩大和经验积累，一些地方政府开始应用评估结果。在政府购买培训服务方面，为改变培训偷工减料、浪费国家培训资金的现状，上海市于 2004 年 4 月起，以改变购买培训成果的方式，由直接资助培训机构转向直接补贴受训

---

① 《上海市人民政府关于进一步建立健全本市政府购买服务制度的实施意见》，上海市人民政府网站，http://www.shanghai.gov.cn/nw38656/20200821/0001-38656_44031.html，2018 年 10 月 10 日。

② 苗红培：《政府与社会组织关系重构——基于政府购买公共服务的分析》，《广东社会科学》2015 年第 3 期，第 205—211 页。

者个人，由个人自主选择有资质的培训机构，政府通过一定的考核程序，给予培训机构一定比例的经费补贴，从而在一定程度上提高了政府购买就业服务的绩效水平。

各地探索政府购买公共服务评估的起始时间不一，采用方法不同，评估内容与结果应用也有很大差别。受传统管理理论的影响，购买主体习惯于由内部机构及其工作人员直接对购买服务项目进行评估。[1] 但在评估结果应用方面，随意性比较大，不少评估结果常常束之高阁，既没有与预算改革与拨款联系起来，也不影响承接主体的选择。[2] 而只有在政府购买公共服务绩效管理工作机制中，强化绩效管理结果的应用，绩效问题才能真正引起购买主体和承接主体的高度重视。[3] 为此，政府在购买公共服务的实践探索中扩大了绩效评估结果的应用，并试图在制度文件中对评估结果的应用进行约束。在2020年3月开始实施的《政府购买服务管理办法》则明确规定："购买主体及财政部门应当将绩效评价结果作为承接主体选择、预算安排和政策调整的重要依据。"可见，从个别地方政府的自觉应用，到政策强制要求应用，评估结果应用已成为政府购买公共服务绩效管理不可逆转的趋势。

第四节　小结

本章对我国政府购买公共服务的实践发展历程、购买流程与主要参与主体的责任以及绩效改进的实践探索进行了梳理和分析。

1. 自1994年地方政府开始探索公共服务市场化以来，我国政府购买公共服务经历了自发探索（1994—2000年）、购买范围和规模逐

---

[1] 袁同成：《当前政府购买社会组织服务评估模式存在的问题及对策》，《社会科学辑刊》2016年第1期，第58—62页。
[2] 尚虎平、杨娟：《公共项目暨政府购买服务的责任监控与绩效评估——美国〈项目评估与结果法案〉的洞见与启示》，《理论探讨》2017年第4期，第38—45页。
[3] 章辉：《政府购买服务如何实施绩效管理》，《中国政府采购》2018年第10期，第23—29页。

渐扩大（2001—2013 年）和快速发展（2014 年至今）三个阶段，实现了政府购买服务从地方政府的自发探索上升为国家顶层制度设计的华丽转身。

2. 在各级政府购买公共服务的实践探索中，也逐渐形成了一套基本流程，用以指导政府购买公共服务的整个过程。购买主体、承接主体、消费主体和评估主体在各个流程发挥着不同的作用，承担不同的责任。具体而言，购买主体的主要责任为：精准确定服务需求、合理控制预算成本、公平选择承接主体、有效利用合同手段监管服务生产过程、绩效评估与结果反馈等；承接主体的主要责任为：保障公共服务质量和维护自身与行业信用等；消费主体的主要责任为：合理表达服务需求、理性参与服务供给与客观评估服务绩效等。

3. 政府购买服务一开始就伴随有绩效烦恼，如何不断提高购买绩效成为购买公共服务实践探索中永恒的话题。因此，购买公共服务的各个阶段都伴随着绩效改进的探索和努力，主要体现为购买公共服务制度从空白到不断完善、购买程序从模糊到规范、监管评估主体从以政府为主到多元主体共同参与、购买方式从直接委托到多种方式共用、购买主体与承接主体的关系理念从管理与被管理到平等合作、评估结果由个别应用到强制推广等。这些绩效改进的实践探索对于提升政府购买服务质量和效率，实现政府职能转变与培育社会组织的双重目标功不可没，但由于缺乏绩效改进理念的统一认识，也没有一套完整的绩效改进理论进行指导，地方政府购买公共服务绩效管理多呈碎片化状态，没有采用系统的绩效改进措施，绩效提升的空间很大。

第五章 政府购买公共服务绩效现状分析

了解绩效现状，是实现政府购买公共服务绩效改进的前提。在对政府购买公共服务实践历程与购买流程梳理的基础上，本章从过程绩效和结果绩效两个维度构建政府购买公共服务绩效分析的基本理论框架和评估指标体系，利用问卷调查数据和政府网站数据，辅助采用调查和深度访谈资料，对政府购买公共服务绩效的现状进行分析，并在比较东部和中西部地区政府购买公共服务绩效的基础上，从样本总体和地区样本中清楚透视期望绩效与实际绩效之间的差距，从而为绩效问题的诊断奠定基础。

第一节 政府购买公共服务绩效的再认识

一 政府购买公共服务绩效属于公共项目绩效

公共项目是指直接或间接向社会提供公共消费品的项目。与其他项目一样，公共项目也具有明确的目标、实施一次性、管理对象的整体性、项目与环境之间相互制约等特点。[1] 政府购买公共服务是把本属于政府职责范围内的公共服务事项交于具有承接能力的社会力量生产与供给，从政府购买服务实践探索到国家顶层设计制度规范，我国政府购买服务都是以公共项目的形式运作与管理的，但这与中央政府通过转移支付形式，把中央、地方乃至基层等各层级政府统合起来的

---

[1] 林金炎：《公共项目评估导引与案例》，经济科学出版社2017年版，第1页。

"项目治国"模式不同①,政府购买公共服务项目经费来源于地方财政,体现为明显的公共服务型政府建设的逻辑。

在国家有关政府购买公共服务的文件中,也强调政府购买服务的项目属性。如2013年9月出台的第一个顶层设计制度文件国务院办公厅印发的《关于政府向社会力量购买服务的指导意见》中规定:"充分向社会公布购买的服务项目、内容以及对承接主体的要求和绩效评价标准等信息,建立健全项目申报、预算编报、组织采购、项目监管、绩效评价的规范化流程。"《财政部关于政府购买服务有关预算管理问题的通知》(财预〔2014〕13号)也要求:"加快建立购买服务支出标准体系,推进购买服务项目库建设,逐步在预算编报、资金安排、预算批复等方面建立规范流程。"在各级地方政府实践中,也是以项目的形式来购买公共服务的,如青海省玉树市人民政府购买服务项目中标公告就采用"政府购买公共服务项目"作为项目名称,如表5-1所示。

表5-1　青海省玉树市政府购买公共服务项目中标公告信息

采购项目名称	政府购买公共服务项目		
采购单位	玉树市人民政府办公室		
行政区域	玉树藏族自治州	公告时间	2018年9月26日 10:14
本项目招标公告日期	2018年9月26日	中标日期	2018年9月25日
评审专家名单	组　长：宗文利　成　员：丁东升、孟凡宗、王青宁 采购人：韩冰		
总中标金额	￥286.707820万元(人民币)		

资料来源:中国政府采购网,http://www.ccgp.gov.cn/cggg/dfgg/zbgg/201809/t20180926_10773279.htm,2018-9-26。

可以说,政府购买公共服务总体绩效水平是各个公共服务项目绩效共同作用的结果。虽然各类公共服务项目在购买主体、服务内

---

① 张良:《"项目治国"的成效与限度——以国家公共文化服务体系示范区(项目)为分析对象》,《人文杂志》2013年第1期。

容、服务对象等方面存在较大的差别，但作为公共服务项目，其在购买程序、购买制度、市场环境等方面又存在较强的相似性，因此可以通过分析多个部门公共服务项目的绩效情况及存在的问题，诊断当前购买主体和承接主体尚不成熟、购买制度和购买环境不完善的情况下的导致绩效差距的共同原因，以此找到提高购买服务项目绩效的一般措施。

对于政府购买公共服务绩效，除了有关政府购买服务的政策文件对其绩效有相关规定外，作为购买服务项目的拨款和资金使用监管主体，财政部门也有专门的文件规范公共项目支出的绩效评价（如表5-2所示）。早在2004年，财政部就下发专门文件，提出对中央政府投资的工程项目进行全过程绩效评价。2011年，在《关于推进预算绩效管理的指导意见》中又鼓励各级财政部门和预算单位要结合本地区情况优先选择重点民生支出和社会公益性较强的项目等进行预算绩效管理试点，建立预算绩效目标管理，依据目标设立具体的绩效指标，作为项目预算执行、监控和评价的依据。民生支出和社会公益性较强的项目中相当部分为公共服务项目，这实际上为政府购买公共服务绩效管理奠定了基础，积累了经验。2013年财政部发布的《项目支出绩效评价共性指标框架》，对项目绩效从投入、过程、产出和效果四个维度建立了指导性框架体系。2018年发布的《关于全面实施预算绩效管理的意见》又明确提出，"加快建成全方位、全过程、全覆盖的预算绩效管理体系"，完善绩效管理流程，把公共项目全部纳入绩效管理。显然，这些制度规定为政府购买公共服务项目绩效管理与评价也提供了参考，但在政府实践与学者研究中，对政府购买公共服务绩效的评价却更多地关注产出和效果绩效，很少从公共项目的角度同时关注过程绩效与结果绩效。而政府购买公共服务绩效是多个政府部门在多个领域进行的多个购买项目绩效的综合表现。因此，为了全面认识政府购买公共服务绩效现状，需要从公共项目角度分析其绩效问题。

表 5-2　　　政府文件中有关政府购买公共服务项目绩效的规定

时间	文件名称	主要内容
2004	关于开展中央政府投资项目预算绩效评价工作的指导意见	政府投资的工程项目进行项目前期、项目建设期、项目竣工运营期的评价
2011	关于推进预算绩效管理的指导意见	1. 逐步建立"预算编制有目标、预算执行有监控、预算完成有评价、评价结果有反馈、反馈结果有应用"的预算绩效管理机制 2. 优先选择重点民生支出和社会公益性较强的项目等进行预算绩效管理试点
2013	项目支出绩效评价共性指标框架	从投入、过程、产出和效果四个维度建立了项目支出绩效评价的指导性框架
2018	关于全面实施预算绩效管理的意见	1. "加快建成全方位、全过程、全覆盖的预算绩效管理体系。" 2. "将政策和项目全面纳入绩效管理，从数量、质量、时效、成本、效益等方面，综合衡量政策和项目预算资金使用效果。" 3. 完善预算绩效管理流程，实现从目标设置到评估结果应用的全过程绩效管理

资料来源：根据财政部相关文件整理。

二　政府购买公共服务是过程绩效与结果绩效的统一

绩效包括行为的过程与行为的结果。结果导向与过程导向是绩效管理的两个基本方法，过程绩效和结果绩效是绩效在不同阶段的表现形式，体现的是不同阶段管理目标的实现程度。过程绩效评价和结果绩效评价体现为不同的价值取向，过程绩效评价的"过程"具有导向性和回流性作用，可以不断修正完善过程。① 强调结果绩效并不意味着对过程绩效的忽视，没有过程绩效，也就没有结果绩效的存在；同样，如果没有结果绩效，过程绩效也就失去了其存在的意义。可以说，过程绩效与结果绩效分别是绩效管理不同流程阶段的绩效表现，

---

① 吉鹏、李放：《政府购买养老服务绩效内涵界定与评价模型构建》，《广西社会科学》2017 年第 11 期。

对过程绩效与结果绩效关注的同时，还需要从系统的角度看待和分析两者在绩效系统中的地位与作用。一般而言，结果绩效比较直接反映目标的实现程度，而过程绩效比较隐蔽，但更能体现全过程绩效管理的思想。而如果不对过程绩效密切关注，无法进行及时的行为纠偏，过程管理的效果就无法保证，最终会影响结果绩效的展现。

对于政府购买公共服务而言，购买过程具有明确的流程环节，而每个流程目标的实现共同形成最终的结果绩效。按照政府购买公共服务项目的运作过程，其基本流程分为需求调研、编报购买预算、审核购买预算、公开购买信息、实施购买活动、选择承接主体、签订购买合同、合同履行与资金支付、实施绩效评价九大环节，每个环节都有明确的任务，相关主体的行为影响任务的完成程度，而任务的完成程度即流程绩效最终形成结果绩效。在各个流程中，无论哪个流程出现问题，绩效不佳，都不是购买主体希望看到的结果。需要指出的是，相对而言，越是靠近最前面的流程，其对绩效的影响面越广。以需求调研环节为例，如果需求不准确，购买服务目标就无法准确制定，不当的目标使得最终生产的公共服务无法满足公众的需要，降低政府购买服务的有效性，必然影响结果绩效。因此，政府购买服务绩效应是过程绩效与结果绩效的有机整合。[①]

在实践中，购买主体对购买公共服务的评估多为结果绩效评估。同时，无论是购买主体、承接主体、消费主体还是评估主体都承认，结果绩效的取得有赖于购买合同签订之后对于购买过程的有效监管。特别对于政府购买公共服务而言，成本节约、效率提高和服务满意度等结果绩效的取得比一般的政府活动绩效更依赖于服务过程。这是因为公共服务主要是针对人的面对面的即时服务，如果过程违反程序正义或者知情透明原则，可能导致二次服务或者其他救济措施，结果很难达到服务对象满意，还会导致服务成本上升和服务效率下降。

当然，即使每个流程都按规范操作，也不一定能够形成理想的结

[①] 郁菁：《政府购买社会组织社会服务项目绩效评估模式研究》，《华东理工大学学报》（社会科学版）2016年第5期。

果绩效。各个流程总体是一个系统,该系统中的主体行为、运作的制度条件、环境条件等也会影响绩效的实现程度。因此,过程绩效不仅仅是每个流程和行为主体共同作用的单个流程绩效,过程绩效还处于特定的组织、制度与环境中,这些因素共同形成最终的结果绩效。总之,对政府购买公共服务绩效的分析与评估,既要关注过程绩效,也要关注结果绩效,如此才能全面窥探其绩效的整体面貌。

三 政府购买公共服务绩效是各利益相关者目标一致性行动的结果

政府购买公共服务过程绩效与结果绩效的实现依赖于各利益相关者在购买流程中的目标一致性行动。对于政府购买公共服务而言,其中整个过程涉及的利益相关主体比较多,除了共同致力于公共服务供给目标外,各个利益相关主体都有各自的目标追求。其中,承接主体与购买主体这两个关键主体的目标一致性程度对购买服务绩效的影响最为直接与强烈。首先,对于购买主体政府而言,购买公共服务目标的实现只是其工作中众多目标的其中一个,购买公共服务的目标还要服务于其机构改革、职能改革、培育社会组织等目标。以培育社会组织目标为例,为了培育社会组织可能会在一定程度上降低公共服务的质量,而要坚持公共服务质量,可能每次只有固定的几家发展比较成熟的社会组织才具备承接公共服务的条件。在这种情况下,大部分社会组织根本就没有机会承接到购买服务项目,更谈不上通过购买促进社会组织的发展。其次,对于承接主体而言,在规定时间内生产并供给合同规定的公共服务质量、数量是购买服务中的基本目标。但承接主体在生产和供给公共服务的过程中,还有维持自身组织发展与壮大等目标,为实现这些目标有时可能会以降低公共服务成本、牺牲公共服务质量为代价。同时,消费者主体在公共服务消费过程中,积极参与服务过程,与承接主体共同致力于服务质量提升也很重要。

可以说,从政府购买公共服务的需求调研、目标设定,到选择合适的承接主体,再到购买合同的执行,整个过程都需要各利益相关者之间的有效合作。如在需求调研阶段,消费主体只有如实反映服务需求，政府部门才能获得购买服务需求的真实信息，制定科学的政府购买目标和编制合理的购买预算，才能通过政府购买提供供给与需求相匹配的公共服务。在购买主体选择阶段，政府部门只有严格遵守购买程序，坚持公开、透明、公正的原则，才能选择出最适合承接公共服务的市场主体。在合同执行阶段，承接主体需要遵守合作约定，保质保量地提供公共服务，才能满足消费主体的需求和实现政府购买服务的改革目标。

总之，在整个政府购买公共服务流程中，任何不一致性的目标行动，可能都不会同时实现各利益相关者的目标。只有各利益相关者都坚持公共价值的引领，共同致力于合同目标实现，才能在购买服务绩效提升的过程中同时实现购买服务制度改革目标、购买主体目标、承接主体目标和消费主体目标，达到共赢的结果。

四 政府购买公共服务绩效是多种因素共同作用的结果

政府购买公共服务绩效的形成过程受多种因素的影响，最终绩效是多种因素共同作用的结果。首先，在政府内部因素方面，购买主体部门主要领导对政府购买的认知、推动力度，购买主体对购买流程的遵守情况，合同签订后监控力度，合同执行过程的监管、沟通协调能力，合同执行结束后的评估及其结果应用情况都会影响购买绩效。其次，在政府外部因素方面，承接主体的市场竞争情况、专业能力、服务态度等直接影响购买公共服务的生产质量和效率；消费主体对政府购买公共服务的认同感、参与程度等也会影响服务体验感知；同时，中央、上级和本级政府有关购买公共服务的制度规定、体制机制设置，上级政府要求，其他地区和部门政府购买公共服务的开展与绩效情况也会影响购买公共服务行为与绩效结果。总之，政府购买公共服务绩效是购买主体、承接主体、消费主体等主要利益相关者合作的结果，同时也是内部环境因素和外部环境因素共同作用的结果。

需要指出的是，并不是所有影响因素的作用都是一致的，不同影响因素在不同的地方政府、不同的购买服务项目和不同的承接主体等情境中对政府购买公共服务绩效的影响不同。因此，在分析绩效差距时，只有充分研究各种影响因素的影响程度，才能对症下药，促进绩效持续改进。①

第二节 政府购买公共服务绩效分析的理论框架

一 绩效分析的基本思路

在对公共项目评估时，多从投入、过程、产出和结果四个方面进行评价，并把绩效目标的设定情况、资金投入和使用情况、实现绩效目标相关的制度、过程监管措施、绩效目标的实现程度及效果等作为评价的内容。本书的主要目的是从宏观的角度设计政府购买公共服务绩效改进的基本机制和主要路径，因此对政府购买公共服务绩效的评价是对多个购买公共服务项目的绩效进行综合评价。虽然也从具体案例和个别项目的访谈中印证绩效现状并查找问题所在，但并不侧重于对单个公共服务项目的绩效情况进行评价。主要原因在于，即使单个公共服务项目具有典型性，但难以反映我国政府购买公共服务的总体状况，设计的绩效改进对策也只能针对具体项目，不能从促进购买主体和承接主体成熟与制度完善角度充分发挥绩效改进的效益。

尽管如此，本书依然遵循公共项目绩效评价的思路框架，把投入和过程两个方面归入过程绩效，产出和结果归入结果绩效，并从共性指标角度设计政府购买公共服务绩效评价的理论框架。这样的设计有两个好处：一是把过程绩效单独进行分析，既有利于从全过程绩效管理的角度观察各个环节的绩效管理问题，也有利于诊断绩效问题是由哪个环节引起的；二是强调结果绩效，既有助于观察政府购买公共服务的最终效果，也有助于从理论与实践上思考如何才能通过过程绩效管理提升最终的绩效。鉴于此，政府购买公共服务绩效评价的一级指标有两个：即过程绩效和结果绩效。

---

① 方振邦、葛蕾蕾编著：《政府绩效管理》，中国人民大学出版社2012年版，第4页。

（1）对于过程绩效，更能体现全过程绩效管理的思想。根据政府购买公共服务的基本流程，可以分解为目标设置科学性、购买程序规范性、购买过程透明度三类评估指标。其中，购买流程中的需求调研、编报购买预算、审核购买预算最主要的目标是为了确保政府购买公共服务的目标质量，用目标设置科学性指标进行评估；从服务需求调研到购买绩效评价整个过程，既需要流程完整，也需要每个流程履行过程中行为规范，因此用购买程序规范性指标评估流程环节的完整性和规范性；公开购买信息、实施购买活动、选择承接主体、签订购买合同、履约与资金支付、开展绩效评价这六个程序都需要通过公开购买信息保障各个流程阶段目标的实现，用购买过程信息透明度指标进行评价。政府购买公共服务过程绩效的二级评估指标确定的基本思路如图5-1所示。

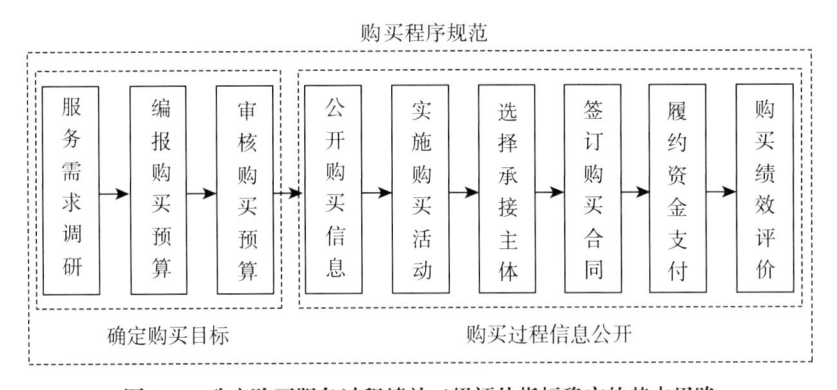

图5-1 政府购买服务过程绩效二级评估指标确定的基本思路

（2）对于结果绩效，本书应用传统的3E分析框架确定评估指标体系，即经济（Economic）①、效率（Efficiency）和效果（Effect）三个维度。①经济指标关心的是投入资源的节约情况，它要求以尽可能低的投入或成本，提供与维持既定数量和质量的公共产品和服务。经济是从投入的角度来衡量绩效。②效率指标关心既定投入下的最大产

---

① 其实，Economic虽然翻译成"经济"，但其中的意思更多契合中文的"节约"一词。

出或者既定产出下的最小投入问题，可以简单地理解为投入与产出之间的比例关系。但效率又分为生产效率和配置效率，其中生产效率是指通常情况下的投入产出比，配置效率又称为帕累托效率，是指以投入要素的最佳组合来生产出"最优的"产品数量组合。在以政府为主要投入的公共服务领域，在财政支出总量不变的条件下，通过财政资源的优化组合和有效配置，也会同时实现公共服务效率提高和产出增加。③效果指标关心的是目标的实现程度和结果改善问题。通常情况下，对于政府购买公共服务而言，效果可以用政府购买公共服务实现目标的程度来衡量，如消费者满意程度、政策目标的完成程度、社会组织培育等。政府购买服务绩效分析的基本框架如图5-2所示。

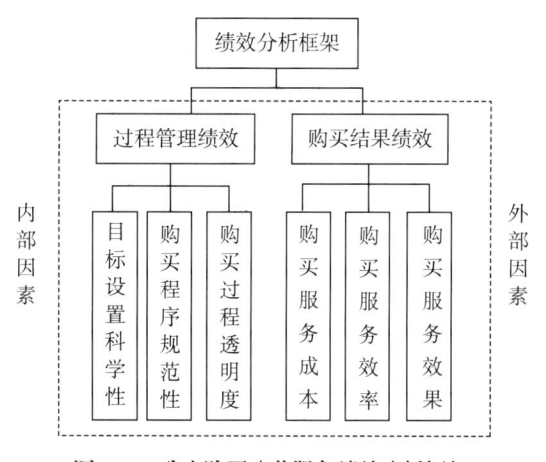

图5-2 政府购买公共服务绩效分析框架

二 绩效分析的基本框架

（一）过程绩效

全过程绩效管理必然关注过程管理和过程绩效。"只注重最终结果可能会导致目标的错位"①。过程中阶段性目标的实现也很重要，过程绩效即是阶段性管理的结果，或者阶段性管理目标的实现情况。正如美国《项目评估与结果法案》的发起者普赖茨议员所言："除非

---

① Teresa Curristine, "Government Performance: Lessons and Challenges", *OECD Journal on Budgeting*, Vol. 1, No. 5, 2005, pp. 127-151.

我们对所有项目的运行方式及其产生的结果进行系统化的实地考察，否则我们将永远无法知道这些项目是否实现了它们最初设定的目标，以及是否是以最有效的方式向公众提供服务的。"① 过程管理是政府购买公共服务过程中为达到购买目标在流程方面的绩效管理行为。政府购买公共服务过程管理体现在各个流程中，又可概括为绩效目标设置科学、购买程序规范和购买过程透明的程度。过程绩效管理现状影响也是结果绩效的重要因素。因此，对政府购买公共服务绩效改进的分析需要对过程绩效管理现状进行系统的分析与评价。

1. 绩效目标设置科学性

目标"作为决策过程的重要内容，公共行政机构必须确定其目标"②。同时，在政府管理和评估制度中以正式的方式确定目标及其衡量标准的行动由来以久。③ 实践也证明，绩效评估依赖于制定清晰、一致的评估目标。④ 清晰便于测量的目标具有行为引导作用，可以使人们更关注绩效产出，并具有激励作用，推动利益相关者把注意力集中于与绩效相关的活动，进而改进绩效结果。⑤⑥ 总之，清晰、富有挑战性和数量有效控制的目标具有以下功能，也正是通过这些功能实现绩效改进。一是目标具有行为导向功能。清晰的目标给参与目

---

① 尚虎平、杨娟：《公共项目暨政府购买服务的责任监控与绩效评估——美国〈项目评估与结果法案〉的洞见与启示》，《理论探讨》2017年第4期。

② Milana Otrusinova, Eliska Pastuszkova, "Concept of 3 E's and Public Administration Performance", *International Journal of Systems Applications, Engineering and Development*, Vol. 6, No. 2, 2012, pp. 171-178.

③ Teresa Curristine, "Government Performance: Lessons and Challenges", *OECD Journal on Budgeting*, Vol. 1, No. 5, 2005, pp. 127-151.

④ Xiaohu Wang, "Performance Measurement in Budgeting: A Study of County Governments", *Public Budgeting & Finance*, Fall, 2000, pp. 102-118.

⑤ Young Han Chun, Hal G. Rainey, "Goal Ambiguity and Organizational Performance in U.S. Federal Agencies", *Journal of Public Administration Research and Theory*, Vol. 4, No. 15, 2005, pp. 529-557.

⑥ Chan Su Jung, "Extending the Theory of Goal Ambiguity to Programs: Examining the Relationship between Goal Ambiguity and performance," *Public Administration Review*, Vol. 2, No. 74, 2014, pp. 205-219.

标实现的直接利益者提供了行动方向，引导其紧紧围绕目标开展活动，从而可以避免与目标不相关的无效工作。① 二是目标具有激励功能。具有一定挑战性的目标具有更高的激励效应。② 在对中国环保政策的研究中，发现当上级为下级实现绩效目标设置较强的政治激励时，有助于环保目标的实现。③ 三是目标具有保持利益相关者在一定时间和范围内的行为可持续功能。④ 当然，目标也都具有时间限制。对政府购买公共服务目标而言，一定时间范围内的目标设置就为直接利益相关者提供了该时期的活动方向与工作重点。通过对目标设置进行研究时也发现，如果目标是由上级组织自行制定，或者上级直接利用权力强加给下级执行，绩效目标通常很难实现，因此在目标设置中要充分吸收主要利益相关者的建议。⑤

科学合理的目标设置是政府购买公共服务绩效的逻辑起点，如果没有合理的目标，绩效则无从谈起。在政府购买公共服务决策中，购买目标的呈现形式有两个层面：一是由政府以政策文件的形式在制度层面正式设置购买公共服务的主要目标，这类目标属于政府购买公共服务的一般目标，通常是由政府单方面制定；二是在具体购买项目中，购买主体与承接主体通过合同约定购买服务的具体目标。从目标设置的科学角度，这类目标一般应符合目标设置的 SMART 原则，即目标应是清晰具体而不是模糊的（Specific）、通过一定方法可以衡量的（Measurable）、通过努力可以实现的（Attainable）、该活动目标与

---

① Edwin A. Locke, "Motivation Through Conscious Goal Setting", *Applied and Preventive Psychology*, No. 2, 1996, pp. 117-124.

② Gary P. Latham, Edwin A. Locke, "Goal Setting - A motivational Technique That Works", *Organizational Dynamics*, Vol. 2, No. 8, 1979, pp. 284-315.

③ Jiaqi Liang, Laura Langbein, "Performance Management, High-Powered Incentives and Environmental Policies in China", *International Public Management Journal*, Vol. 3, No. 18, 2015, pp. 346-385.

④ Edwin A. Locke, "Motivation Through Conscious Goal Setting", *Applied and Preventive Psychology*, No. 5, 1996, pp. 117-124.

⑤ Edwin A. Locke, Gary P. Latham, "Building a Practically Useful Theory of Goal Setting and Task Motivation: A 35-year Odyssey", *American Phychologist*, Vol. 9, No. 57, 2002, pp. 705-717.

组织的其他目标是相关的而不是相互冲突的（Relevant）、目标实现具有一定的时间日期（Time-bound）。总之，目标对于购买主体与承接主体的意义，如同北斗星对于在黑夜里行走的路人一样，不停地提示正确的方向在哪儿。当然，目标要能达到像北斗星一样的作用，前提目标是可衡量的、科学的、具体的和具有激励作用的。由于政府购买公共服务有多个利益相关者，因此其目标的实现还需要购买主体和承接主体这两个关系公共服务质量的重要主体的目标一致性行动。

2. 购买程序规范性

政府购买公共服务作为一项需要购买主体、承接主体、消费主体和其他利益相关主体合作完成的公共项目，严格规范的程序是规范购买行为、降低购买风险、提高购买效率、保障服务质量、实现政府购买目标的重要条件。

较早进行公共服务市场化的国家都对政府购买服务流程进行了规定。在美国，《联邦采购法规》规定政府采购包括采购计划制定、合同签订和合同管理三个基本程序。其中在合同签订阶段，针对竞争性招标与竞争性谈判等方式又规定了具体的操作流程。[1] 1994年和1995年，美国又分别通过了《联邦采购简化法案》和《联邦采购改革法案》，试图通过简化采购程序、放松严格的行政规制等改革措施，以促进公共服务市场化过程中购买效率提高。这两个法案出台后，仅1995—1999年，政府购买节约总额高达225亿美元，基本实现了通过合同外包节约政府财政支出的目的。[2] 在英国，1994年颁布的《英国公共服务合约法规》，明确规定了公共服务合约授予的程序，并对不同的采购方式规定了具体的购买流程。总体而言，英国政府公共服务购买程序主要包括八个环节：（1）制订购买服务计划；（2）确定购买负责人并配备所需人员；（3）公布购买服务信息；（4）接受社会有关政府购买服务问题的咨询；（5）圈定承接主体；（6）选择购买

---

[1] 葛敏敏、王周欢：《美国政府采购制度之机构设置与采购流程》，《中国物流与采购》2005年第17期。

[2] 余军华、邓毅：《新公共管理理论与政府采购》，《中国政府采购》2007年第11期。

方式（公开招标或者直接购买）；（7）合同执行与监督；（8）独立审计，即审计部门作为独立主体对政府购买服务结果进行审计评估。

在中国，早在2006年11月，北京市海淀区就对政府购买公共服务流程进行了规定，包括提出购买项目、起草购买细则、报请政府审议、确定购买规模、组织实施购买和进行绩效评价六个环节。2013年，国务院办公厅印发的《关于政府向社会力量购买服务的指导意见》规定："建立健全项目申报、预算编报、组织采购、项目监管、绩效评价的规范化流程。"随后一些地方政府也出台了相应的关于政府购买服务流程的专项制度，对本地区政府购买公共服务的程序进行了规范。

程序规范也是公共服务市场化改革的重要内容和规范政府购买行为的必然选择。政府购买公共服务程序规范主要体现在两个方面。一是在制度层面，有相关的法律、法规、政策等正式制度规定购买的流程，约束各个流程中直接参与政府购买活动的利益相关主体的行为，使各主体在购买流程中有法可依、有法必依。二是在实践操作层面，各个流程的参与主体严格按照制度规定的流程有序推进政府购买服务项目运行。制度层面的规定只是为各直接参与主体提供了行为准则，但是否遵守规范则需要在购买合同执行过程中对各主体行为进行监管。本书即是对政府购买公共服务程序从制度规定与实际操作方面进行评价。

3. 购买过程透明度

过程透明是政府购买公共服务的基本要求，透明程度也是程序管理的结果。政府购买公共服务是一种存在双重委托代理关系的公共项目活动，除了作为购买主体的政府与承接主体之间存在委托代理关系外，政府和公众之间还存在最初始的委托代理关系，公众以税收权让渡换取政府所提供的公共服务。在信息不对称的情况下，极易发生代理人利用信息优势做出不利于委托人利益的行为。在政府购买服务中，信息不对称的风险与后果主要体现在以下几个方面：一是同时作为代理与委托人身份的购买主体——政府，如果在购买过程中的需求调研、制订评估标准和指标体系、选择承接主体、合同履行过程中的监管、对承接主体进行绩效评估、评估结果应用等任何一个环节信息不公开透明,都会产生逆向选择、寻租、设租、卸责、懒政怠政等风险,最终难以保障政府购买公共服务绩效目标的实现;二是如果作为承接主体的社会力量,对其服务生产和供给服务过程中使用的设备、材料等信息不公开,也会产生偷工减料、应付差事等道德风险,消费者最终也难以消费到购买合同所约定的服务质量。因此,政府购买公共服务过程中信息不对称的最终结果伤害的是消费者的消费权益,同时也容易导致公共财政支出的浪费和低效率。"阳光是最好的防腐剂,路灯是最好的警察。"信息不对称及其代理人天然存在的自利和避责行为,对政府购买过程中的信息透明产生了必然要求。

卓越和张红春在研究政府绩效信息透明时,根据对内部透明还是对外部透明,分为绩效信息内部透明度和绩效信息外部透明度两类。其中,内部信息透明度是指绩效信息公开与透明行为仅发生在政府系统内部,不对公众、企业、社会组织等主体公开;而外部信息透明度是指政府以主动姿态向社会公开其所掌握的绩效信息。[①] 很显然,就政府购买公共服务而言,不仅需要政府内部的所有利益相关者,如作为购买主体的政府部门、财政部门、审计部门、立法机关、监督机关之间信息透明,更需要政府把购买服务的全过程信息对社会主体公开,这样政府行为像鱼缸里的鱼一样透明,在众目睽睽之下,必然尽到其应该尽到的责任。当然,在政府购买公共服务过程中,对政府购买过程透明度的要求必然也需要作为承接主体的社会力量公开其财务、服务提供过程等相关信息,这样才能减少购买过程中的信息监管成本,确保合同约定的服务质量。

(二) 购买结果绩效

1. 经济

经济指标关注资源节约情况。无论是私人组织还是公共组织,只

---

① 卓越、张红春:《政府绩效信息透明度的标准构建与体验式评价》,《中国行政管理》2016年第7期。

要组织运转，必然产生成本。在资源有限的情况下，节约就成了各类组织孜孜不倦的追求。对于私有部门而言，成本控制是实现企业所有者利润最大化和保持市场竞争力的重要手段。由于私有部门目标的单一性、激励措施的灵活性，很容易在组织内部推行成本管理。而在公共部门，由于目标多元性和交叉性特点，以及公共服务所有者身份的模糊性，成本控制与管理成本成为各国政府关注而又难以全面彻底解决的问题。"政府成本虽然是客观存在的，但政府成本并非是无法控制或没有大小差别的。"[1] 正是这些原因，降低政府成本、提高行政效率成为在不同发展时期各国政府改革的重要目标，也是政府绩效的重要评估标准。

政府成本的最重要组成部分就是公共服务成本，即政府为满足公共需要，为公众提供公共产品和公共服务的支出总和，包括直接提供公共服务的支出和在公共服务过程中间接产生的人力、管理、设备等成本。其中，政府购买公共服务在西方国家兴起的背景之一是因为各级政府提供公共服务的成本居高不下，降低服务成本也成为各国公共服务市场化改革追求的首要目标。

在我国各级政府购买公共服务制度设计中，很少直接出现降低服务成本的要求，但成本节约依然是政府购买公共服务的基本要求。有些地方政府和部门的制度文件中提到通过政府购买，"避免政府'大包大揽''既养事又养人'"[2] 的现象。这实际上对政府购买服务成本提出了基本要求。当然，政府购买服务成本节约的结果不是为了减少服务供给，而是在不减少现有服务供给的情况下，成本得到有效控制。

2. 效率

效率指标关注投入—产出比关系和资源分配合理性问题。公共服务供给效率是指在服务产出一定的前提下公共财政支出最少或者在公

---

[1] 何翔舟：《论政府成本》，《中国行政管理》2001 年第 7 期。
[2] 《杭州市人民政府关于政府购买社会组织服务的指导意见》（杭政函 [2010] 256 号），杭州市人民政府网，http://www.hangzhou.gov.cn/art/2014/12/30/art_807197_1194.html，2019 年 3 月 20 日。

共财政支出一定的前提下供给的公共服务数量最多。可以看出，效率和经济是两个既相互联系又有区别的评价指标，效率的实现离不开成本控制，经济指标是效率高低的决定性因素。

在各国政府购买公共服务的改革目标设计中，提高公共服务效率是不约而同的改革目标追求。政府购买公共服务作为政府供给的替代方案，"从经济学角度出发，购买服务的前提是政府在服务的生产和交易环节获取比较经济效率"[①]。所有进行公共服务市场化的国家都承认，正是由于政府存在无限扩张的冲动与对效率的追求先天不足的根本缺陷，才使改革者下定决心引入具有公共服务生产优势的社会力量来补充政府在效率方面的不足。正因为如此，英国物有所值法则的前身莱利法则（Ryrie Rules）要求只有当市场化项目方案比政府直接投资具有更高效率时才是可以接受的。虽然公共服务市场化走在最前列的英国和美国的实践并没有验证公共服务效率提高、公共支出成本节约、政府规模缩减等改革设计在所有项目中都得以实现，但对于政府购买公共服务效率的追求却从来没有中断过。

我国政府购买公共服务的地方实践为提高服务供给效率提供了可资借鉴的改革经验和美好的改革前景，这也是政府购买服务上升为国家顶层制度设计的重要原因。在2013年国务院办公厅发布的《指导意见》中就明确肯定了政府购买公共服务的意义，"实践证明，推行政府向社会力量购买服务……对于深化社会领域改革……增加公共服务供给，提高公共服务水平和效率，都具有重要意义"。因此，效率是政府购买公共服务绩效分析的重要指标。

3. 效果

效果指标更关注目标和结果的实现情况。对于政府购买公共服务而言，效果指标直接指向政府购买公共服务改革的基本目标：改善公共服务质量、提高公共服务满意度、培育社会组织和转变政府职能。

[①] 敬乂嘉、胡业飞：《政府购买服务的比较效率：基于公共性的理论框架与实证检验》，《公共行政评论》2018年第3期。

(1) 公共服务质量

公共服务质量改进和公共部门绩效提升是当代公共管理改革的根本任务。[1] 我国政府购买公共服务改革的最根本动机是对于服务质量的追求，深圳和上海的最早进行购买服务探索时就是因为想借助社会组织与企业的力量来提升不同领域的公共服务质量。2013年国务院办公厅印发的《指导意见》也提出，"增加公共服务供给，提高公共服务水平和效率"是在政府购买公共服务实践中已经证明的，这也是政府购买公共服务上升为国家顶层制度设计的重要原因。在指导思想方面提出："改革创新公共服务提供机制和方式，推动中国特色公共服务体系建设和发展，努力为广大人民群众提供优质高效的公共服务。"同时，在目标与任务中提出到2020年实现"公共服务水平和质量显著提高"。

公共服务质量衡量的常用方法有两个：一是从服务标准和服务程序方面进行评价，该方法强调服务设施、服务流程和服务态度等；二是基本于公众感知的质量评价，公共部门还把Panorama、Zeithaml和Berry建立的感知质量评价模型引入公共服务质量评价。[2] 本书综合两者，侧重于从服务设备、服务态度等服务感知中评价政府购买公共服务的服务质量。

(2) 公众满意度

消费者满意度是公众对公共服务最直接的评价。无论是追求成本节约还是效率提高，其最终目标都是为实现公共服务消费者的满意程度，维护政府的合法地位。通过提高服务质量来提高消费者满意度也是英美等国家最早实行公共服务市场化改革的响亮口号。实际上，对公共服务绩效的关注经历了从以效率为主要价值取向到以结果和公民

---

[1] Marc Holzer, Etienne Charbonneau, Younhee Kim, "Mapping the Terrain of Public Service Quality Improvement: Twenty-Five Years of Trends and Practices in the United States," *InternationalReview of Administrative Science*, Vol. 3, No. 75, 2009, pp. 403-418.

[2] A. Parasuraman, Valarie A. Zeithaml, Leonard L. Berry, "A Conceptual Model of Service Quality and Its implications for futur Research," *Journal of Marketing*, Vol. 49, 1985, pp. 41-50.

满意为价值取向的发展过程,公民期望逐渐成为影响公共服务供给的重要因素。① Parasuramanet 等指出,服务满意度与消费者的预期有关。如果服务质量超过消费者的期望,满意度就较高;反之,如果服务质量低于消费者期望,不满意就会发生。② 利用问卷调查对河南省基础义务教育、公共交通、医疗卫生领域的公共服务满意度进行评价,结果发现:虽然这些公共服务满意度呈现逐年上升趋势,但总体水平不高。③ 这可能是我国政府进行公共服务购买改革的又一动因。

在我国政府购买公共服务的制度文本中,无论是从各级政府还是政府的各个部门都把提高消费者满意度作为改革的重要目标。2018 年财政部出台的《关于推进政府购买服务第三方绩效评价工作的指导意见》在"建立健全指标体系"一项中规定:"指标体系要能够客观评价服务提供状况和服务对象、相关群体以及购买主体等方面满意情况,特别是对服务对象满意度指标应当赋予较大权重。"因此,把消费者满意度纳入政府购买公共服务绩效分析框架是必然选择。

(3) 社会组织培育

社会组织是承接政府购买公共服务的重要主体。养老类、社区服务类、公共文化体育类等公共服务的承接主体主要是各类社会组织。因此,社会组织服务市场的竞争程度与社会组织服务能力等既是政府购买公共服务的前提条件,也是影响购买服务绩效的重要因素。与 20 世纪 70 年代末 80 年代初英美等国家的公共服务市场化背景不同的是,我国政府购买公共服务一直处于社会组织发育不成熟的环境中,即使国务院办公厅《指导意见》已出台六年有余,不少地方政府在政府购买服务时依然要面对社会组织数量少、竞争不充分的现实。因

---

① 刘淑妍、王欢明:《国外公共服务绩效评价的研究发现及对我国的启示》,《国外社会科学》2013 年第 2 期。

② A. Parasuraman, Valarie A. Ieithaml, Leonard L. Berry, "Conceptual Model of Service Quality and Its Implications for Future Research," *Journal of Marketing*, No. 49, 1985, pp. 41–50.

③ 丁辉侠、张玉贞、冯浩原、张绍飞:《河南省基本公共服务满意度与影响因素分析》,载郑永扣主编《河南社会治理发展报告》(2019),社会科学文献出版社 2019 年版,第 124—139 页。

此，在财政部和地方政府的文件中都明确提出通过政府购买服务以促进社会组织发展，如在财政部和民政部《关于支持和规范社会组织承接政府购买服务的通知》中就提出通过加大对社会组织承接政府购买服务的支持力度，"加快培育一批独立公正、行为规范、运作有序、公信力强、适应社会主义市场经济发展要求的社会组织"。为此，在政府购买公共服务中促进社会组织发展成为各级政府购买公共服务改革的目标之一。

（4）转变政府职能

在我国，政府购买公共服务本身就是为了转变政府职能，让政府在公共服务供给中从"划桨"的角色中解脱出来，更多履行"掌舵"的责任。我国政府在政府购买公共服务改革设计中也十分强调其在政府职能转变的作用。党的十八届三中全会在"政府职能转变"部分也提出"推广政府购买服务，凡属事务性管理服务，原则上都要引入竞争机制，通过合同、委托等方式向社会购买"。同时，政府购买公共服务也与事业单位改革结合在一起。在2016年《关于做好事业单位政府购买服务改革工作的意见》中提出"通过推进事业单位政府购买服务改革，推动政府职能转变"。具体举措是把事业单位根据其职能职责，划分为承担行政职能类、公益一类、公益二类和生产经营类四大类。其中，承担行政职能类可以作为政府购买服务主体；公益一类既不能作为购买主体也不能作为承接主体；公益二类增加承接服务职能，按照改革目标，2010年前公益二类承担的公共服务如果也适合由社会力量承接时，不再使用财政拨款的形式，而是以购买的方式使用合同方式管理；生产经营类完全推向市场，如果要承接公共服务，需要与其他社会力量公平竞争。通过这样的改革设计，把政府购买公共服务与事业单位转制改革、财政改革等结合起来。

在对政府购买公共服务绩效进行评价时，现有研究大多忽视政府购买公共服务中政府职能转变目标，因此也很少用政府职能转变指标。王艳芳建议对政府购买服务绩效的评估主要从购买主体职能转变角度，包括："购买主体部门职能性质、范围等变动情况，购买服务后购买主体部门财政支出计划变动情况，以及政府购买服务后，购买主体部门人员岗位职责性质、范围、数量的变动情况等。"[1]

第三节 政府购买公共服务绩效评价指标体系的构建

一 指标体系构建的基本原则

对绩效现状的分析主要是为了从总体考察政府购买公共服务的过程绩效与结果绩效情况，通过各个指标所体现的绩效现状透视绩效问题，并从宏观层面提出绩效改进的政策建议。因本书不对单个项目绩效进行诊断，而是对政府购买公共服务的总体绩效情况进行分析，所以设计的指标体系为政府购买公共服务的共性指标，没有涉及单个项目的个性评价指标。尽管如此，本书在选择绩效评价指标体系时，依然严格遵守相关性原则、重要性原则、可比性原则、目标一致性原则、经济性原则和定性与定量相结合的原则。

（一）相关性原则

绩效评价指标是为了实现评价绩效目标的实现程度和评价的目的，因此绩效评价指标的设计要同时和绩效目标的实现和评价的目的相关。我国政府购买公共服务的目的是为了实现公共服务过程透明、质量提高、满意度增加等目标，从这个意义上而言，结果绩效比较重要；而本书的目的是为了实现政府购买公共服务整体绩效的改进，设计绩效改进的基本机制和主要路径，而从这个意义上，过程绩效就很重要。因此，围绕购买服务的绩效目标和研究的目的，本书把政府购买公共服务的绩效评价指标分为过程绩效和结果绩效两大类。

（二）重要性原则

无论是对于组织、个人还是项目的绩效评价，可选的指标数量都比较多，但有些与绩效目标和研究目的直接相关，有些间接相关；有

---

[1] 王艳芳：《政府购买服务绩效评价实施内容及重点探究》，民生网，http://wap.msweekly.com/show.html?id=105187，2019年5月13日。

些相关程度高些，有些相关程度低些。在评价指标选择时，一般要根据绩效评价的对象和内容优先选择最重要的、最具代表性和最能反映评价要求的核心指标。

（三）可比性原则

无论是共性指标还是个性指标，在选择时都应该遵守可比性原则，即每个指标对于同类评价对象而言评价的绩效具有可比性。就政府购买公共服务项目而言，无论是应用共性指标还是采用个性指标进行评价时，不同地区、不同部门政府购买公共服务的绩效应该可以比较的。

（四）目标一致性原则

在设计绩效评价指标体系时，各个指标都应该指向绩效，也即各个指标都应该对绩效有贡献，与绩效目标是一致的。目标一致性原则是在相关性原则上的延伸，不但评价指标要与目标相关，还要和绩效目标的方向严格一致，这样评价的结果对绩效改进才具有指导意义。

（五）经济性原则

与绩效目标的实现应该实行成本控制一样，绩效评价也应该遵守经济性原则，合理控制评价成本。从这个意义上说，绩效评价指标体系不是越复杂越好，而是越简单越好。并且，绩效评价数据还应当考虑现实条件的许可和操作可行性，符合成本效益原则。

（六）定性与定量相结合的原则

对于绩效评估指标体系设计而言，一般要求能用定量指标的不用定性指标，但当无法进行量化考核时，可以采用定性指标。在政府购买公共服务评价指标设计时，由于目前政府购买公共服务严重的数据碎片化和不完整等问题，因此本书多采用定性指标进行评价，只有少数指标采用定量指标进行评估。

二 指标体系的初步构建

根据政府购买公共服务绩效的过程绩效和结果绩效分析框架，本书把过程绩效和结果绩效作为一级指标，在此基础上根据各级政府购买公共服务政策文件中的过程管理目标要求和购买结果目标要求，设计政府购买公共服务过程绩效和结果绩效的二级指标，如前所述，过程绩效的二级指标包括目标设置科学性、购买程序规范性和购买过程透明度三个指标，结果绩效的二级指标包括经济、效率和效果三个指标。

然后，在对各级政府文件和相关研究文献进行分析的基础上，着手构建二级指标的下一级指标。初步确定了29个三级指标，如表5-3所示。（1）目标设置科学性包括3个三级指标，分别为购买目标明确、评估标准明确和评估指标体系完善；（2）购买程序规范性包括制定有规范的购买程序文件、购买前进行需求调研、购买服务纳入政府预算、财政部门审核政府购买预算、购买主体公开政府购买预算、在购买时对承接方进行资格审查、服务能力审查和信用体系调查、购买合同内容规范、合同执行过程监管、购买结果绩效评估、及时支付购买服务资金运行和评估结果应用等14个三级指标；（3）购买过程透明度包括购买服务制度公开、购买服务信息公开、购买合同信息公开、绩效评价结果信息公开5个三级指标；（4）经济指标的三级指标为成本节约的百分比；效率指标的三级指标为效率提高的等级程度；效果指标包括提高公共服务质量、提高消费者满意度、增加公共服务供给、促进社会组织发展和促进转变政府职能5个三级指标。

三 指标体系的筛选与确定

为了保障政府购买公共服务绩效评估指标的科学性，对于本书初步构建的二级和三级评估指标，采用了专家咨询法进行筛选。筛选共进行了两轮，每轮共选择30位理论和实践专家，理论专家主要来自于高校和研究机构，实践专家主要是政府部门主管政府购买服务工作的领导和相关科室负责人。咨询过程中，由各位专家对本书初步确定的指标的重要性进行打分，在收到专家反馈的意见后，打电话听取他们删除指标的理由和认为某些指标不重要的原因。

表 5-3　　　　　政府购买公共服务绩效评估指标体系

一级指标	二级指标	三级指标
过程绩效	目标设置科学性	有明确的购买目标
		有明确的评估标准
		有详细的评估指标体系
	购买程序规范性	制定有规范的购买程序文件
		购买前进行需求调研
		购买纳入政府年度预算
		购买主体编报政府购买预算
		财政部门审核政府购买预算
		购买主体公开政府购买预算
		购买主体对承接方资格进行审查
		购买主体对承接方服务能力进行评估
		购买主体对承接方信用体系进行调查
		购买合同内容规范
		购买主体对合同执行过程进行监管
		购买主体对购买服务绩效评估
		购买主体及时支付购买服务资金
		绩效评价结果有应用
	购买过程透明度	购买主体公开购买服务制度
		购买主体公开发布购买服务信息
		购买主体公开承接主体信息
		购买主体公开购买合同信息
		购买主体公开购买服务绩效评价结果
结果绩效	经济	购买服务成本节约程度
	效率	在规定时间和成本内提供购买服务
	效果	提高公共服务质量
		增加公共服务供给
		提高消费者满意度
		促进社会组织发展
		促进转变政府职能

资料来源：根据已有文献和政策文件等资料整理。

在第一轮专家咨询中，主要邀请专家对 6 个二级指标和 29 个三级指标的重要性进行打分，重要性从高到低分别为 5 分、4 分、3 分、2 分和 1 分，同时请求专家对于是保留还是删除每个指标给出建议。第一轮咨询 30 位专家全部及时给出反馈意见，其中对于 6 个二级指标，专家的意见比较统一，每个指标评分结果都在 4 分以上，因此，二级指标在第一轮专家咨询中可以确定。

表 5-4　　　　　　　　第一轮二级指标专家打分结果

指标名称	专家打分结果（分）
目标设置科学性	5
购买程序规范性	4.76
购买过程透明度	4.63
经济	4.73
效率	4.63
效果	4.83

资料来源：根据专家咨询结果整理。

但对于三级指标，专家给出了不同的意见。(1) 对于购买过程绩效中的编报政府购买预算、审核政府购买预算、公开政府购买预算有 6 位专家认为这三个指标与纳入预算这个指标有重复，因为纳入政府预算就意味着这三个程序都要完成，并且这三个指标在政府购买服务程序中处于政府内部就购买服务事项进行协调阶段，因此建议删除。(2) 对绩效评价结果有应用这一指标，有 9 位专家认为一个完整的购买服务项目过程到评价就已经结束，购买结果应用是对下一个流程而言的。同时，这 9 位中有 7 位专家认为结果应用不能算作过程绩效指标，因此建议删除该指标。(3) 对政府购买公共服务结果绩效而言，有 7 位专家认为增加公共服务供给这个指标难以衡量，建议删除；有 9 位专家认为转变政府职能这个指标需要更长时间才能显现稳定的效果，并且也难以衡量，建议删除。同时，这五个指标专家的打分都在 3.5 分以下，如表 5-5 所示。

表 5-5　　　　　　　专家打分低于 3.5 分的评价指标

指标名称	专家打分结果（分）
购买主体编报政府购买预算	2.91
财政部门审核政府购买预算	2.95
购买主体公开政府购买预算	2.86
绩效评价结果有应用	3.13
增加公共服务供给	2.86
促进政府职能转变	2.55

资料来源：根据专家咨询结果整理。

在综合各位专家意见的基础上，本书对政府购买绩效评估的三级指标进行了重新调整，去掉了专家建议删除的指标，然后进行第二轮专家咨询。在第二轮咨询中，各位专家对每个剩余指标的打分都在 4 分以上，没有建议删除的指标。由此，本书确定了评估的三级评估指标，共 23 个，其评估标准与数据来源如表 5-6 所示，该表中也给出了各个指标的期望绩效水平。

1. 过程绩效的评估指标及评估标准

（1）目标设置科学性的三级指标有 3 个，分别为购买目标明确、评估标准明确和评估指标体系详细完整。其中，有购买目标明确的评估标准为在政府合同对政府购买服务目标有明确的规定；评估标准明确的评估标准为合同文本或者相关文件里有对购买目标的评估标准；评估指标体系详细完整的评估标准为在合同文本或者相关文件里有评估的详细指标体系。

（2）购买程序规范性的三级指标有 10 个，分别为购买程序制度规范、进行需求调研购买服务纳入政府预算、对承接方资格进行审查、对承接方服务能力进行评估、对承接方信用体系进行调查、购买合同内容规范、合同执行过程监管、履约资金及时足额支付、购买服务绩效评估。每个指标的评估标准与期望绩效水平如表 5-6 所示。

表5-6　政府购买公共服务绩效现状评价指标、评价标准与期望绩效水平

一级指标	二级指标	三级指标	评估标准	期望绩效
过程绩效	目标设置科学性	购买目标明确	在政府购买合同或者其他文件中明确规定购买服务目标	有明确的目标
		评估标准明确	购买合同规定或者其他文件中有评估标准	有明确的评估标准
		评估指标体系详细完整	购买合同规定中或其他文件中规定有指标体系	有详细的评估指标体系
	购买程序规范性	购买程序制度规范	政府文件中有购买程序规定	有规范的制度文件
		进行需求调研	购买前对要购买的公共服务进行需求调研	有需求调研
		纳入年度政府预算	购买服务项目纳入当年政府预算	纳入年度政府预算
		承接方资格审查	承接方选择过程中对其相关资格材料进行审查	对承接方进行资格审查
		承接方服务能力评估	承接方选择过程中对其服务能力进行评估	对承接方进行能力评估
		对承接方信用体系调查	承接方选择过程中对其社会信用体系进行调查	对承接方进行信用体系调查
		购买合同内容规范	签订了规范完整的购买合同	合同规范
		合同执行过程监管	合同执行过程中购买主体对合同进展实行必要的监控	执行过程进行监管
		履约资金及时足额支付	根据合同约定对履约资金及时足额支付	及时支付
		购买服务绩效评估	购买结束对服务绩效进行评价	进行评估
	购买过程透明度	购买服务制度透明	政府购买服务有关的行政法规、规章和其他规范性文件政府网站上可查到	公开信息完整
		购买服务信息公开	在招投标网站或购买主体网站可查到	公开信息完整

续表

一级指标	二级指标	三级指标	评估标准	期望绩效
过程绩效	购买过程透明度	承接主体信息公开	在招投标网站或购买主体网站可查到	公开信息完整
		购买合同信息公开	在招投标网站或购买主体网站可查到	公开信息完整
		绩效评价结果透明	在招投标网站或购买主体网站可查到	公开信息完整
结果绩效	经济	成本节约	成本节约的百分比	实现成本节约
	效率	效率提高	公共服务效率提高的程度	实现效率提高
	效果	公共服务质量	公共服务质量改善的程度	实现服务质量提高
		消费者满意度	消费者满意的程度	消费者比较满意
		社会组织培育	促进社会组织发展的程度	有助社会组织发展

资料来源：根据设计指标和参考相关文献整理。

（3）购买过程透明度的三级指标有5个，分别为购买服务制度透明、购买服务信息公开、承接主体信息公开、购买合同信息公开和绩效评价结果透明。其中购买服务制度透明的评价标准为在政府专门购买服务网站或购买主体网站公布相关购买服务制度；购买服务信息公开的评价标准为政府购买服务项目信息、承接主体和购买合同等信息在政府采购网站等其他渠道进行公开；承接主体信息公开、购买合同信息公开和绩效评价结果透明的评价标准是在政府部门专门网站和相关网站及时发布承接主体、购买服务合同和绩效评价结果信息，方便公众查询。政府购买的公共服务提供过程中，承接主体需要公开的事项都进行了实质性公开。

2. 结果绩效评估指标与评估标准

（1）政府购买公共服务经济指标的三级指标为公共服务提供成本节约，评价标准为同样质量的公共服务通过政府购买单位服务成本下降的比例。

（2）效率的三级指标为公共服务提供效率提高，评价标准为在保证同样公共服务质量的情况下，通过政府购买服务效率提高的程度。

（3）效果的三级指标包括公共服务质量、消费者满意度和社会组织培育。其中，公共服务质量的评价标准为服务质量通过政府购买得到提高或者在政府购买过程中质量得到改善；服务满意度的评价标准为消费对象在消费政府购买的服务时相对于没有购买前满意度提高或者在政府购买过程中满意度维持在较高的水平；社会组织培育的评价标准为在政府购买中促进社会力量（主要是社会组织）成长，增加市场竞争的程度。

需要说明的是，由于本书的主要目的在于通过绩效评估，分析到底在哪个环节和哪些方面出现影响绩效的问题，从而在问题分析的基础上，提出绩效改进的机制设计与这些机制当前运行中存在的问题，最终提出绩效改进的具体路径，所以本书不对每个指标体系进行权重赋值及计算最终绩效分值。

第四节 调研设计与调查数据的基本情况

由于政府购买公共服务涉及多个领域，每个领域开展的时间不同、购买规模不同，购买主体、承接主体与消费主体也不同，这一系列的原因更增加了对政府购买公共服务绩效评估的难度。从理论上官方统计的数据或权威机构发布的大型调研数据更具有权威性，但本课题在研究过程中，却发现由于各地统计部门都没有专门对政府购买公共服务的数据进行统计，各个政府部门的数据也比较碎片化，难以找到完整的评估数据。为了使评估结果更为客观真实，本书主要采用问卷调查和政府网站数据，原则上政府网站可以查到的数据采用政府网站数据，如透明度数据，可以通过政府采购网、政府购买公共服务网或者政府部门各项资金的公开情况得到，而对于难以公开获取的数据采用调查问卷形式得到。同时，辅助采用深度访谈资料对绩效评估结果进行分析。

第五章　政府购买公共服务绩效现状分析

一　调查问卷与深度访谈设计

（一）调查问卷设计

1. 调查问卷的基本内容

调查问卷的问题设计主要针对调查对象所在部门政府购买公共服务以下情况：一是购买公共服务基本情况，如开始时间、负责部门、购买内容、购买信息发布渠道、购买方式等；二是购买的动因与目的；三是购买前的准备情况；四是购买过程监管与评估情况；五是政府购买服务的过程绩效与结果绩效情况；六是影响政府购买绩效的主要因素（问卷内容请见附录）。

为了保障问卷设计问题的科学性和有效性，本书在查阅各级政府有关政府购买公共服务政策文件、案例实践和相关学术文献的基础上，在中部和东部地区共选了三个省会城市政府购买社区公共服务、养老服务和道路保洁服务的情况进行了实地调研，并对部分购买主体和承接主体的负责人就以上问题进行了深度访谈。在此基础上设计每个部分的具体问题和绩效评估的初步指标体系。

2. 调查对象

对于调查问卷，本书主要从购买主体角度评价本单位的购买服务绩效并诊断绩效问题产生的原因。为了保障政府购买公共服务绩效评估的结果真实客观，本书对调查对象要求比较严格，调查对象必须是本单位有政府购买公共服务项目并且了解购买过程的政府单位工作人员，控制一个单位只能填写一份调查问卷。之所以这样要求，是因为在无法获取每个项目的数据资料和评估结果资料，又不可能对每个项目的相关数据进行大规模调查的情况下，政府部门直接参与购买服务的工作人员对政府购买服务整体绩效的评价可能是最为权威的数据来源。也正是由于这样的严格要求，问卷调查过程十分艰难。同时，由于调查问卷是由直接参与政府购买服务的工作人员填写的，这些指标所反映的绩效结果也可以说是政府部门对其购买服务绩效的自我评估。

(二) 深度访谈设计

1. 访谈对象与主要内容

作为问卷调查的补充,针对政府购买公共服务绩效情况及其绩效问题产生的原因等问题,本书采用半结构化的方式进行深度访谈。访谈的对象包括东部、中部和西部地区的购买主体、承接主体和财政部门的主要负责人,他们从不同视角评价政府购买公共服务的绩效问题,分析绩效管理过程中存在的问题、主要影响因素及其背后的原因,这对本书较为系统、全面、客观地看待绩效、绩效问题及其产生原因等具有重要的帮助作用。

2. 访谈服务类别

访谈的公共服务类别主要集中于政府购买养老服务、城市道路保洁服务和社区公共服务。同时,为了更多地了解政府购买公共服务的情况,笔者也对一些地区的购买文化服务、公共体育服务、扶贫服务等进行了访谈。之所以对政府购买养老服务、城市道路保洁服务和社区公共服务进行集中访谈,主要原因在于这些公共服务在各个地区购买实践比较丰富,发展相对比较成熟,成功经验与存在的问题都具有代表性,更适合地区之间比较。

3. 访谈地点与时间

本书的访谈主要集中在三个时间段:一是调查问卷设计时,在中部和东部地区的三个城市进行了初步的调研和深度访谈,时间主要集中于2017年2—6月;二是调查问卷结束后,在对调查结果进行初步分析的基础上,于2017年11月至2018年8月分别在东部、中部、西部的一些城市进行了访谈;三是在书稿撰写过程中,针对存在的困惑与疑问,除了对原来访谈过的主体进行跟踪咨询外,又对一些城市的购买主体、承接主体和财政部门的负责人进行了深度访谈。本书的所有访谈都是在访谈对象方便的前提下,访谈地点一般选择在访谈对象的办公室,个别是在咖啡厅等公共场所。为保证访谈目标的实现,对于每类访谈主体,一般访谈时间为2~3个小时。

二 问卷发放与回收情况

调查问卷设计完成之后,本课题组在2017年7月初进行了为期两个星期的试调查，共发放调查问卷50份，邀请熟悉政府购买公共服务的政府人员和熟悉政府购买公共服务的研究人员填写问卷，根据反馈结果对问卷中的部分问题和表达方式进行了调整。随后，在2017年8—10月，对问卷通过两种方式进行发放，一是通过网络渠道发放，网络渠道回收；二是以面对面的形式发放，调查对象现场填写，现场回收。两种渠道发放的问卷合并在一起，共回收调查问卷810份，其中，有效调查问卷为766份。

三 调查数据的基本情况

1. 政府购买公共服务开始时间

在被调查对象所在单位中，有36.55%的政府部门在2010年及以前已经开始购买服务实践，55.22%的政府部门在2013年前开展有购买公共服务实践，44.78%的政府部门是在2013年及之后开始推行政府购买服务的。其中，2013年、2014年、2015年和2016年及以后开始政府购买服务的分别占8.36%、12.40%、9.14%和14.88%（如图5-3所示）。

图5-3 被调查部门政府购买公共服务开始时间

2. 政府购买公共服务领域

在被调查对象所在单位中，政府购买公共服务主要集中于道路保洁、养老服务、医疗服务、社区服务、就业服务、公共安全、环境治理、教育服务、文化服务、体育服务等领域，一些单位购买的还不止一类服务。如被调查对象所在单位有27.94%的购买了道路保洁，22.45%的购买了养老服务，21.67%的购买了公共安全服务，19.71%的购买了社区服务等（如图5-4所示）。

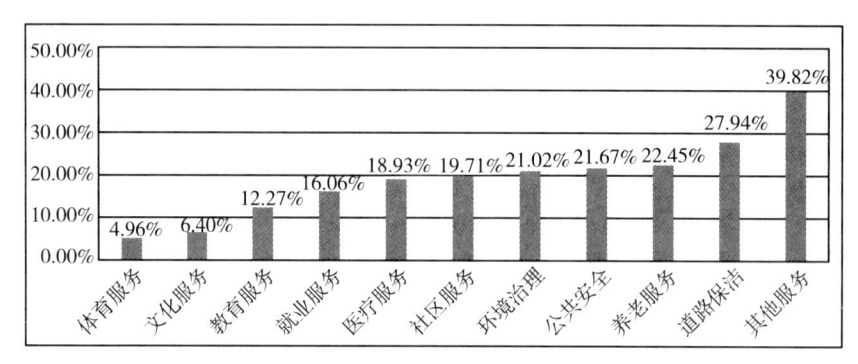

图5-4 被调查部门政府购买公共服务的领域

3. 政府购买公共服务资金规模

调查对象所在部门（由于一个部门只有一份调查问卷，本书在分析时把每一份调查问卷看作一个政府部门）中，购买资金规模主要集中在100万元以下（不含100万元），占62.40%，100万～500万元（不含500万元）的比例占25.85%，超过500万元的比例占11.75%。需要说明的是，资金规模并不是指一个项目，一个部门每年购买服务的资金规模可能包括多个项目。因此，可以判断大部分政府购买服务项目资金规模都不大，如图5-5所示。

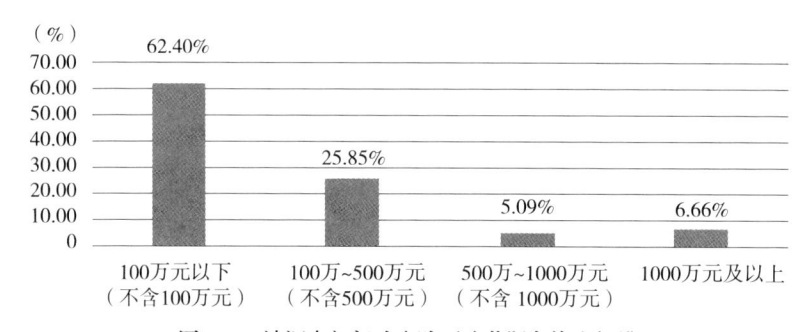

图5-5 被调查部门政府购买公共服务资金规模

4. 政府购买公共服务区域分布

在766份有效调查问卷中，东部省份问卷为353份，中西部省份问卷为413份，分别占46.09%和53.91%①，如图5-6所示。之所以在分析时把东部地区和中西部地区分开，缘于在调研过程中发现中部地区和西部地区的政府在政府购买公共服务开始时间、购买操作、出现的问题等方面存在较大的相似性，同时中部地区和西部地区与东部地区在购买实践、管理理念、过程控制、购买效果等方面有较大的差别。因此，把东部地区和中西部地区在政府购买公共服务绩效现状评估方面进行比较分析，既可以发现中国政府购买公共服务中存在的普遍问题，总结普遍经验，同时又可以对东部地区与中西部地区差距的原因进行分析，从而可以较为系统地分析绩效改进对策。

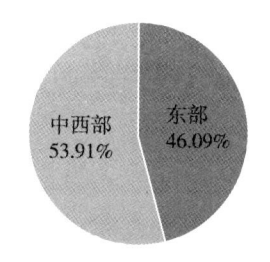

图5-6 被调查部门政府购买公共服务地区分布

四 调查数据的信度和效度

本书对政府购买公共服务绩效评估的数据大多数来自于调查问卷，调查数据的信度和效度会影响结果的可靠性，因此有必要对各评估指标的信度与效度进行分析。（1）信度分析用于测量调查数据的可靠性程度，本书采用最常用的科隆巴哈信度系数（Cronbach's Alpha）进行分

---

① 对于东部、中部、西部的划分，本书采用通用的划分方法，即1986年全国人大六届四次会议通过的"七五"计划中的划分方法。其中，西部地区包括四川、重庆（1997年设为直辖市划入西部）、贵州、云南、西藏、陕西、甘肃、青海、宁夏、新疆、广西、内蒙古12个省级行政区；中部地区包括山西、吉林、黑龙江、安徽、江西、河南、湖北、湖南8个省级行政区；东部地区包括北京、天津、河北、辽宁、上海、江苏、浙江、福建、山东、广东和海南11个省级行政区。

析，如果问卷的信度系数大于0.8说明信度较好，0.7~0.8处于可接受范围，小于0.6说明信度不佳。经过SPSS检验分析，调查问卷的科隆巴哈系数为0.79，信度良好，表明调查样本数据的结果比较可靠。(2) 效度是指测量工具能够准确测量出调查问题的程度。效度分析主要检验被调查者是否理解了问卷设计者的意图，问卷能否有效达到调查的目的。本书采用KMO值进行分析。一般情况下，KMO值高于0.8，调查问卷效度高；在0.7~0.8，效度较好；在0.6~0.7，效度可以接受；如果小于0.6，则说明调查问卷效度不佳。利用SPSS对本书所设计的调查问卷进行效度分析的KMO值的结果为0.88，表明调查问卷的效度较好。总之，调查数据的信度分析和效度分析的结果表明，问卷调查数据比较可靠，可以利用这些数据进行分析。

第五节　政府购买公共服务绩效现状评价

由于调查问卷所得到的数据不可避免具有主观性成分，为减少这一缺陷带来的影响，本书对政府购买公共服务绩效现状的评估除采用问卷调查数据外，还采用其他方法进行辅助分析。首先从调查问卷中对政府购买公共服务总体绩效现状进行判断，然后根据深度访谈获得的资料印证利用调查问卷数据评估的结果，同时还会采用多种渠道整理的统计数据对调查问卷的评估结果进行印证，以求对政府购买公共服务绩效现状有一个较为全面、准确的判断，从而可以为绩效改进提出更有价值的政策建议。

一　过程绩效现状评价

(一) 目标设置科学性评价

1. 目标制定、评估标准和指标体系设置情况。本书通过问卷调查，发现在所调研的样本中，90.08%的购买主体制定有明确的购买目标，有80.42%的购买主体制定了购买服务的评估标准体系，而只有75.46%的购买主体制定了评估指标体系（如表5-7所示）。如果把中西部地区与东部地区进行对比，可以发现，无论是在购买公共服务目标制定,还是评估标准和指标体系方面,东部地区的情况都要好于中西部地区。这既是东部地区政府购买服务起步较早,购买经验较为丰富,购买环节设计更为规范的结果,也是东部地区政府购买服务绩效优于中西部地区的原因之一。

表5-7 政府购买公共服务目标、评估标准与指标体系设置情况

指标	有明确的购买目标	有评估标准	有评估指标体系
总体	90.08%	80.42%	75.46%
东部	92.63%	84.70%	81.59%
中西部	88.14%	76.27%	70.22%

资料来源:根据调查数据整理。

2. 在对政府购买公共服务标准质量的评价方面(见表5-8),总体而言,有一半以上的政府部门(51.96%)表示购买服务标准比较明确,36.42%的表示有标准但不明确;8.09%的表示有标准但比较模糊,还有3.52%的政府部门在政府购买公共服务方面没有制定服务标准。从比较角度,东部地区的政府部门制定有明确服务标准的比例为56.09%,显著高于中西部地区(46.42%),而在有服务标准但不明确、有标准但比较模糊和没有标准三个方面,东部地区分别为33.99%、7.08%和2.83%,中西部地区分别为38.05%、8.96%和4.36%,中西部地区明显高于东部地区。因此,在政府购买服务目标的评价标准方面,全国制定有明确评估标准的政府部门比例偏低。在东部地区与中西部地区对比中,相对而言东部地区在评价标准的制定质量方面明显高于中西部地区。

表5-8 政府购买公共服务标准设置的质量评价情况

标准设置质量	有明确的标准	有但不明确	比较模糊	没有标准
总体	51.96%	36.42%	8.09%	3.52%
东部	56.09%	33.99%	7.08%	2.83%
中西部	48.42%	38.05%	8.96%	4.36%

资料来源:根据调查数据整理。

3. 通过本书所收集的政府购买公共服务合同发现，大部分购买合同中都有服务目标和服务标准条款，但只有部分合同中有关于评估指标方面的条款。对于该问题，西部地区 F 市 GL 区城管局的工作人员解释道：

> 由于我们有专门的文件规定评估指标，因此在购买合同中没有提及评估指标。（访谈编号：FZH20180717）①

实际上，在笔者拿到的评估指标体系中，其质量也是良莠不齐，总体上有一个规律，即如果该部门购买服务历史比较长，其指标体系相对完善科学，而购买历史比较短的部门，其指标体系问题相对较多。中部地区一民政部门购买养老服务的负责人给出了较为现实的解释：

> 这些指标体系也是我们在借鉴了发达地区以后，根据本地区的实际情况制定出来的。但说实话，我们单位懂绩效考核的人较少，评估经验也较少，因此也都是根据我们自己的理解来制定的。（访谈编号：DZY20180620）

在对承接主体的深度访谈中发现，购买目标确实具有行为导向作用，但并不是所有的购买目标都具有激励功能和购买行为可持续性功能。如中部地区 D 市某社会服务中心负责人谈到对承接社区公共服务的目标时：

> 都有目标，但这些目标所规定的任务也是我们社会组织比较擅长的工作，没有给我太多发挥的空间，对我们的激励机制比较

---

① 编号中第一个字母表示访谈城市，用大写字母 A、B、C、D、E、F 表示；第二个字母表示访谈的主体，政府部门用 Z 表示，承接主体用 S 表示，财政部门用 C 表示；第三个字母表示访谈的购买服务领域，社区养老服务用 Y 表示，道路保洁这类环境卫生服务，用 H 表示，社区文化服务用 W 表示，社区教育服务用 J 表示，后面的八位数字表示访谈的具体时间。

弱。(访谈编号：DSW20170412)

同时，该市某区民政局相关负责人在访谈时也表示：

合同中都有明确的目标，但目前购买公共服务是为了提高公共服务质量，对于合同目标的激励行为并没有特别的考虑，但是我们实行评估过关可以续约，这本身也是一种激励。(访谈编号：DZY20170512)

4. 总体而言，购买主体对政府购买公共服务的目标设定比较重视。在所调查的样本中，90%以上的购买主体都制定有明确的购买目标，但由于多数地方政府购买公共服务是在政策推动下扩张的，在绩效评价标准和指标体系设置方面与期望目标之间的差距比较大，将近50%的购买主体没有制定明确的评估标准，还有25%左右的购买主体没有制定评价指标体系。同时，调查结果也发现，东部地区政府部门购买服务目标、评估标准和指标体系的质量总体上好于中西部地区。这可能是东部地区总体上购买服务历史较长，经验比较丰富的缘故。中西部地区虽然有些地方在2013年前已开始政府购买服务实践，但大部分政府购买服务快速增长则是2013年国务院办公厅《指导意见》出台以后，对于政府购买服务目标、标准和指标体系的制定还都在探索之中。

(二) 购买程序规范性评价

通过问卷调查样本总体分析发现，大部分政府部门对购买程序都有比较清楚的认识，主动制定相关制度文件，并且在购买过程中能够严格遵守程序。购买程序规范性评价结果如表5-9所示。(1) 有86.29%的政府部门制定有规范的购买程序制度文件，规定了详细的购买程序；(2) 有88.64%的政府部门把政府购买服务纳入了年度预算； (3) 75.46%的政府部门对所购买的服务进行了成本效益分析；(4) 但在需求调研方面，只有57.05%的购买主体对所购买的服务进行了专门的需求调研；(5) 分别有86.16%、84.60%和79.24%的购买主体对在承接主体选择过程中对承接主体进行了严格的资格审查、能力评估和信用情况调查;(6)在购买资金及时支付方面,有85.64%的政府部门能做到对购买资金及时足额支付;(7)在购买服务合同执行中定期监管方面,只有66.06%的政府部门主要采取本部门定期检查或阶段性评估的形式进行监管;(8)购买服务合同结束后,87.86%的购买主体都采取了不同形式的评价方式对购买服务效果进行了评价。在这些指标体系中,购买主体对所购买的服务进行需求调研、成本效益分析和合同执行过程中的监管方面的比例相对比其他指标较差一些,都低于80%,其中由政府部门或第三方进行专门需求调研的购买主体只占57.05%,远远不能满足购买服务对需求调研的要求。

东部地区与中西部地区比较分析。在这些程序性指标中,东部地区和中西部地区差距也都比较明显,东部地区总体上在政府购买公共服务程序规范性方面好于中西部地区。在个别指标上,差别较大,如在合同执行过程的监管方面,东部地区有71.10%的政府部门在合同执行中进行定期检查或阶段性评估,而中西部地区政府部门这一比例只有61.74%,东部地区高出中西部地区近十个百分点(如表5-9所示)。而合同监管质量是政府购买服务阶段性目标实现的重要保障,该监管绩效在一定程度也决定了最终结果绩效的情况。但总体看来,所有地区在合同执行过程的监管都存在较大的改进空间。

表5-9　　　　　购买服务程序规范情况评价结果

序号	购买程序评价指标	总体	东部	中西部
1	制定了规范的购买程序制度文件	86.29%	89.23%	83.77%
2	对购买服务进行了需求调研	57.05%	61.19%	53.51%
3	纳入政府年度预算	88.64%	92.06%	85.71%
4	政府购买服务成本效益分析	75.46%	79.04%	72.40%
5	对承接方进行了严格的资格审查	86.16%	90.09%	82.81%
6	对承接方的承接能力进行评估	84.60%	87.82%	81.84%
7	对承接方的信用体系进行调查	79.24%	82.15%	76.76%
8	购买资金及时支付	85.64%	88.38%	83.29%

续表

序号	购买程序评价指标	总体	东部	中西部
9	合同执行过程定期监管（包括阶段性评估）	66.06%	71.10%	61.74%
10	购买服务绩效评估	87.86%	89.97%	85.95%

资料来源：根据调查数据整理。

在课题调研和访谈中笔者发现，大部分政府部门都比较重视购买程序的规范性工作。中部地区 D 市 EQ 区养老科的一位负责人表示：

> 在国家相关政策文件中都明确规定要规范政府购买程序，我们也很重视这方面的工作。市政府又如此重视购买养老服务的工作，专门拿出福彩基金支持社区购买养老服务，如果程序不规范，产生绩效不佳的后果我们不好交代，因此在购买养老服务之前，区里专门进行了多次讨论，制定了相关的政策文件，包括购买程序方面的文件。在购买中，我们按要求纳入了年度预算，对承接方当然各方面的审查都比较严格。定期监管我们采取了第三方督导和我们部门定期检查的形式。需求调研这块相对不足，因为当时市政府要求今年要购买，忙着制定政策文件，需求调研这块没有专门进行。……养老服务方面，（需求调研）肯定需要。（访谈编号：DZY20180620）

东部地区由于政府购买公共服务的探索时间比较长，政府购买服务流程相对比较规范，在所调研的政府部门中，也都进行了不同形式的需求调研。如 C 市某街道办事处民政科的负责人所言：

> 政府购买程序也是在购买探索中不断完善的。原来国家没有要求纳入年度预算，要求后都纳入了。信用调查一直都在做，还是得选择部门信任的社会组织，不然沟通协调工作不好做，结果也不好控制。……需求调查原来是在部门工作中了解的，现在委托一个社会组织做，这也是承接我们购买服务的社会组织。他们

经常在社区活动，对社区比较了解，做起调研也比较容易。……监管我们做的比较严，定期检查，社会组织定期上报材料等同时进行。（访谈编号：CZY20171109）

关于购买资金支付问题，在东部地区和中西部地区的调研中都有单位反映，不及时足额支付的主要原因是承接主体在提供服务方面存在质量问题或者不按时提交服务，作为约束手段才拖延资金支付或扣除部分资金。

一般情况下我们不会扣除承包商的资金，但是有时我们在进行日常抽查时，有些路段清洁度如果连续三次抽查达不到要求，我们会扣除部分资金。……我们也不想使用这种方法，但你要知道有时不采用这样的方法，很难保证卫生质量。（访谈编号：DZH20171214）

总体而言，各政府部门在购买公共服务工作中都比较重视程序规范问题。85%以上的购买单位都对政府购买服务程序制定了专门的文件，但是对购买服务的需求调研方面重视不够，有40%以上的政府部门对购买服务没有进行需求调研。同时，在购买服务的成本效益分析、信用体系调查和主动监管方面也相对较弱。虽然东部地区在程序规范管理方面总体上好于中西部地区，但离完全的程序规范这一期望目标还有一定的距离。这些都表明各部门在购买公共服务程序方面需要更加规范，并提高程序管理的效果。

（三）购买过程透明度评价

为评估各地政府购买公共服务过程信息透明度情况，本书选择对全国31个省、自治区和直辖市的政府采购网站采用以下五个指标评估其信息透明度情况：（1）购买服务制度透明，政府购买服务有关的行政法规、规章、其他规范性文件和政府购买服务指导性目录是否在网站上公开以及公开的完整程度；（2）购买服务信息公开，以招投标形式购买的招标公告、以其他形式购买的购买信息是否在网上发布等；(3) 承接主体信息公开，主要评估承接主体信息是否在政府网站公布；(4) 购买合同信息公开，是否在政府网站上公布政府采购合同相关信息；(5) 绩效评估结果透明，政府购买公共服务项目绩效评价结果，包括合同验收结果是否在政府网站上公开。

采用政府采购网的资料而不是作为购买主体的政府部门网站的理由有两个。一是根据2015年3月1日生效的《中华人民共和国政府采购法实施条例》规定，无论是公开招投、邀请招标等政府采购形式，都应该公布招标信息、招标结果和中标合同等内容。如第四十三条规定："采购人或者采购代理机构应当自中标、成交供应商确定之日起2个工作日内，发出中标、成交通知书，并在省级以上人民政府财政部门指定的媒体上公告中标、成交结果，招标文件、竞争性谈判文件、询价通知书随中标、成交结果同时公告。"[①] 同时也在第五十条要求"采购人应当自政府采购合同签订之日起2个工作日内，将政府采购合同在省级以上人民政府财政部门指定的媒体上公告，但政府采购合同中涉及国家秘密、商业秘密的内容除外。"二是自2017年10月底财政部发布《财政部关于政府购买服务信息平台运行管理有关问题的通知》，并在"中国政府采购网"上创办"中国政府购买服务信息平台"以来，各地政府陆续在本地的政府采购网开通政府购买公共服务信息平台。信息平台的公告内容包括政策法律信息、项目信息、经验交流、观点探讨和专题专栏（主要发布政府购买服务改革重点领域的工作情况），其中在"项目信息"中明确要求："中央部门和地方部门等购买主体在组织实施政府购买服务时，在政府采购信息公告中发布的采购文件及结果、采购合同等政府采购执行信息。"截至2018年8月6日，全国31个省、自治区和直辖市中有19个依托本省（自治区、直辖市）政府采购网建立了政府购买服务信息平台，有3

---

① 《中华人民共和国政府采购法实施条例》在第四十三条还要求："中标、成交结果公告内容应当包括采购人和采购代理机构的名称、地址、联系方式，项目名称和项目编号，中标或者成交供应商名称、地址和中标或者成交金额，主要中标或者成交标的的名称、规格型号、数量、单价、服务要求以及评审专家名单。"可见，对公开的要求比较高。

个省（自治区、直辖市）设有政府购买服务专栏行使政府购买服务信息平台功能（如表5-10所示）。

表5-10 全国各省、自治区、直辖市政府购买公共服务过程透明度评估结果

指标	制度文件	指导目录	购买信息发布		承接主体信息		购买合同信息		绩效评价信息		是否有购买服务专栏
	平台	平台	采购网	平台	采购网	平台	采购网	平台	采购网	平台	
北京	√	√	√	0	√	0	√	0	√	0	√
天津	—	—	√	—	√	—	√	—	0	—	0
河北	—	—	√	—	√	—	√	—	0	—	0
山西	—	—	√	—	√	—	√	—	0	—	0
内蒙古	—	—	√	—	√	—	√	—	0	—	0
辽宁	√	√0	√	0	√	0	√	0	0	0	√
吉林	√	0	√	0	√	0	√	0	0	0	√0
黑龙江	√	√	√	0	√	0	√	0	0	0	√
上海	√	0	√	0	√	0	√	0	0	0	√
江苏	√	√0	√	0	√	0	√	0	0	0	√
浙江	√	√0	√	0	√	0	√	0	0	0	√
安徽	√	√0	√	0	√	0	√	0	0	0	√
福建	—	—	√	—	√	—	√	—	0	—	0
江西	√	0	√	0	√	0	√	0	0	0	√0
山东	√	√0	√	0	√	0	√	0	0	0	√
河南	√	√	√	0	√	0	√	0	√	0	√
湖北	√	√	√	0	√	0	√	0	0	0	√
湖南	√	√0	√	0	√	0	√	0	0	0	√
广东	√	√	√	0	√	0	√	0	0	0	√
广西	√	√	√	0	√	0	√	0	0	0	√
海南	√	√	√	0	√	0	√	0	0	0	√
重庆	—	—	√	0	√	0	√	—	0	0	0
四川	—	—	√	0	√	0	√	—	0	0	0
贵州	√	√0	√	0	√	0	√	0	0	0	√
云南	√	√	√	0	√	0	√	0	0	0	√

续表

指标	制度文件	指导目录	购买信息发布		承接主体信息		购买合同信息		绩效评价信息		是否有购买服务专栏
	平台	平台	采购网	平台	采购网	平台	采购网	平台	采购网	平台	
西藏	—	—	√	O	√	O	√	O	—	O	O
陕西	√	√	√	O	√	O	√	O	O	O	√
甘肃	√	√	√	O	√	O	√	O	O	O	√
青海	—	—	O	O	O	O	O	O	O	O	O
宁夏	√	√	√	O	√	O	√	O	O	O	√
新疆	√	O	√	O	√	O	√	O	O	O	√0

资料来源：根据各省、自治区、直辖市政府采购网资源整理，时间截至2018年8月6日。表中的平台是指政府购买公共服务信息平台，在是否开通政府购买公共服务信息平台一栏中，√表示已开通该信息栏目，O表示没有开通该信息栏目，√0表示虽然没有开通信息平台但设有政府购买服务专栏。其他指标方面，√表明有相关方面的信息公布，但不能确定是否全面，O表示没有相关信息公布，—表示没有开通平台，√0表只公布政府购买服务目录代码，没有相关信息。

1. 在法律制度公开方面，全国31个省（自治区、直辖市）中，有22个设有政府购买公共服务信息平台或购买专栏的省（自治区、直辖市）在其政府采购网站上公布了国家和本地区的政府购买服务制度文件，有些省（自治区、直辖市）如上海还公布了各个区的政府购买服务制度文件。还有些省（自治区、直辖市）由于没有在政府采购网上设置购买服务专栏，因此在该网站上查不到相关政府购买服务信息，笔者试图去其职能部门网站上查找相关制度文件，有的在本省（自治区、直辖市）财政部门网站上可以查到，如河北省，但还有些省（自治区、直辖市）的制度文件比较分散，难以系统地查找到本省（自治区、直辖市）政府购买服务的相关规定。在政府购买公共服务指导目录公开方面，没有设政府采购专栏的省（自治区、直辖市）都没有在政府采购买网上公布政府购买服务指导目录。在设有政府采购专栏的22个省（自治区、直辖市）中，只有15个省（自治区、直辖市）公布有本省（自治区、直辖市）部门的政府购买服务指导目录，但几乎所有省（自治区、直辖市）

公布内容都不完整，没有公布所有政府部门的采购目录。其他 7 个省（自治区、直辖市）只是公布政府购买服务目录代码，没有公布各个部门的政府采购目录。

2. 在购买服务信息发布方面，所有省级政府都在政府采购网发布通过公开采购的购买服务信息，但在政府购买公共服务平台上都还没有公开政府购买服务信息。对购买主体发布购买服务信息的形式，问卷结果显示：有 57.70% 的政府部门选择在政府采购网站上发布购买服务信息，有 31.20% 的政府部门选择在本部门网站公布购买信息，25.45% 的采用有选择的通知方式，还有 31.20% 的购买主体选择通过其他方式公布政府购买服务信息（如表 5-11 所示）。

表 5-11　　　　　　　政府购买公共服务信息公开形式

公开形式	政府采购网	部门网站	有选择的通知	其他形式
总体	57.70%	31.20%	25.45%	31.20%
东部	58.64%	31.16%	28.33%	28.90%
中西部	56.90%	31.23%	23.00%	33.17%

资料来源：根据调查数据整理。

笔者在调研过程中也了解到，政府购买服务信息公布确实比较分散，政府采购上网公布的都是采用公开招标、邀请招标等通过政府采购形式购买的服务信息，其他形式的购买服务信息则分散在政府部门网站，并且也不完全。

3. 在承接主体信息公开方面，通过对各省级政府购买公共服务信息平台的公布内容进行扫描，笔者发现所有平台都没有开通"项目信息"栏，也没有专门公布承接主体的信息情况。但在招投标网站可以查到通过招标形式的购买服务项目的中标公告，里面有承接主体的信息。同时，通过百度搜索和在各个地区的财政部门及其他职能部门网站上进行搜索，发现有些地区专门公布了承接主体的信息情况，如在青岛政务网上公布了 2017—2018 年一些职能部门的承接主体信息。有些部门，如青岛市畜牧局不仅公布了 2017 年购买服务承接主体的信息，还公布了各个项目的服务对象、购买方式和预算金额信息①。但在其他地区的各类政府网站，对承接主体信息公开的查找难度比较大。

4. 在政府购买服务合同信息公开方面，全国 31 个省（自治区、直辖市）在其政府采购网站都有相应专栏，同时信息更新的也比较及时，但由于难以全面取得各省（自治区、直辖市）政府购买公共服务招投标信息，因此不能判断其政府购买公共服务招投标信息公开的完整性。通过对政府购买服务信息网、招投标网和其他政府部门网站的跟踪来看，政府购买邀约信息、承接主体和购买合同的信息的公布都是针对采取招投标形式的购买服务，对于以直接委托、定向购买等方式的购买服务合同信息难以在政府购买公共服务网站和相关政府部门网站上获取。

5. 在政府购买公共服务绩效评价结果公开方面，22 个有政府购买公共服务专栏的省（自治区、直辖市）只有上海公布了各个部门的政府购买公共服务绩效评价结果，河南省公布了招投标合同验收情况，其他省（自治区、直辖市）没有查到政府购买服务的绩效结果信息。但在一些地方的职能部门网站和其他政府网站上，发现有些地方公布了一些购买服务绩效评估的结果。如在青岛政务公开网上，青岛市民政局公布了"青岛市困难居民临时救助和医疗刚性支出救助政策落实情况综合评估"项目的绩效评价结果，但比较简单，只有一句话"经民政局救灾救济处评价和区（市）满意度调查，达到政策规定和合同要求"。因此，从政府采购网上获取的政府购买服务过程透明度评估来看，各个地方政府购买公共服务过程信息透明度比较低，政府购买公共服务过程透明度亟待提高。

总体而言，政府购买公共服务全过程信息的公开透明度在不断增加。东部地区 C 市某民政部门负责人表示：

> 我们单位购买服务的历史比较长，也是在探索中不断成长。在购买服务信息公开方面，刚开始购买时都是定向购买，这些信息基本上没有公布。后来市里出台相关制度文件，要求公开透

---

① 青岛政务网，http://www.qingdao.gov.cn/n172/index.html，2019 年 1 月 12 日。

明，慢慢从发布购买信息、公布承接主体，有时也公布中间检查等信息。总体上来讲，这些年，特别是2014年后信息公开发展的还比较快。都大数据时代了，以后公开的会更全面。（访谈编号：CZY20171109）

但从评价的结果来看，目前政府购买公共服务信息公开透明的程度还比较低，并且信息比较分散，与期望目标差距较大。从购买形式来看，公开程度最高的是通过招投标形式进行的政府购买服务信息，其他形式的购买信息透明度比较低；从管理过程来看，购买信息发布的公开程度较高，购买合同、承接主体和评价结果的透明度比较低，特别是绩效评价结果信息公开程度最低，只有非常少的地方政府公布了相关信息，这与完整公开相关信息方面还有较大的距离。信息透明度较低，阻碍了社会监督的参与，也不利于购买主体和承接主体更好地履行合同。因此，政府购买公共服务过程管理应该加强透明度管理，提高管理绩效水平。

二 结果绩效现状评价

1. 经济评价

本书用政府购买成本节约指标来衡量政府购买公共服务是否经济，调查结果表明，有18.54%的政府部门通过购买节约了20%及以上的公共服务支出，35.25%的政府部门节约了10%~20%（不含20%）的公共服务支出，21.80%的政府部门节约了6%~10%（不含10%）的公共服务支出，10.70%的政府部门节约了不足5%的公共服务支出，此外还有13.71%的政府部门通过购买公共服务供给成本不但没有下降反而增加了（如表5-12所示）。

表5-12 政府购买公共服务成本节约情况

成本节约	20%及以上	10%~20%（不含20%）	5%~10%（不含10%）	5%以下	成本增加
总体	18.54%	35.25%	21.80%	10.70%	13.71%

续表

成本节约	20%及以上	10%~20%（不含20%）	5%~10%（不含10%）	5%以下	成本增加
东部	18.13%	35.69%	24.36%	10.20%	11.61%
中西部	18.88%	34.87%	19.61%	11.14%	15.50%

资料来源：根据调查数据整理。

在所调查样本中，东部地区和中西部地区分别有89.39%和84.50%的政府部门实现了购买服务成本节约，11.61%和15.50%的政府部门出现成本有所上升的现象。从东部地区与中西部地区对比来看，对于东部地区而言，成本节约20%及以上、10%~20%（不含20%）、5%~10%（不含10%）和5%以下的分别占18.13%、35.69%、24.36%和10.20%；对于中西部地区而言，成本节约20%及以上、10%~20%（不含20%）、5%~10%（不含10%）和5%以下的分别占18.88%、34.87%、19.61%和11.14%。总体来看，东部地区在成本节约方面的控制效果好于中西部地区。同时，中西部地区因购买服务导致政府公共服务成本上升的比例为15.50%，高于东部地区的11.61%。

笔者通过百度和政府网站搜索，也发现少数地方政府以不同的形式公布了通过政府采购形式购买服务的规模和资金节约情况，表5-13为2015—2019年一些地方政府购买服务规模与成本节约情况，这些地方政府通过政府购买服务实现的成本节约率在2%~25%之间。但是相对于各地政府购买服务的热情与推进力度来看，政府购买的数据透明度依然很低，完整的成本节约数据很难获得。

表5-13　　　　　　　地方政府购买服务成本节约情况

时间	地方政府	政府购买服务规模	成本核算节约率
2019年（1—6月）	云南省文山市[①]	2170万元	2.2%

① 《文山市政府采购半年节约资金300万元》，文山市人民政府网，http://www.ynwss.gov.cn/info/1308/78937.htm，2019年6月16日。

续表

时间	地方政府	政府购买服务规模	成本核算节约率
2016 年	江苏省靖江市①	2627.12 万元	10.06%
2014 年（1—3 月）	江苏省常州市②	5309.43 万元	10.12%
2016 年（1—6 月）	江苏省宝应县③	2948 万元	21.7%
2016 年	江苏省沭阳县④	24903 万元	5.06%
2015 年	浙江省杭州市⑤	22.77 亿元	6.81%
2017 年	安徽省合肥市⑥	24 亿元	15%
2016 年	山西省长治市⑦	2.74 亿元	25%
2017 年	四川省绵竹市⑧	6935.59 万元	2.9%
2018 年（1—8 月）	宁波市镇海区⑨	1.44 亿元	6.05%

资料来源：根据各地政府网站资料整理。

---

① 《靖江上半年政府采购资金节约率达 15.6%》，靖江市人民政府网，http://www.jingjiang.gov.cn/art/2016/7/25/art_ 62428_ 2896689.html，2019 年 6 月 15 日。

② 《常州一季度购买公共服务比预算资金节约 597 万》，中共江苏省委新闻网，http://www.zgjssw.gov.cn/shixianchuanzhen/changzhou/201404/t1456736.shtml，2018 年 10 月 22 日。

③ 《宝应县政府购买公共服务资金节约率达 21.7%》，江苏省人民政府网，http://www.jiangsu.gov.cn/art/2016/6/22/art_ 33718_ 2446908.html，2019 年 6 月 15 日。

④ 《沭阳县政府购买公共服务节约资金 1260 万元》，宿迁市人民政府网，http://sqcz.suqian.gov.cn/sczj/sxxw/201612/9be71690485341e5a9bb3a0bc7fca701.shtml，2019 年 6 月 15 日。

⑤ 《浙江杭州：三举措有序推进政府购买服务工作》，中国招标，2016 年第 5 期，第 49—50 页。

⑥ 《去年政府采购资金节约率达 22.65%》，合肥日报网，http://www.sohu.com/a/222646622_ 181366，2019 年 6 月 15 日。

⑦ 《长治市政府购买服务"一石三鸟"》，中国青年网，http://news.youth.cn/jsxw/201706/t20170618_ 10103323.htm，2019 年 6 月 16 日。

⑧ 张红：《我市政府购买服务工作成效显著》，绵竹市人民政府网，http://www.mztoday.gov.cn/show.php? id=30191，2019 年 6 月 15 日。

⑨ 宁波市财政局，http://czj.ningbo.gov.cn/art/2018/8/24/art _ 18729 _ 3008580.html，2019 年 6 月 15 日。

对于如何通过政府购买实现成本节约这一问题，笔者通过调研发现，实现成本节约的途径主要有两个：一是购买主体对所要购买的服务进行成本核算；二是通过承接主体之间的竞争实现成本下降。例如，东部地区 B 市政府购买城市道路保洁服务时，一般都会有七八家以上企业参与投标，每个企业的标书都会对道路保洁服务进行成本核算，该市城市管理部门参考企业报价，并进行调研，最终使成本控制在一定的范围内，实现了成本节约的改革目标。该中心一位负责人表示：

> 如果不是通过政府购买这种方式，还是由原来的政府部门自行提供这些服务，我们从来没有想过进行成本比较和成本调查。政府购买给我们提供了节约成本的思路，也减轻了我们的管理工作。（访谈编号：BZH20170427）

但在调研中笔者也发现，购买主体对成本节约的估算实际上较少考虑政府购买服务的交易成本和合同管理成本等，这些成本包括信息搜寻成本、签约成本、合同监管成本、评估成本等。因此如果把所有交易成本都计算在内，问卷调查中成本节约的程度应该没有那么大，但调查问卷和政府网站公布的资料显示，大部分政府部门确实通过政府购买实现了成本节约，但还有超过 10% 的政府部门提高了公共服务成本，没有实现成本节约的目标[1]。

2. 效率评价

在对政府购买是否对本单位购买的公共服务效率情况进行评价时，在所调查的样本中，80.94% 的政府部门通过政府购买实现公共服务供给效率的改善，其中 20.76% 的政府部门认为改善非常大，60.18% 的认为比较大。同时，有 16.19% 的被调查者认为政府购买并

---

[1] 在调研过程中，对于成本问题，也有个别购买主体和承接主体提出这样的一个问题，成本的可比较性问题，是采用预期成本还是政府自己提供时的成本。调研中也针对这个问题进行了咨询，发现不论采用哪个标准，依然存在成本下降的典型案例。当然，也有一些项目因各种原因没有实现成本下降。

没有明显改善公共服务效率，还有 2.87% 的认为因为购买降低了公共服务效率，如表 5-14 所示。

从东部地区与中西部地区对比来看，东部地区和中西部地区政府部门通过政府购买公共服务效率有明显改善的比例分别为 85.26% 和 77.24%，其中，东部地区改善非常大和比较大的比例分别占 21.52% 和 63.74%，中西部地区分别为 20.10% 和 57.14%。同时，东部地区和中西部地区都有一些地方政府通过政府购买并没有明显改善公共服务效率，其中东部地区占 11.61%，中西部地区占 20.10%。并且，东部地区和中西部地区分别有 3.12% 和 2.66% 的本部门在政府购买过程中出现公共服务效率下降的现象。从总体上而言，东部地区政府购买公共服务效率改善情况好过中西部地区，中西部地区没有明显改善的比例明显高于东部地区。

表 5-14　　　　　　政府购买公共服务效率改善情况评估

效率改善	非常大	比较大	没有明显改善	有所降低
总体	20.76%	60.18%	16.19%	2.87%
东部	21.52%	63.74%	11.61%	3.12%
中西部	20.10%	57.14%	20.10%	2.66%

资料来源：根据调查数据整理。

在调研过程中笔者发现，购买对服务效率的改善取决于多个因素，既与购买主体过程控制有关，也与承接主体的市场竞争程度、承接能力与政府之间的关系等因素有关，同时还受到政府服务对象的支持与参与程度的影响。东部地区和中西部地区也有不同的看法。中部地区民政部门的一位负责人说：

> 对于政府购买公共服务效率问题，在购买时领导多次强调，如果政府购买效率不如政府自己提供，我们就不用购买了。因此，我们很重视效率问题。但是效率如同质量很难控制，公共服务的产出很难衡量，过程又很难控制。（访谈编号：DZY20170512）

而东部地区的民政部门的负责人却这样认为：

> 我们的效率比较容易控制，在合同中就已经明确规定提供多少公共服务（养老服务）。我们在合同中都已经明确了在规定时间和成本内给老人提供什么，达到了效率就提高，因为要是政府自己做肯定达不到这个标准。（访谈编号：CZY20171109）

可见，购买合同中的明确要求对购买结果绩效非常重要。

3. 效果评价

对于政府公共服务的效果，本书采用公共服务质量、消费者满意度和社会组织培育三个指标进行评价。

（1）公共服务质量评价

在公共服务质量改善方面，从总体来看，分别有19.84%和62.40%的被调查政府部门认为通过政府购买对公共服务质量的改善非常大和比较大，而有15.93%的政府部门认为政府购买对公共服务质量并没有明显改善，还有1.83%的政府部门表示通过购买反而降低了公共服务质量（如表5-15所示）。

表5-15　　　　　　政府购买公共服务质量改善情况评估

质量改善	非常大	比较大	没有明显改善	有所降低
总体	19.84%	62.40%	15.93%	1.83%
东部	18.41%	66.57%	12.75%	2.26%
中西部	21.07%	58.84%	18.64%	1.45%

资料来源：根据调查数据整理。

通过东部地区与中西部地区对比发现，东部地区政府部门认为通过购买对公共服务质量改善比较明显的比例为84.98%，中西部地区为79.91%，东部地区明显高于中西部地区，但中西部地区认为改善非常大的比例为21.07%，高于东部地区的18.41%，这可能与中西部地区原来政府部门提供的服务质量水平较低和改革的起点有关。认为通过政府购买没有明显改善公共服务质量的情况方面，中西部地区的比例为

18.64%，明显高于东部地区的12.75%。而认为政府购买导致公共服务质量有所下降的比例，东部地区为2.26%，中西部地区为1.45%。

总体来看，通过政府购买，无论是在东部地区和中西地区都对公共服务质量改善有着积极的作用，但是由于各种原因，也存在不少公共服务质量改善不明显，甚至有所降低的情况。为此，全国各地都出现了购买服务的公共服务收回的现象，调查结果显示，有38.51%的购买单位发生过收回原先购买的项目，具体到收回的原因，其中有50.85%的购买主体是因为承接主体提供的公共服务质量不合格而决定收回购买项目（如图5-7所示）。

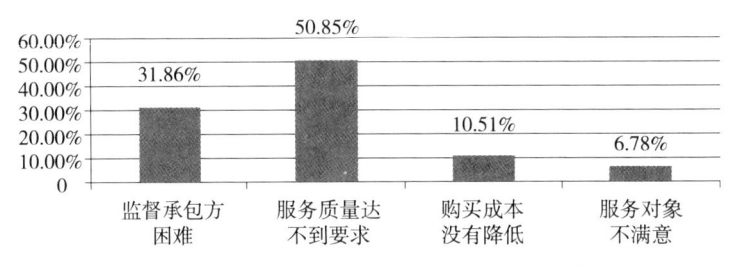

图5-7　政府购买对公共服务项目收回的原因占比

（2）消费者满意度评价

从消费者对本单位购买公共服务满意度的评价情况来看（如表5-16所示），83.42%的被调查部门反映消费者对政府购买公共服务比较满意，而分别有8.62%和2.35%的被调查者反映本单位政府购买的结果是消费者比较不满意和非常不满意。还有5.61%的被调查者反映，本单位没有对购买服务满意度评价情况进行调查。

表5-16　　　　　政府购买公共服务消费者满意度情况

公众满意度	非常满意	比较满意	比较不满意	非常不满意	没做调查
总体	17.10%	66.32%	8.62%	2.35%	5.61%
东部	16.71%	68.56%	7.08%	1.98%	5.67%
中西部	17.43%	64.41%	9.93%	2.66%	5.57%

资料来源：根据调查数据整理。

东部地区与中西部地区对比来看，比较满意和非常满意的总体比例都在80%以上，东部地区和中西部地区分别为85.27%和81.84%，东部地区高于中西部地区。但在不满意和非常不满意方面，中西部地区都高于东部地区，其中，中西部地区分别为9.93%和2.66%，东部地区分别为7.08%和1.98%。同时，东部和中西部地区都存在没有对政府购买的公共服务消费者满意度进行评价的情况，东部地区的比例（5.67%）还略高于中西部地区（5.57%）。

总体来看，消费者对政府购买公共服务的满意度比较高，但是也存在比较不满意和非常不满意的情况，同时也有部分政府虽然实施了政府购买服务项目，但没有对服务对象的满意度情况进行调查。在调研过程中发现，对政府购买服务满意度评价执行比较严格的分布在政府购买养老服务、道路保洁服务、社区服务、图书馆服务等，但在购买教育服务、卫生服务等方面的评价有些地方没有做。在访谈中，东部地区B市某街道办事处民政科的负责人这样介绍本地区的满意度调查：

> 我们（办事处）每年都要对（购买）居家养老服务满意度进行调查，如果满意度超过98%，第二年免招投标程序，直接续签购买服务合同。（访谈编号：BZY20170428）

在中部地区D市EQ区购买养老服务中则采用第三方评估：

> 我们科目前人手远远不够，满意度调查是通过第三方做的，实行半年评和年度评，如果哪些社区满意度不高，我们科会直接找他们（承接主体——笔者注）谈话。（访谈编号：DZY20180613）

（3）社会组织培育评价

在社会组织培育方面，79.87%的政府部门表示通过购买服务促进了社会组织的发展，其中21.25%的政府部门认为对社会组织发展的促进作用非常明显，58.62%的认为对社会组织发展的促进作用比较明显，但还有16.58%的被调查者认为对承接主体的促进作用并不明显，3.66%认为因为购买让一些社会组织产生了依赖思想，如表5-17所示。

东部地区与中西部地区对比来看，东部地区在促进社会组织发展方面的效果好于中西部地区，认为明显促进社会组织发展的比例为82.72%，明显高于中西部地区的77.24%。但认为在促进社会组织发展方面没有明显效果的比较方面，中西部地区为17.92%，高于东部地区（15.01%）。同时，认为因为购买使社会组织对政府产生依赖的比例中，中西部地区为4.12%，而东部地区为2.27%。

表5-17　　　　　政府购买公共服务促进社会组织发展情况

社会组织发展	非常明显	比较明显	无明显效果	使之产生依赖
总体	21.25%	58.62%	16.58%	3.66%
东部	23.23%	59.49%	15.01%	2.27%
中西部	19.37%	57.87%	17.92%	4.12%

资料来源：根据调查数据整理。

总体来看，政府购买对社会组织的发展起到了明显的促进作用。东部地区实施政府购买的时间比较长，对社会组织培育的时间也比较长，因此在社会组织培育方面效果好于中西部地区。但在社会组织依赖性方面，可能由于中西部地区社会组织发展相对不成熟，产生依赖的情况比东部地区严重些。

在调研过程中也发现，2013年9月国务院办公厅《指导意见》出台后，一些社会组织迅速成立，通过各种途径承接了大量政府购买公共服务项目，确实在短时间内促进了一批社会组织的发展，但也有一些社会组织承接了政府购买服务后并没有在能力提升等方面给予足够重视，也没有开辟新的资金来源渠道，因此对政府购买资金产生严重依赖。如中部地区D市JS区民政局的一名负责人表示：

最近几年出现了不少社会组织，包括现在的很多社会组织，基本上靠承接政府购买服务生存。有些社会组织生存意识比较强，通过承接政府购买服务很快就发展起来了。但有些社会组织生存意识不强，不及时改进服务，很容易产生依赖思想。（访谈编号：DZY20170512）

而东部地区也有这样的情况：

虽然我们实施了竞争机制和退出机制，但有些社会组织还是产生依赖思想，去年我们就淘汰了一家这样的社会组织。（访谈编号：BZY20170427）

总之，让社会组织产生依赖的现象都应该引起政府部门的重视。

（4）政府购买公共服务效果的总体评价

总体而言，通过政府购买，在公共服务质量改善、消费者满意度提高和社会组织培育方面都取得了较好的效果。通过比较分析方面，东部地区政府购买公共服务效果依然好于中西部地区，但两者的差距没有过程绩效方面的差别大，这可能与两个地区改革的起点不同有很大关系。通过评估也发现，东部地区和中西部地区在提高政府购买公共服务效果方面与期望目标都存在一定的差距，也都存在较大的绩效改进空间。

第六节 小结

政府购买公共服务绩效现状分析是绩效问题诊断的基础工作，也是绩效改进的前提。从绩效评价角度，政府购买公共服务绩效属于公共项目绩效，其绩效是过程绩效与结果绩效的统一，同时也是各利益相关者目标一致性行动和多种因素共同影响的结果。在此认识的基础上，本章从过程绩效和结果绩效两个方面设计政府购买公共服务绩效评价的共性指标体系。其中，过程绩效（一级指标）包括目标设置科学性、购买程序规范性、购买过程透明度三个二级评估指标，结果绩效包括经济、效率和效果三个二级指标体系。在此基础上,根据政府购买公共服务政策文件和已有研究成果,设计了可评估的三级指标体系。

根据问卷调查和政府网站数据对政府购买公共服务绩效的现状进行评估,发现政府购买公共服务无论是在过程绩效还是结果绩效方面都取得了良好的效果,但依然存在很多需要改进的地方。

1. 过程绩效的评价结果。(1)在目标设置方面,90.08%的购买部门都制定有明确的购买服务目标,但只有80.82%的政府部门制定有目标的评价标准,制定目标评价指标体系的政府部门更低,为75.46%。从目标设置到目标的评估标准再到评估指标体系,管理绩效结果呈现依次递减现状。(2)从政府购买服务程序规范方面分析,在制定规范的购买程序制度文件、纳入政府年度预算、对承接方资格审查、资金及时足额支付和绩效评估这些程序方面管理绩效比较好,85%以上的政府部门都对这些程序进行了规范,但在购买服务需求调查、成本效果分析、承接方信用体系调查、合同执行定期监管这些程序方面管理绩效相对较差,特别是在购买服务需求调研方面,只有不足60%的部门执行该程序。(3)在政府购买公共服务信息透明度方面,评估结果表明目前政府购买公共服务信息公开透明的程度较低,信息公开渠道比较分散。从购买形式来看,公开程度最高的是通过招投标形式进行的政府购买服务信息,其他形式的购买信息透明度比较低;从管理过程来看,购买信息发布的公开程度较高,购买合同、承接主体和评价结果的透明度比较低,特别是绩效评价结果,只是非常少的地方政府公布了相关信息。

2. 结果绩效的评价结果。(1)在成本控制方面,有86.29%的政府部门在购买服务中实现了成本节约,但还有13.71%的政府部门通过购买不仅没有实现成本节约,反而提高政府服务的成本。因此,在成本控制方面,各个政府部门在不同的购买服务项目上差别比较大。(2)在效率提高方面,各个政府部门的结果差别也很大,80.94%的政府部门通过政府购买对公共服务供给效率有改善,有16.19%的被调查者认为政府购买并没有明显改善公共服务效率,还有2.87%的政府部门因为购买降低了公共服务效率。(3) 在效果改善方面,三个指标也都存在较大的差别。首先,在公共服务质量改善方面,82.24%的政府部门认为通过政府购买实现了公共服务质量明显改善,15.93%的政府部门认为没有明显改善,还有1.83%的认为通过购买反而降低了公共服务质量。其次,在消费者服务满意度方面,83.42%的反映政府部门购买的公共服务消费者比较满意,而分别有8.62%和2.35%的政府部门反映购买的公共服务消费者比较不满意和非常不满意,还有5.61%的政府部门没有对消费者满意度进行调查。最后,在社会组织培育方面,79.87%的政府部门认为促进了社会组织的发展,其中21.25%的认为对社会组织发展的促进作用非常明显,58.62%的认为对承接主体发展的促进作用比较明显,但有16.58%的政府部门认为对承接主体的促进作用并不明显,3.66%的认为因为购买让一些社会组织产生了依赖思想。

3. 地区比较分析结果。在过程绩效和结果绩效评价方面,通过东部地区与中西部地区的比较分析发现,基本上在所有的评价指标方面,东部地区政府部门购买服务的绩效都好于中西部地区政府部门。分析结果也表明,这并不表明东部地区没有绩效改进的空间了,恰恰相反,即使购买服务绩效相对比较好的东部地区,离期望绩效依然存在较大的差距,政府购买公共服务绩效改进的空间很大。

总之,本章对政府购买公共服务绩效的评价结果表明,虽然各地政府在购买公共服务方面都取得了明显的改革成效,但在结果绩效和过程绩效方面,无论是与期望绩效之间,还是中西部地区与东部地区之间都存在不同程度的绩效差距,存在较大的绩效改进空间。政府购买公共服务要取得改革的成功,持续的系统绩效改进不可或缺。

第六章 政府购买公共服务绩效的影响因素分析

上一章的分析结果表明，我国政府购买公共服务无论在过程绩效还是结果绩效方面都取得了较好的购买效果，但与期望绩效相比，还存在较大的改进空间。为此，本章在政府购买公共服务绩效现状分析的基础上，利用问卷调查数据和深度访谈资料，从参与主体、购买过程、购买制度和购买环境四个方面分析其对政府购买公共服务绩效的影响，诊断政府购买服务过程中绩效差距产生的原因，从而为绩效改进的机制构建与路径设计提供基本思路。

第一节 政府购买公共服务主体因素

政府购买服务生产与供给过程的直接参与主体（购买主体、承接主体和消费者主体）和非直接参与主体（拨款主体、评估主体等）在购买服务中的角色、地位、责任、行为方式和动机各不相同，但这些主体因购买服务项目彼此之间产生合作、监管等关系，各个主体的单独行动与主体之间的相互作用共同影响并塑造着购买公共服务过程绩效与结果绩效水平。

一 购买主体的基本理念、政策执行与管理能力

购买主体作为政府购买公共服务的发起者，在购买过程中处于主导地位。同时，我国公共服务的购买主体以政府为主，其在购买服务过程中具有精准确定服务需求、合理控制购买成本、公平选择承接主体、有

效利用合同手段监管服务生产过程、科学评估购买绩效并进行结果反馈等责任。这些责任的履行质量影响购买服务绩效结果，而这些责任履行受制于购买主体在购买服务中的基本理念、对购买政策的理解认知与执行程度以及在购买过程中有关合同管理与组织协调等管理能力。

（一）购买主体的基本理念

公共服务的"市场化改革并非政策转向，而是一场观念的变革"①。自中华人民共和国成立以来相当长的一段时间内，公共服务供给一直由政府主导，政府部门和各类事业单位是公共服务的主要提供主体。政府购买公共服务是要打破政府部门对公共服务的垄断供给和公共服务供给中从政府到公众的二元主体结构，重新构建公共服务供给中政府、公众和社会力量之间的多元主体结构。因此，对我国而言政府购买公共服务不仅需要政策变革，更是购买主体的观念转变。在政府购买公共服务上升为国家顶层制度设计，并成为改革的基本方向时，这一改革首先需要政府理念的变革，什么样的理念就会产生什么样的绩效结果。

（1）政府在购买服务过程中的合作理念。在政府购买公共服务中，合同是维系和约束委托代理关系的基本形式。合同治理的本质是合作互惠，双方合作过程中以法制逻辑替代权威逻辑，以法律规定与合同约定作为双方互动与合作的准则与规范②，从依靠权威与权力的治理走向平等、协商与合意的治理③。合同治理本身强调程序公开、保护参与主体权利和集体利益、维护公共产品质量等基本价值④。政府购买服务合同规定了购买主体与承接主体的责任、权利与义务，并

---

① 周志忍：《认识市场化改革的新视角——"公共服务中的市场机制"系列序》，载［美］唐纳德·凯特尔《权力共享：公共治理与私人市场》，孙迎春译，周志忍校，北京大学出版社2009年版，第4页。

② 彭少峰、杨君：《政府购买社会服务新型模式：核心理念与策略选择——基于上海的实践反思》，《社会主义研究》2016年第1期。

③ 王丛虎：《合同式治理：一个治理工具的概念性探索》，《公共管理与政策评论》2016年第1期。

④ Freedland. M,"Government by Contract and Public Law," *Pbulic Law*, No. 86, 1994, p. 95.

以服务质量、完成时间、服务成本等形式规定了绩效的基本内容。无论是购买主体还是承接主体，违反了合同内容或基本精神都会影响绩效结果。而在购买主体与承接主体中，起主导作用的是作为购买主体的政府，因此政府在合同治理中树立合作理念有利于在服务提供过程中为承接主体提供必要的帮助，包括当需要与其他政府部门进行沟通和协调时，为承接主体提供服务和消费者消费服务创造良好的环境。

合作理念需要在购买实践中政府与承接主体在合同基础上建立平等合作的关系，而不是管理与被管理的关系。调查问卷统计结果显示，只有46.08%的被调查者认为本单位作为购买主体与承接主体的关系是平等关系，34.20%的认为是管理与被管理的关系，还有9.92%和9.79%的认为不清楚和不好确定（如图6-1所示）。同时，在具体购买过程中，有些地方还出现合同执行过程中政府部门利用其在购买服务中的主导地位，泛化合作关系，强制要求承接主体完成非合同内容的政府职能部门工作，从而挤压公共服务时间，甚至影响公共服务质量。调研中D市某社会组织的工作人员如此抱怨。

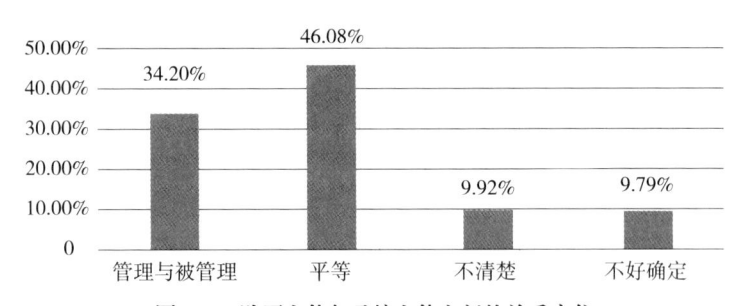

图6-1 购买主体与承接主体之间的关系定位

> 我们经常会承接街道布置给社区的行政工作任务，有时都没有时间开展社会服务了。这个合同里没有规定……我们也想拒绝，可是我们社会组织的主要经费来源于政府购买，因此不能和政府的关系搞僵。（访谈编号：DSY20180620）

但政府部门也有自己的理由。

第六章 政府购买公共服务绩效的影响因素分析

> 我们尽量给社会组织提供服务的条件和必要支持,但我们也有压力。他们在我们这儿服务,帮我们做些工作也有利于了解社区的实际情况。……这个合同没法规定,因为有些工作我们也没法确定。(访谈编号:DZY20180620)

以合同内容为基础的合作理念的淡化和合作关系的泛化,必然增加承接主体的服务成本,因其对政府购买服务过度依赖而不得不承接政府的额外任务,但代价是服务提供时间与质量难以保证。

(2)政府在购买服务过程中的责任理念。合同意义上的平等关系并不意味着政府可放弃合同监管责任,平等的关系只是表明在合同内容和履行合作方面双方具有平等的权利。萨瓦斯也强调"公共服务的合同承包并不意味着承认失败或放弃政府责任"[1]。为实现公共服务供给这一共同目标,政府作为购买主体依然有强制性的责任要求,需要强化责任理念,不能一包了之,应负有维护合同的正常运行与保障公共服务质量的基本责任。经常接受来自全国各地政府参观学习的C市某区民政部门的负责人就十分强调责任理念的重要性。

> 虽然我们把养老服务和社区有些服务交给社会组织去做了,但是我们还是要对这些服务承担最终责任的,因此在承接主体选择方面我们把关比较严,监管与评估过程我们也积极参与。放手就是放弃责任,购买服务效果上级不满意,老百姓不满意,我们自己也不满意,这等于自己给自己找麻烦。只要责任到位,购买服务效果肯定不会差。(访谈编号:BZY20171109)

D市某区在购买前制定了较为完善的购买服务政策,包括评估标准和指标体系,并且以购买服务的方式把监管评估委托给第三方机构,按照合同要求,该第三方评估机构每个月需要到全区50多个社

---

[1] [美]E. S. 萨瓦斯:《民营化与公私部门的伙伴关系》,周志忍等译,中国人民大学出版社2002年版,第185页。

区养老服务中心进行督导和监管,但购买效果依然是让政府部门头疼的事情。在对养老服务中心的调研中发现,该第三方机构实际上并没有严格按照合同履行责任。该区某养老服务中心的负责人表示:

> 那个督导机构好几个月前来过……一个月来一次?应该没有,我基本上天天都在这儿。不过有时他们会打电话问我们要材料。(访谈编号:DSY20190813)

在调研中笔者却发现,作为购买主体的该区民政部门好像并不知道这个情况:

> 督导机构每个月都去各养老服务中心去督导。……我们也偶尔去……每个月一次还做不到,我们共七个人,负责养老这块的只有三个,实在抽不出时间。(访谈编号:DZY20190813)

此外,政府的成本控制理念以及大数据时代的数据治理理念会与合作治理理念一起共同作用于购买服务过程。有时会引发承接主体选择、成本测算、定期监管与绩效评估的形式化,最终影响政府购买公共服务的质量和公众满意度。

(二)购买主体的政策认知水平和执行程度

作为购买主体的各级政府及其职能部门,大多不是主要购买服务政策制定部门,而是政策执行部门,因此它们对政府购买服务政策的认知与执行程度会影响购买决策与购买过程,进而影响绩效结果。

靳永翥在研究政策执行与公共服务绩效之间的关系时指出:"政府部门对政策的认知是否准确,关系到其对政策的认同与接受程度,关系到公共服务的提供质量。"[1] 湖北荆州市审计局对该市 37 家政府购买服务单位调查中也发现,部分单位对政府购买服务政策理解存在

---

[1] 靳永翥:《"政策强化":我国公共服务绩效提升的一个理论分析框架》,《中共天津市委党校学报》2014 年第 1 期。

偏差，甚至直接忽略转变政府职能、提高服务质量、培育社会组织等政策目标，认为政府购买服务是解决单位经费不足的问题，并以此作为增加财政经费的理由。也有部分单位区分不清政府购买服务与政府采购的区别，还有个别单位不知道政府购买服务政策。[①]

培训和内部动员是政府购买服务参与人员了解国家和地方政策的重要方式。问卷调查结果显示，44.91%的被调查者所在单位采用了专门培训，51.04%的采用在其他培训中设置购买服务政策培训内容，40.47%的采取内部动员的方式，还有13.58%的没有开展任何形式的培训就开始了政府购买服务工作（如图6-2所示）。通过对购买主体的深度访谈发现，采用一种或多种政策培训的购买主体与没有进行培训的购买主体在购买服务效果方面存在较大的差距，这主要表现在对购买服务政策的认知方面。对政府购买政策比较熟悉的购买主体，可以更好地把握政策要求，在购买服务过程中对承接主体的筛选、合同内容、过程监管和评估方面做的都比较好。而没有较好把握政府购买政策的政府部门，在购买过程中有赶时髦的嫌疑。当还没有做好准备的时候去推行购买服务，效果也难以保障。

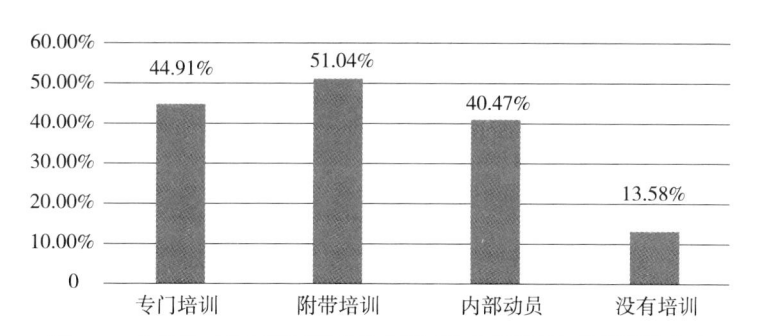

图6-2 本单位对参与购买服务的主要工作人员进行相关培训的方式

对政府购买服务政策的执行情况在很大程度上受政策认知水平的影响，但并不是越了解政府购买服务政策，对政府购买服务政策的执

[①] 刘亚：《浅议当前政府购买服务存在的问题及对策建议》，湖北审计厅网站，http://www.hbaudit.gov.cn/html/2018/0125/66877.shtml，2019年7月16日。

行越彻底，政策在执行过程中也会因执行程度而影响政策执行效果。荷兰学者普雷斯（H. Bressers）和霍里（M. Honigh）按照政策执行主体对政策执行的情况分为表面执行、选择性执行、附加性执行、替换性执行和停滞执行五种类型。[1] 政府购买服务上升为国家顶层制度设计后，各地政府都加大了购买服务的力度，在这种情况下购买政策有选择地执行、附加其他内容地执行甚至替换政府购买服务概念等问题在不同地方都出现过。曾经有一段时间，由于PPP项目程序烦琐，一些地方偷换政府购买公共服务概念，把应该采用PPP方式的工程项目拆解为不同的小项目，然后以政府购买公共服务的名义外包给私有企业，成为政府购买公共服务中政策替换性执行的典型案例。同时，因政府购买服务政策严格规定禁止以购买的名义增列政府开支，在政府购买服务过程中购买主体的实际权力不但没有增加，并且由于强调绩效评估和购买服务过程的监督检查，还增加了购买主体部门工作人员的责任，结果一些政府部门的工作人员对政府购买持消极被动态度，导致政策执行的效果更差。

经验表明，对政府购买服务政策认知和执行程度比较高的政府部门，在公共服务需求识别、购买程序遵守方面也更加严格，购买绩效也就越好。只有对政府购买公共服务政策有一个正确的认知，才有动力不断提高购买服务管理水平和沟通协调能力，才能在维护消费者利益的立场上成为"精明的买者"。同时，在政策执行过程中，需要加强购买主体与承接主体之间的沟通协调，推动社会力量积极参与购买服务，在相互约束的条件下，共同实现购买服务绩效的持续提升。

（三）购买主体的合同管理能力

购买服务管理在一定意义是合同管理，合同管理的效果决定购买服务绩效水平。采用合同治理方式需要具备必要的合同管理能力。良好的外包管理能力意味着可以更好地完成供应商选择、合同

---

[1] 陈振明主编：《政策科学——公共政策分析导论》，中国人民大学出版社2003年第2版，第280—293页。

条款确定与后期合作等任务。① 合同管理是购买主体花费时间最多，也是最牵扯购买主体精力的一项工作。虽然自西方国家公共服务合同外包以来，支持与反对的声音交杂不断，合同外包收回现象经常出现，但依然没人能够否认合同外包已成为各国治理百宝箱中的重要工具这一现实。

在政府使用合同的领域，已有研究早已注意到政府合同管理能力的重要性，如 Brown 和 Mathew 将政府合同管理能力划分为可行性评估能力、执行能力和结果评估能力三个方面。② 在研究政府购买服务合同管理能力时，李金龙和张慧娟指出政府在战略规划、文本管理、关系协调、监督管理和评估反馈五个方面的能力很重要。③ 其实，这些研究都暗含着政府的合同管理能力是影响政府购买公共服务绩效的重要因素。可以说，政府购买目标能否实现与实现的程度，在很大程度上依赖于政府的合同管理能力。问卷调查结果也表明，74.94%的被调查者认为合同管理能力对购买服务效果有较大的影响，其中29.77%的被调查者认为影响非常大，45.17%的认为影响比较大，如图6-3所示。

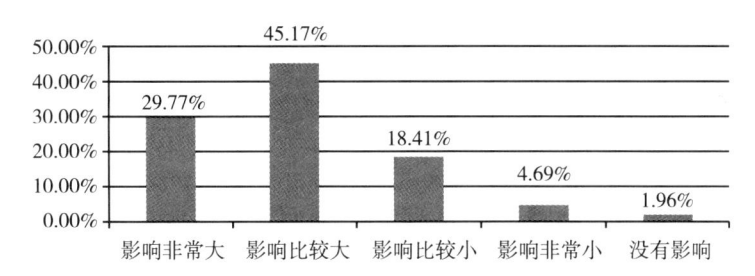

图6-3 合同管理能力对政府购买服务效果的影响

---

① 刘波、崔鹏鹏、赵云云：《公共服务外包决策的影响因素研究》，《公共管理学报》2010年第2期。

② L. Brown Trevor, Mathew Potoski, "Contract-Managementin municipal and county government", *Public AdministrationReview*, Vol. 2, No. 63, 2003, pp. 153-164.

③ 李金龙、张慧娟：《地方政府购买公共服务中合同管理能力的提升路径》，《江西社会科学》2016年第5期。

在合同管理过程方面，合同管理能力主要包括合同文本谈判能力、合同履行过程中的监管能力和合同目标绩效的评估能力。

首先，政府购买服务合同内容越完善，对合同执行过程的指导作用就越强，执行过程中的交易成本就越低，也越有利于实现购买绩效。而合同内容是由政府的谈判能力决定的。虽然政府在购买服务过程中确实处于主导地位，但政府购买依然对政府的合同文本管理能力提出很大的挑战。政府不仅需要精通合同法和了解所购买公共服务的性质与基本要求，还需要了解承接主体的基本情况，掌握与承接主体沟通协调的技术，最终确定的合同条款不仅对代理人有约束作用，还要具有一定的激励功能。否则，很难达成委托人和代理人双方都满意且能保证购买服务长期绩效的合同文本。

> 我们目前的合同文本经历了不断的完善，最初购买的时候可参考的文本有限，经验也不足。……那个时候（合同）对绩效的影响不是特别大，因为购买得少，社会组织都比较熟悉，比较容易控制。但随着购买规模的扩大，我们开始发现合同文本很重要，还规定有专门的激励条款。例如，如果老人满意度超过98%，可以直接续约。同时，为了增加竞争，我们也规定连续续约最多两次，第三年再次公平竞争。从合同方面，我认为应该是我们这儿做的比较好的重要原因。（访谈编号：BZY20170428）

合同条款的不完全会增加交易成本，结果必然会挤压改善公共服务质量、提高供给效率和节约服务成本的空间。

其次，合同签订之后到合同执行结束的整个过程也是作为委托人的政府履行合同监管职责，及时就购买服务目标偏离或其他可能影响购买目标实现的问题与代理人及时沟通的过程，整个过程处处考验着政府的合同管理能力。作为美国公共服务民营化的参与者、见证者与研究者萨瓦斯颇为理解对政府合同管理能力的要求，直面现实地指出："为公众做个好交易不只是取决于是否要签个合同、合同给谁，而是取决于合同从头至尾整个过程的管理。"① 这是因为即使成功地避免了合同签订前的逆向选择风险,但由于信息不对称的存在,引发代理道德风险的因素随时都会出现。而作为委托人的政府很难完全观察到代理人的行为和努力程度,虽然不少地方政府采用承接主体定期上报购买服务项目进展报告、委托第三方督导和评估以及通过增加服务透明度等方式试图降低道德风险发生的可能性,但在调研过程中笔者发现,依然有不少政府部门遇到承接主体道德风险发生的案例。

> 早先我们把主干道路保洁工作外包给企业,合同签订后,发现在有些路段并没有按照合同要求定时清扫。后来,我们就采取按照道路清扫质量拨付资金的方式,才逐渐提高道路清洁水平。其实,外包在考验着我们合同管理能力,我们需要在实践中不断学习,不然很难保障外包的效果。(访谈编号:DSZ20170509)

问卷调查结果也表明,合同监管能力对购买服务效果有较为重要的影响。在所有调查样本中,分别有33.81%和41.91%的被调查者认为政府监管能力对购买服务效果的影响非常大和比较大,两者共占75.72%。此外,分别有17.23%和5.22%的被调查者认为影响比较小和非常小,只有1.83%的被调查者认为没有影响(如图6-4所示)。

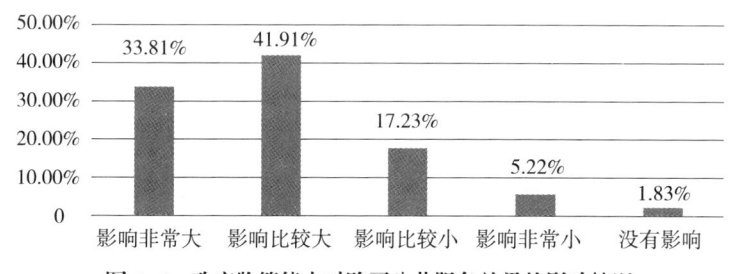

图6-4 政府监管能力对购买公共服务效果的影响情况

---

① [美] 菲利普·库珀:《合同制治理——公共管理者面临的挑战与机遇》,竺乾威、卢毅、陈卓霞译,复旦大学出版社2007年版,第5页。

最后，评估既是阶段性工作的总结，也是一种监督形式，评估结果是否客观公正不仅会影响被评估项目的绩效水平，也会影响以后项目的绩效水平。如果没有评估，无从得知政府购买服务绩效目标的进展及其最终结果；或者虽然进行了评估，但既没有充分利用绩效信息，也没有专业的评估人员，评估仅是一种形式，那么评估也很难发挥其应有的作用。D市某区民政局的负责人表示：

> 现在购买服务还真离不开评估。以前政府部门的很多工作没有硬性评估要求，效果难以保证。现在购买服务评估都是硬性要求了，我们在购买服务时，首先都要考虑购买绩效如何保障的问题。……绩效评估能力对我们是个考验，我们也在加强这方面的能力培养，包括借助第三方评估。（访谈编号：DZY20180620）

因此，有计划和高质量的绩效评估有利于保障购买服务质量，也有利于购买服务绩效的持续改进。问卷调查结果也表明，政府购买公共服务结果评估能力对购买服务效果有较为重要的影响。如图6-5所示，29.24%的被调查者认为结果评估能力对购买服务的效果影响非常大，43.47%的认为影响比较大，两者共占72.71%。

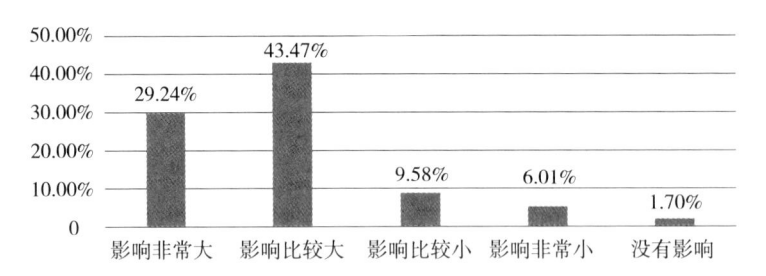

图6-5 购买服务结果评估能力对政府购买服务效果的影响情况

（四）购买主体的沟通协调能力

政府购买服务牵涉多个主体，十分考验购买主体的协调沟通能力。为扎实推进政府购买服务工作，2013年国务院办公厅印发的《指导意见》要求建立由政府统一领导，财政部门牵头，民政、工商管理、行业部门协同，职能部门与监督部门参与的政府购买服务工作机制，并强调"相关职能部门要加强协调沟通，做到各负其责、齐抓共管"。这不仅包括政府内部的协调沟通，还包括与承接主体和消费者之间的协调沟通，具体包括决策部门与购买主体之间、购买主体与财政部门之间、购买主体与相关职能部门、购买主体与审计部门之间的协调沟通等。

有效的协调沟通不仅能够保证购买服务工作的顺利开展，也是购买服务绩效的重要保障。如西部F市某区政府购买道路保洁服务效果相对于外包之前比较明显，调研中笔者发现这是市政府统一决策的购买服务项目，并纳入各区县政府评估指标。为此，该区比较重视，在购买前单位内部就进行了充分的沟通。

> 我们这儿购买道路（保洁）服务是市政统一决策的，然后纳入各区县政府评估指标。当时市政府在会议上就专门强调该指标的重要性，区里也召开了专门会议。我们单位领导专门集中大家学习了市里和区里的文件精神，要求大家一定要重视。如果不这样（沟通），大家肯定不会像现在这样重视，也应该达不到目前的购买效果。你们来我们单位的路上也看到了我们的街道卫生情况……与其他政府部门的沟通也有，大多数是有问题时才会沟通。（访谈编号：FZH20180717）

可见，对政府购买公共服务而言，购买主体的沟通协调能力不仅是日常工作的必备能力，还是与其他部门达成相互理解，并相互支持的重要条件。同时，服务提供过程中，与承接主体的沟通也很重要。

> 虽然我们对承接主体进行了严格的筛选，但依然不能完全放手，中间需要检查和及时沟通。当然，他们有时遇到问题也会和我们沟通。从我们的经验上来看，这种双向沟通对于服务提供和我们管理都是很重要的。（访谈编号：FZH20180717）

在调研中也发现有些购买单位并不擅长购买服务过程中的沟通协调工作，大多时候出现了问题才进行必要的沟通协调，平常与承接主体和服务对象之间的主动沟通较少。总之，及时的沟通与协调能及时发现和解决购买过程中出现的问题，更有助于实现较好的购买绩效水平。

二 承接主体的独立性和履约能力

公共服务生产与供给通过购买把政府与公众之间的直接关系，转向以承接主体为中介的间接关系。在这种服务供给模式下，承接主体的独立性和履约能力对购买服务绩效的影响比较突出。

（一）承接主体的独立性

在中国社会组织的发展过程中，为谋求发展空间和获得政府的认可，社会组织从制度、项目和服务层面嵌入政府活动之中，并在政府的主导下获得发展机会。[1] 在社会组织嵌入政府的过程中，政府也会反向嵌入社会组织，通过有政府背景的社会组织，让国家力量在社会组织中延续。在政府购买服务背景下，虽然强调与社会组织之间的合作和互利共赢，共同实现公共服务供给目标，但在服务提供过程中，无论是政府嵌入社会组织还是社会组织嵌入政府，都会影响社会组织的独立性，进而影响购买公共服务的质量。

在社会组织设立和公共服务过程中，政府嵌入社会组织的痕迹较为明显。一是一些社会组织在政府主导的背景下成立或者与政府有着较为密切的关系。如 2013 年国务院办公厅《指导意见》发布后，东南沿海某市的 4 家社会组织，就是为了响应社会发展局政府购买服务而成立的，这些社会组织的组织目标、项目支出、项目执行和评估，甚至人事关系都由社会发展局掌控。当然，这几家社会组织也成为社会发展局购买服务项目最主要的承接主体。[2] 管兵通过对上海市

---

[1] 王思斌、阮曾媛琪：《和谐社会建设背景下中国社会工作的发展》，《中国社会科学》2009 年第 5 期。

[2] 李晨行、史普原：《科层与市场之间：政府购买服务项目中的复合治理——基于信息模糊视角的组织分析》，《公共管理学报》2019 年第 1 期。

2009—2013年8月356个承接社区公益服务的社会组织法人代表背景进行统计分析,发现公务员背景的占41.57%,事业单位背景的占21.07%,纯民间人士和商人仅占21.06%。[1] 相对于公众偏好,具有政府背景的社会组织对政府偏好具有较强的敏感性,当政府偏好与公众偏好不一致时,它们首先会考虑政府的偏好,而不是消费者的偏好。二是政府在购买公共服务过程中,利用行政权力和购买主体的优势地位,给承接主体强加一些额外的任务。如在社区服务的社会组织和社会工作人员,经常会帮助社区做街道办或其他上级政府布置的任务,这些任务都在购买服务合同内容之外,明显增加了社区社会组织的工作负担。同时,在街道清扫服务中,也经常会承接临时街道清扫任务,如所在区有重大活动,承接道路保洁任务的企业就必须增加清扫任务。一些地方政府对额外工作有专项资金,而有些地方没有,需要企业与政府讨价还价。在承接服务过程中,为了保持与政府的合作关系,一般承接主体都会接受政府的额外工作要求,即使没有增加经费,承接主体也不会拒绝。在这种情况下,社会组织的独立性受到较大影响。在独立性不能保障的情况下,社会组织会把一部分精力用于与政府关系的维持上,而不是改善公共服务质量方面。

在调研过程中,也遇到有政府背景的社会组织目标非常明确,致力于提供消费者需要的公共服务,并试图影响政府的购买决策。但是更多的具有政府背景的社会组织在政府与消费者之间进行权衡时,会优先考虑政府的偏好。因此,在合同约束条件下,社会组织越是独立于政府,越有利于保障购买服务的绩效水平。

(二)承接主体的履约能力

萨瓦斯在研究美国公私合作关系时就指出:"公共部门保留了自己的责任,但责任的履约主要依靠私营部门的专业技术和优势。"[2] 在国务院及民政部、财政部有关政府购买公共服务的相关政策文件中

---

[1] 管兵:《竞争性与反向嵌入性:政府购买服务与社会组织发展》,《公共管理学报》2015年第3期。

[2] [美]E.S.萨瓦斯:《民营化与公私部门的伙伴关系》,周志忍等译,中国人民大学出版社2002年版,第191页。

对承接主体的履约能力都有明确要求，如"依法设立并具有独立承担民事责任的能力；具备提供服务所必需的设施、人员和专业技术能力；具有完善的内容管理、监督、财务管理、资产管理制度"等。除此之外，在承接政府购买服务后，还需要承接主体能够恪守合同约定，发挥专业优势，按时足量地提供合同约定的公共服务。问卷调查结果也表明，有35.38%的被调查者认为承接主体的履约能力对政府购买服务效果的影响非常大，40.47%的认为影响比较大，两者的比例为75.85%（如图6-6所示）。

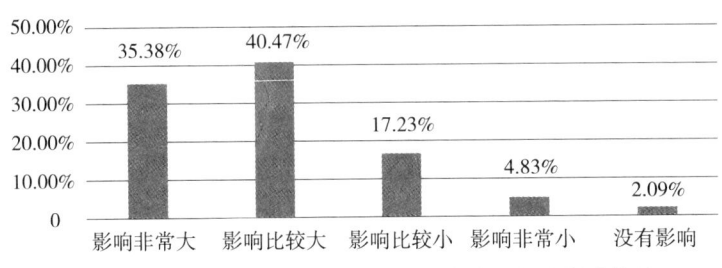

图6-6 承接主体履约能力对政府购买服务效果的影响情况

在调研时笔者发现，承接主体特别是那些以承接政府项目为主要资金来源的社会组织的履约能力受组织发展资金的影响较大。很多时候，出于成本收益考虑，政府购买服务资金只能满足服务项目的需要，而社会组织还需要发展基金，这样可能会挤占购买服务项目资金，减少服务供给数量，导致实际服务成本上升，服务质量下降。并且，在合同履约过程中，委托人和代理人的目标并不完全一致，在存在信息不对称的情况下，承接主体可能故意降低履约能力，道德风险的出现导致购买服务目标难以实现。当然，也有可能在承接主体选择环节，由于竞争不充分或者是购买主体的原因，产生逆向选择，最终选择的承接主体并不具备良好的履约能力。总之，承接主体履约能力存在缺陷最终伤害的是消费者的利益，那么最终以消费者满意度和成本下降等指标衡量的购买服务绩效也难以实现。

三 消费主体的参与意愿与参与程度

公众作为政府购买服务的消费主体,其有效参与既可以让政府准确了解公共服务的需求数量、层次与结构,也可以督促服务提供者正确履行服务职能。同时,还可以监督政府正确履行购买服务中的公共责任。消费主体对购买公共服务绩效的影响主要体现在需求表达与服务过程参与两个方面。

(一) 需求表达的意愿、机会与程度

"需求表达是公共服务过程中民众对公共产品的需求表露,包括需要何种公共产品、需要多少、希望如何生产、需求的结构、用何种程序供给等。"[①] 公共服务供给与需求的匹配依赖于公众的公共服务需求准确充分表达。政府购买公共服务绩效本身要求在购买前进行需求调研程序。不少地方政府也采取问卷调查、走访、平时居民需求信息收集等形式收集公众的需求信息,但大部分地方居民参与积极性不高。

在我国,由于公共服务供给并不显性地与公民纳税结合在一起,因此公众需求表达并不存在西方国家的那种因担心加税而不完全表达、希望通过搭便车获得相应服务的情况。但公众的需求为什么难以表达出来呢?在调研中笔者发现,公众是希望政府准确知道自己的需求的,只是没有有效的渠道表达需求,或者对于现有渠道呈现一种不信任的态度。在调研中,有消费者反映,以前自己在调查问卷中反映的问题政府没有回应,因此再有政府相关调查,参与积极性就降低了,即使参与也是应付性的参与。已有对农村公共服务需求表达方面的研究指出,相对于拆迁安置、村委会选举和环境保护等直接的切身利益,公共服务多为隐性利益,大多数村民表现出需求冷漠。同时,该研究还提出,需求表达与文化水平、政治素质、参与文化等都有关

[①] 陈水生:《城市公共服务需求表达机制研究:一个分析框架》,《复旦公共行政评论》2014 年第 2 期。

系。① 笔者在调研城市公共服务购买过程中，也遇到了需求表达冷漠的现象，其主要原因不在于文化水平，而是受参与文化与参与结果的影响较大。

无论是公众需求表达冷漠，还是缺少需求表达机会，或者有机会不充分表达，结果都是公众的需求信息不能得到有效传递，公共服务决策者只凭借有限的信息和政府偏好进行决策，结果是公共服务供给偏离真实需求。因此，有学者指出，在公共服务供给方面，从信息收集、需求整合、服务决策和服务供给，再到最后的评估反馈等环节都存在问题②，这可能是一些地方公共服务供给与需求不匹配进而购买公共服务绩效难以提升的主要原因之一。

（二）服务过程参与意愿与参与程度

在合同监督和绩效评估成本较高的情况下，公民参与可以有效降低公共服务市场化的监督成本和交易成本③，提高政府的透明度和责任感④，制约可能产生的腐败现象⑤。但由于历史文化的影响以及长期以来政府大包大揽公共服务供给的传统，公众参与公共事物治理的机会较少，久而久之，参与意愿总是处于较低水平。对于政府购买服务而言，公众作为公共服务的消费者，在消费过程中即使不主动参与也会被动地卷入公共服务的生产和供给过程之中。但主动参与与被动参与最大的区别在于两种参与形式对政府与承接主体行为结果的影响不同，进而对购买服务绩效结果的影响也不同。除了消费过程的参与

---

① 吴业苗：《需求冷漠、供给失误与城乡公共服务一体化困境》，《人文杂志》2013年第2期。

② 陈水生：《城市公共服务需求表达机制研究：一个分析框架》，《复旦公共行政评论》2014年第2期。

③ Trevor L. Brown, Matthew Potoski, "Managing Contract Performance: A Transaction Costs Approach," *Journal of Policy Analysis and Management*, Vol. 2, No. 22, 2003, pp. 275-297.

④ Heinrich, C. and B. Milward, "The State of Agent: Dedication and Thanks. Introduction," *Journal of Public Administration Research and Theory*, Vol. 1, No. 20, 2010, pp. i1-i2.

⑤ Yijia Jing, E. S. Savas, "Managing Collaborative Service Delivery: Comparing China and the United States," *Public Administration Review*, Vol. S1, No. 69, 2009, pp. 101-107.

第六章 政府购买公共服务绩效的影响因素分析

之外，政府购买公共服务绩效的实现还需要消费主体参与公共服务供给的监督和评估之中。问卷调查结果表明，有41.91%的被调查者认为服务对象参与程度对政府购买服务效果的影响比较大，25.33%的认为影响非常大，两者共占比67.24%（如图6-7所示）。

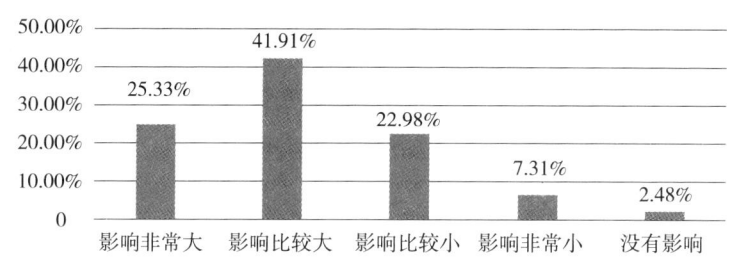

图6-7 服务对象参与程度对政府购买服务效果的影响情况

在调研和访谈过程中笔者也了解到，大部分地区的服务对象参与公共服务过程的积极性都不高，但在不同地区的同一服务领域又因政府与承接主体对消费者的态度问题呈现明显的差别。如在养老服务领域的日间照料中心的餐饮服务方面，有些地方老年人参与的积极性比较高。在中部某市的社区日间照料中心①，老年人在该中心就餐意愿比较强，也会积极提出餐饮改进建议，同时还有一些老年人成为该中心的志愿者，帮忙打扫卫生和清洗餐具等工作。

> 我们这个日间照料中心是市里做的比较好的，都成样板了。中心自成立以来，秉持为老人服务的宗旨，在就餐服务方面下了大功夫。老人从不愿意参与到积极参与，这中间的过程既是我们

---

① 该日间照料中心位于D市一老旧单位小区内，该小区在建造时就设计有居民活动中心，但一直没有启动运转。日间照料中心就是在原有居民活动中心的地方，该中心充分利用现有空间，在餐厅里，除了发挥日常餐厅功能外，非就餐时间还是老年人的娱乐中心。课题组在调研时也看到，该中心特别热闹，老年人有的在下棋，有的打扑克，有的在聊天。同时，该中心还考虑到一些老年人平常要帮助子女带孩子的实际情况，专门打造了一间儿童活动室，老人可以带孩子到这里玩。中心的人性化设置，让本来冷清的居民活动中心热闹了起来。

服务改善的过程，也是相互之间建立信任关系的过程。说实话，以前觉得老人们参与会带来麻烦，现在才发现鼓励并创造条件让老人参与其实对老人和对我们来说都好，政府部门也比较满意。（访谈编号：DSY20180620）

在与一些老人交流的过程中，笔者发现他们从参与中感受到自己受到了政府与日间照料中心的尊重，参与的积极性也更高了，对日间照料中心服务的总体满意度比较高。而在中部地区的另一城市，居民对日间照料中心餐饮服务的参与却有点冷清。同样是就餐时间，调研时发现就餐的老人很少。在与老人的交流中笔者了解到，该日间照料中心刚开始提供就餐服务时，饭菜质量还不错，但后来饭菜质量下降，老年人提意见也得不到有效反馈，逐渐大家不提意见也不来就餐了。在调研中笔者也发现，该城市的日间照料中心已有好几家关闭了餐饮服务。可见，消费者参与并不一定能改善服务质量，只有在政府和承接主体重视消费者建议并积极采取改进措施的情况下，消费者参与才有意义。

四 其他主体因素

除了购买主体、承接主体和消费主体这三类政府购买公共服务生产与供给过程的直接参与主体外，财政部门、审计部门和第三方评估机构等对政府购买公共服务绩效也会产生影响。

财政部门虽然不直接参与政府购买公共服务的生产与供给，但在政府购买公共服务流程中参与比较早，参与时间也比较长，主要职能是对购买主体的购买公共服务预算进行审查、预算支出拨款和对预算支出绩效进行检查和监管。可以说，财政部门如果在其责任的各个环节上尽职尽责，对于购买问题发现和支出绩效保障起到关键的作用。

审计部门对政府购买服务绩效的影响主要体现在项目结束后，对于购买资金使用效果的审计与评价，起到事后监管的作用。但审计部门的审计结果及其提出的问题整改意见对于政府购买公共服务的持续健康发展和绩效改进具有重要的作用。

在目前政府购买公共服务信息还不够透明的情况下，第三方评估机构主要是在受政府委托的前提下对购买服务项目进行阶段性和终期评估，其对评估信息的掌握情况和评估结果的客观公正性对政府购买服务绩效也会产生重要的影响。

第二节　政府购买公共服务过程因素

影响政府购买公共服务绩效的过程因素主要包括政府购买过程中程序完整与规范性程度、信息透明程度和各主体之间的信任程度等。这些因素既是过程绩效的表现，也是结果绩效的原因。

一　购买程序完整与规范性程度

政府购买公共服务程序是购买主体在购买公共服务时所遵循的基本流程，某一程序缺失或不严格遵循都会带来服务效率损失，最终影响购买服务目标的实现。

（一）公共服务需求识别及其精准程度

能否准确识别并满足公众需求是政府购买公共服务成功的首要条件。而在政府购买服务实践中，一些地方政府购买服务项目需求没有经过科学调研，主要依靠主观判断和长官意志，购买计划缺乏科学依据[1]，从而导致"供给缺陷"或"需求不足"乃至"供需错位"等现象[2]。同时，也存在有需求调研但需求调研不科学，结果影响最终的购买绩效。

一是需求识别缺失。在理论研究和实践操作层面，更多地重视服务供给，对于需求的关注和重视不够。[3] 本书的问卷调查结果显示，

---

[1]　刘珊：《"项目制"下政府购买公共服务的实现路径》，《价格理论与实践》2016年第5期。
[2]　于秀琴、王鑫、陶健、秦敏：《大数据背景下政府购买社会管理性服务的有效需求识别及测量研究》，《中国行政管理》2018年第9期。
[3]　倪咸林：《政府购买社会组织服务"供需适配偏差"及其矫正——基于江苏省N市Q区的实证分析》，《中国行政管理》2018年第7期。

有 10.44% 的被调查者表示本单位没有进行任何形式的购买服务需求调查，其中，中西部地区为 11.62%，高于东部地区的 9.07%（如图 6-8 所示）。在问卷调查涉及的政府部门中，有 57.05% 的购买主体通过本部门或委托第三方对公共服务需求进行了专门调查，32.51% 的采用在服务中了解公众需求，还有 10.44% 的没有进行任何形式的需求调研（如图 6-9 所示）。通过对购买主体的访谈笔者也发现，凡是政府购买公共服务比较成功的政府部门，都比较重视需求调研。同时还发现一个普遍的现象，省会城市的政府部门需求调查情况要好于地市级政府部门。对于一些购买主体没有进行需求调研的原因，访谈的社会组织给出了答案：

> 政府购买有时也是政策支持的结果。一些个政府部门为了完成购买指标任务，仓促进行购买，这个时候了解服务对象需求没有时间。（访谈编号：DSW20180627）

图 6-8 购买主体没有对购买服务进行需求调查的情况

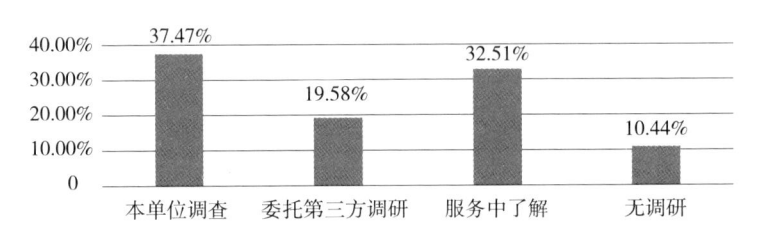

图 6-9 购买主体对购买服务进行需求调查的方式

需求识别缺失的原因有购买主体缺乏需求识别理念、受政策偏好限制、需求识别成本过高等多个方面。（1）需求识别理念缺乏。一些政府部门缺乏需求识别理念，想当然地认为公众需要什么样的服务，或政策偏好什么服务就提供什么服务,结果是长官意志和拍脑袋决策成为购买服务的依据。(2)需求识别成本高。精准的识别需要借助问卷调查、实地调研、访谈等多种方法,而这些行为都是需要成本的,但在政府购买服务经费安排中,很少有调研专项支出。同时,一些政府部门为减少麻烦,把需求识别环节给省略了。倪咸林在研究中也指出:"公众需求的多元化和需求主体的分散化导致识别成本过高,结果是政府购买服务项目过程中需求识别缺位现象普遍存在。"[1] 提高了效率,却忘记了购买服务的初衷,购买目标的实现和绩效保障也就比较困难。

二是需求识别不精准。即使进行了专门的需求调研,需求识别不精准的现象依然存在。首先,对于政府部门而言,需求调研要么政府部门自己实施,要么委托第三方实施。在政府部门自己实施专门调研时,多采用问卷调查的方式,但由于政府部门工作人员大多没有经过问卷调查方面的专门培训,在调查问卷设计时不免存在调查问题设计不够精准的问题。同时,在问卷填写过程中,控制不严也容易导致需求识别不精准。如在调查中,某政府部门表示,它们在购买社区文化时进行了专门调研,但由于政府部门人手有限,直接委托给社区居委会帮忙,但社区居委会表示,它们也没有时间专门进行调研,都是社区居民谁来了就要求谁填写问卷,没有专门人员负责问卷解释和过程控制,问卷调查的质量很难保证。其次,在委托第三方进行调研时,虽然专业但存在第三方责任心不足的问题。如某社区委托一社会组织进行社区养老服务需求调研,但社区居民却表示,没有填过问卷。当然,在服务中了解需求也不失为公众需求识别的有效方法,但往往信息比较零碎,在没有对数据进行专门记录和分析的情况下,通过该方式了解需求难以达到全面精准。

总之,需求识别不规范和不精确在政府购买公共服务规模较小的情况下,对绩效的影响还不明显。但随着政府购买服务规模的扩大,需求识别对绩效的影响将会日益明显。

---

[1] 倪咸林:《政府购买社会组织服务"供需适配偏差"及其矫正——基于江苏省 N 市 Q 区的实证分析》,《中国行政管理》2018 年第 7 期。

（二）预算审核和监管的严格化程度

财政部门在购买服务中的主要任务是审核政府部门预算目标、预算金额等，并在预算执行过程中，进行预算监控、支出评估与评估结果反馈，以保障财政支出资金绩效。在我国政府购买公共服务实践开展后的很长一段时间内，购买服务预算编制方面一直没有强制性的要求。2013年国务院办公厅印发的《指导意见》也只是规定："政府向社会力量购买服务所需资金在既有财政预算安排中统筹考虑。随着政府提供公共服务的发展所需增加的资金，应按照预算管理要求列入财政预算。"直到2017年《关于坚决制止地方以政府购买服务名义违法违规融资的通知》（财预〔2017〕87号）中才明确要求政府部门购买服务，应当先申请预算，然后再实施购买服务。[①]

2018年9月，《中共中央 国务院关于全面实施预算绩效管理的意见》中要求建立从绩效计划到结果应用的全过程绩效管理体系，并提出将公共项目全面纳入绩效管理，从数量、质量、成本、时效、效益等方面，综合评价预算资金使用效果。一些地方还出台了财政支出绩效评价结果应用文件，如北京财政局在相关办法中要求，不仅要进行结果反馈与问题整改，还要与预算安排相结合，并纳入政府部门绩效综合考核指标体系等。但在调研过程中笔者发现，很多地方特别是中西部地区全过程绩效管理工作刚刚起步，实质性评价较少开展，财政支出绩效评价结果的实质性应用更加有限。如在对中部地区E市某区财政局的调研中，财政部门的工作人员表示，他们其实对包括政府购买服务在内的大部分政府预算还没有进行实质性审查。

> 各个部门都习惯了尽可能多做预算，但我们市年度的财政蛋糕有限，要按各个部门的预算（数额），财政上根本没有那么多钱。去年我们甚至采取了比较简单的方法，各个部门的预算直接砍掉一半。（访谈编号：EZC20190111）

[①] 《关于坚决制止地方以政府购买服务名义违法违规融资的通知》（财预〔2017〕87号），中国政府采购网，http://www.ccgp.gov.cn/gpsr/zcfg/201710/t20171009_8948756.htm，2019年2月10日。

但当访谈当地的民政部门负责人时,其则这样评价预算审查:

> 其实和其他部门一样,不是说我们每年要多少预算,而要看财政部门给多少钱。……预算中的目标,没有专门的评估,也就是个形式。(访谈编号:EZY20190111)

在这种情况下,作为购买服务支出绩效监管和评估主体的财政部门对购买服务绩效起不到应有的约束作用。

(三)承接主体选择方式

选择专业能力强、信用可靠的承接主体是政府购买公共服务的重要工作,也是关系购买服务目标能否实现的重要环节。由于信息不对称的存在,作为委托人的政府如何从潜在的承接主体中挑选出能够成功承接公共服务职能转移的社会力量,以避免逆向选择风险的发生是对政府管理能力的重要考验。大多数研究认为,公开公平的承接主体选择方式,有利于选择高质量的承接主体和保证购买服务绩效。问卷调查结果显示,33.03%的被调查者认为承接主体的公平选择对购买服务效果的影响非常大,42.04%的认为影响比较大,17.75%的认为影响比较小,7.18%的认为影响非常小或者没有影响(如图6-10所示)。

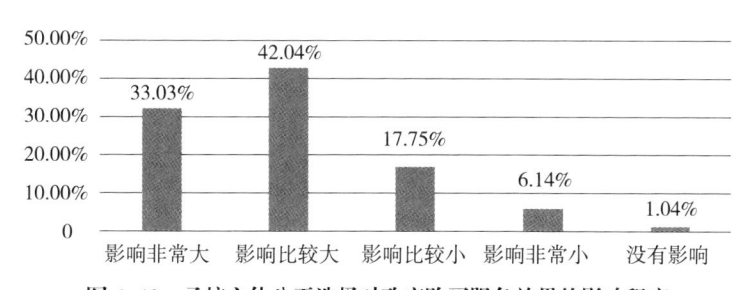

图6-10 承接主体公平选择对政府购买服务效果的影响程度

在关于购买主体购买服务的方式方面,问卷调查结果显示,公开招标是被调查对象所在单位选择承接主体的最常用方式,有60.97%的购买主体选择有该方式;其次是项目申请和直接委托,分别有

36.03%和34.73%的购买单位选择这两种方式；再次是竞争性谈判和邀请招标，分别有25.46%和23.50%的购买主体选择；还有16.06%的购买主体选择了单一来源方式（如图6-11所示）。

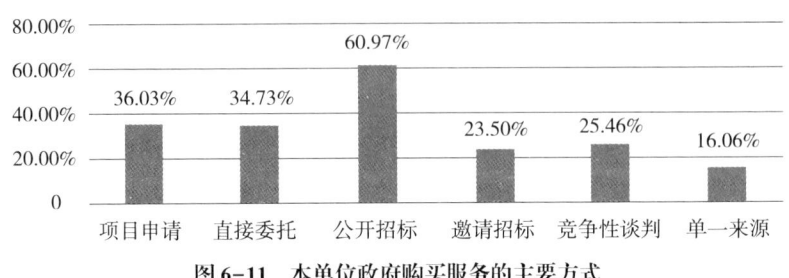

图6-11 本单位政府购买服务的主要方式

在调研中笔者发现，在有些单位公开招标并不是最主要的购买方式，项目申请、直接委托和邀请招标等方式反而经常被采用。购买主体选择哪种购买方式主要根据情况而定，一些购买主体也表示项目申请和直接委托的效果并不比公开招标差。

> 公开招标是很透明简单，我们更省事。我们这个地方在全国经济和社会组织算是发展比较好的了，但与发达地区相比，我们的社会组织还很不成熟。如果都公开招标，有时候我们控制不了能选择哪些社会组织。对于我们而言，选择信任的社会组织更重要，这样有利于保证购买效果。当然，选择比较了解的社会组织，在工作中沟通协调也会容易些。（访谈编号：CZY20171109）

对大多数承接主体，特别是没有政府关系与背景的社会组织，认为招投标的信息更为公开透明，有利于为组织发展提供更多的机会，也有利于绩效改善。

> 公开招标当然比较好了，像我们在本市起步比较早，在承接购买服务方面也比较经验，各区公开招标的话我们就有更多的机会参与，但各区都有自己培育的社会组织，我们主要还是承接与

政府关系比较熟悉的部门购买。当然，公开招标也会督促我们提供更好的服务。（访谈编号：CSY20171110）

我们是典型的草根组织，在一腔热血下成立了这个组织，成立后才发现维持运转这么难。……由于没有关系，我们多是通过公开招标的形式参与政府购买，为了能在以后招标中还有机会中标，我们比一般的社会组织更在意提供服务的质量。（访谈编号：DSW20170412）

在调研中笔者也发现，对购买主体而言，公开招标需要具备一定的条件，那就是购买服务市场足够成熟，竞争较为充分。在市场不成熟的情况下，为规避购买风险，政府还是倾向于选择比较熟悉和信任的社会组织。同时，在政府看来，公开招标虽然能选择到报价最低的承接主体，但不能保证这些承接主体能提供质量最好的服务，特别是社区类公共服务，除专业能力外，承接主体熟悉服务环境也很重要。

对于到底是竞争性购买还是非竞争性购买更能提升购买服务绩效，目前研究的结论还不统一。韩清颖和孙涛利用政府购买服务案例进行分析发现，通过竞争性招标购买的服务有效性没有明显超过非竞争性购买。[①] 这似乎在一定程度上表明，政府购买服务的方式并不重要，重要的是不管采用哪种方式，购买主体对服务的监管都要跟得上。总之，承接主体选择方式对政府购买公共服务绩效的影响比较复杂。在我国社会组织发展不成熟、竞争市场还不完善的情况下，公开招标可能不是所有单位购买的最主要方式，但无论选择哪种购买方式，对购买服务绩效的要求总是不变的。

（四）购买合同的完整性与执行程度

政府购买服务采取合同兑现的管理方式。2013年国务院办公厅发布的《指导意见》就明确规定："按规定程序确定承接主体后，购买主体应当与承接主体签订合同。"合同工具的使用使政府从服务生产者的

[①] 韩清颖、孙涛：《政府购买公共服务有效性及其影响因素研究——基于153个政府购买公共服务案例的探索》，《公共管理学报》2019年第3期。

角色中解放出来,以委托人的身份行使对购买服务合同执行过程的监管。合同的规范性和完整性影响政府购买服务的监管、评估、资金结算等系列合同内容履行。合同条款越详尽,合同履行过程中的交易成本就越低。研究也认为,交易成本与合同外包的绩效结果之间关系密切。①政府购买合同的签订、执行和监管都需要耗费交易成本,只有当交易成本足够小时,才不会侵蚀政府购买服务节约的成本。否则,公共服务效率和质量也难以保证。在地方政府购买服务实践中,也都把签订合同看作政府购买服务的必备程序。完整的政府购买服务合同包括购买服务项目内容、目标、数量、质量、价格、期限、服务地点、评价指标、资金结算方式、双方权利义务②和违约责任等内容。一些地方政府还制定了合同参考文本,如广西壮族自治区财政厅专门下发《关于规范政府购买服务合同管理工作的通知》③,河北省④、内蒙古自治区⑤、湖南省⑥等地的财政厅和青岛市⑦财政局专门印发《政府购买服务合同(范本)》的通知。

---

① 蓝剑平、詹国彬:《公共服务合同外包中的交易成本及其治理》,《东南学术》2016年第1期,第128—136页。

② 并不是所有政府购买服务合同都是两方合同,有的地方签订的是三方合同。如 D 市某区购买社工合同就有甲方、乙方和丙方,分别为区民政局、某街道办事处和社会组织。但在本书中,把民政局和街道办事处同时视为购买主体,仍看作实际上的两方主体合同。

③ 《关于规范政府购买服务合同管理工作的通知》,广西壮族自治区财政厅网站,http://czt.gxzf.gov.cn/zwgk/gkwj/bmwj/20161024-76085.shtml,2019年2月11日。

④ 《河北省财政厅关于印发〈政府购买服务合同范本〉的通知》,河北省人民政府网站,http://info.hebei.gov.cn/hbszfxxgk/329975/329988/330092/6317694/index.html,2019年4月8日。

⑤ 《内蒙古自治区财政厅关于印发〈内蒙古自治区政府购买服务项目实施方案编制指引〉和〈内蒙古自治区政府向社会力量购买服务项目合同范本〉的通知》,内蒙古自治区人民政府网站,http://www.nmg.gov.cn/art/2016/7/28/art_1566_173006.html,2019年2月16日。

⑥ 《关于规范政府购买服务合同管理工作的通知》,湖南省人民政府网站,http://www.hunan.gov.cn/szf/hnzb/2017_101252/2017nd1q_102266/szfbmwj_98721/201803/t20180327_4979911.html,2018年12月11日。

⑦ 《关于规范政府购买服务合同管理工作的通知》,青岛政务网,http://www.qingdao.gov.cn/n172/n24624151/n24626115/n24626129/n24626143/1,2018年6月23日。

在笔者收集的 28 份政府购买服务合同中，所有合同都对合同内容、双方权利义务、资金支付、合同解约、解除或终止等进行了规定，有些合同还对非常规服务制定了专门条款。例如，F 市某区 2017—2020 年购买道路保洁服务合同中，在服务标准条款"道路清扫保洁作业要求"中的"清雪作业"要求：

> 保洁单位制定清雪预案，储备环保融雪等物资和工具；以雪为令，全员上岗。一级道路在雪停后 4 小时内清除完毕，二级道路在雪停后 8 小时内清除完毕，三道路在雪停后 12 个小时内清除完毕。积雪（冰）不得堆积超过 24 小时，每 2 小时清运处置，混有融雪剂的积雪不得倾倒绿化带内。（F 市某区 2017—2020 年购买道路保洁服务合同）

从而提高了积雪清扫效率，也节约了积雪清扫的沟通协调成本。其负责人认为：

> 对于北方来说，肯定年年下雪，因此清雪费用直接按每年平均的费用计在合同中，这样就不用临时协调了。清扫标准很明确，质量也有保证。如果出现清扫不达标问题，我们合同也有规定。（访谈编号：FZH20180717）

同样是该份合同，在甲方权利中规定：

> 乙方保洁人员没有按规定到岗，或者虽然到岗但根据考核结果乙方工作未达到本合同规定的保洁标准的，甲方有权根据考核结果按照具体情形每次扣除当月保洁费用的 1%~3%，造成后果严重的每次扣除当月保洁费用的 3%~6%。（F 市某区 2017—2020 年购买道路保洁服务合同）

也有部分政府购买服务合同中规定了项目目标、绩效评价标准和指标体系。如 D 市某民政局在购买社区公共服务合同中规定了服务的总体目标和具体目标，还规定有具体的服务评价指标，如社区助老服务指标要求"咨询 200 次，探访 100 次，社区活动 2 场"，社区青少年服务中也规定"咨询 200 次，探访 75 次，社区活动 2 场"。承接该项服务的社会组织表示：

> 我们的工作比较清楚，一切按合同来就行。最后政府的考核就是按照合同规定进行的。我们任务就是按照合同指标提供相应的服务。(访谈编号：DSW20180627)

在调查和访谈过程中笔者发现，有些地方虽然签有规范的购买合同，但在实际执行中，并没有完全按照合同规定，合同成了形式化的合同，在这种情况下，购买服务的绩效也较难保障。因此，政府购买服务的规范完整性和执行的有效性都会影响购买绩效。

（五）购买服务过程监管的经常化与制度化

有效监管是保障政府购买服务质量和绩效的重要手段。在购买公共服务中政府应当扮演"精明买主"的角色[1]，这不仅体现在承接主体选择方面，也体现在合同签订后的监管方面。问卷调查结果表明，分别有 41.91% 和 33.81% 的被调查者表示政府合同监管能力对购买服务的绩效影响比较大和影响非常大，两者共占比 75.72%（如图 6-12 所示）。在监管方式方面，所有调查样本中，有 34.46% 的购买主体采用用户投诉平台进行监管，66.06% 的采用政府定期检查，40.86% 的采用承接主体定期上报，40.34% 的采用审计监督（如图 6-13 所示），大部分购买主体都是采用上述监管方式中的一种或几种。通过深度访谈笔者发现，政府定期检查对于承接主体合同执行和服务提供的监督效果比承接主体定期上报要好，这是因为承接主体上报材料多是加工过的材料，上报材料质量除了与承接主体实际提供公共服务情况有

---

[1] [美] 唐纳德·凯特尔：《权力共享：公共治理与私人市场》，孙迎春译，周志忍校，北京大学出版社 2009 年版，第 144 页。

关，也与承接主体准备材料的能力有关，甚至会出现服务提供与材料内容不相符的情况。

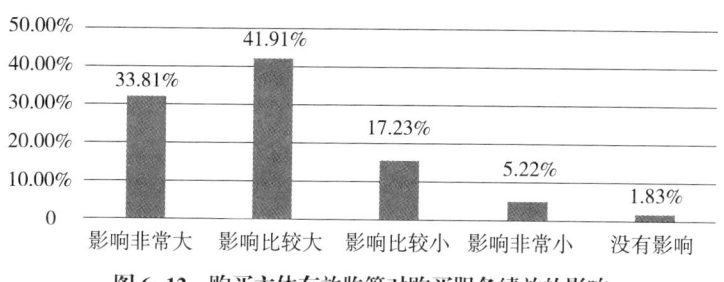

图 6-12　购买主体有效监管对购买服务绩效的影响

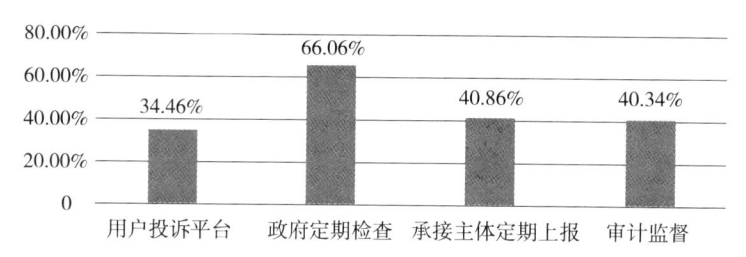

- 影响非常大：33.81%
- 影响比较大：41.91%
- 影响比较小：17.23%
- 影响非常小：5.22%
- 没有影响：1.83%

图 6-13　购买主体对购买服务过程的监管方式

- 用户投诉平台：34.46%
- 政府定期检查：66.06%
- 承接主体定期上报：40.86%
- 审计监督：40.34%

用户投诉这种监督方式的效果则与投诉回应与结果处理质量有关。在问及当消费者遇到问题向哪个部门进行投诉时，40.73%的被调查者表示向本单位负责购买服务部门，32.64%表示向本单位专门负责投诉部门，13.71%表示向上级政府部门投诉，还有12.92%有被调查者表示不清楚消费者该向哪个部门投诉（如图6-14所示）。在实地调研和深度访谈中笔者发现，越是重视用户投诉并设有专门的投诉渠道的购买主体，其购买服务效果越好。而认为消费者投诉不重要或者回应不及时的购买主体，在政府购买服务中的困惑越多。

审计监督相对来讲更为严格，但是由于各种原因，审计部门对于政府购买服务项目多采用抽样审计。审计监督属于事后监督，如2019年4月，杭州市对2016—2018年本级政府购买服务相关政策措施、机制制度、预算编制、购买内容、购买流程、资金绩效等情况开展全

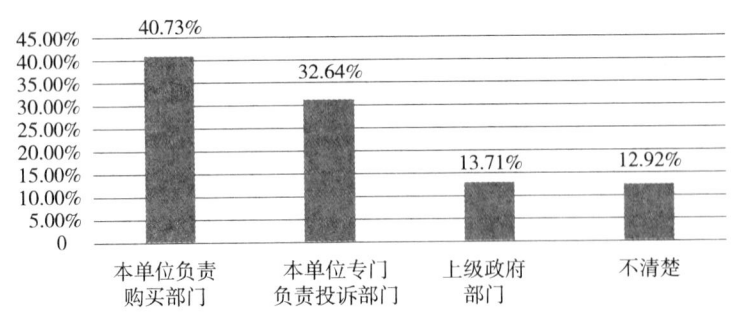

政府购买公共服务绩效改进的机制与路径研究

图 6-14 购买服务投诉的受理部门

面审计。[1] 由于审计监督的独立性和权威性，对政府购买服务长期绩效的影响比较明显。总之，对购买服务监管的制度化和规范化，有利于发挥各类监管主体的监督作用，更有利于促进购买服务绩效的改善。

（六）绩效评估及其结果应用

目前，无论经济发达的东部地区，还是相对落后的中西部地区，政府购买服务绩效评估结果应用方面都存在普遍的问题，主要表现为：评价结果反馈不及时，有的评价结果甚至束之高阁，没有应用于绩效改进实践。[2] 在调研中笔者发现，一般项目评价都是项目结束后进行，评价结果出来已是两三个月后的事情了，随着社会组织新的服务项目进行，即使把评价结果反馈到社会组织，其也无心进行绩效改进。一些社会组织也反映：

> 只要评估结果合格，不影响下次承接政府购买服务，我们也没有精力专门研究评价结果。当然，如果政府部门特别指出一些问题，我们还是比较重视的。（访谈编号：FSY20180716）

---

[1] 《杭州市审计局对杭州市本级政府购买服务资金绩效情况进行专项审计调查的审前公告》，"中国杭州"政府门户网站，http://www.hangzhou.gov.cn/art/2019/4/18/art_1256341_33411352.html，2019年6月9日。

[2] 尚虎平、杨娟：《公共项目暨政府购买服务的责任监控与绩效评估——美国〈项目评估与结果法案〉的洞见与启示》，《理论探讨》2017年第4期。

第六章　政府购买公共服务绩效的影响因素分析

有些地方的社会组织却对评价结果比较重视,正如东部 B 市的一社会组织负责人所言:

> 评估结果对我们而言比较重要,即使政府没有要求,我们也会根据评估中反映的问题积极自查。如果我们不重视,下一轮购买可能我们就没有机会承接到服务了。(访谈编号:BSY20170428)

可见,承接主体对评价结果的重视一方面与其对评价结果的认识与绩效改进的需求有关,另一方面则与政府部门对其绩效改进的要求有关。

对于评价结果政府部门不积极应用的原因除了不重视外,还与评估中存在严重的形式化问题有关。在调研中笔者发现,即使是在政府购买服务实践时间比较长的东部地区,依然存在政府评估、第三方评估和承接主体评估形式化的现象,评估指标科学性不足,评估结果质量没有保障,从而达不到通过绩效评估准确判断绩效现状的目的。购买主体在购买服务中的责任缺失是评估形式化的主要诱因。在政府购买服务过程中,一些地方政府部门把政府购买服务作为上级要求的任务来完成,而忽视了部门的使命和购买服务的目的。因此,在评估中出现"关注财务管理(单据)多于注重项目活动的开展质量,关注台账材料完整性多于注重项目成效及服务对象的改变"[1]。评估不是为了诊断绩效现状和发现问题,而是为了向上级机关证明做了这份工作。评估方面存在的瑕疵,侵蚀了评估结果应用的原始动力。

总之,从购买主体对购买服务绩效的评价结果应用方面,目前在大多数地方都有很大的拓展空间。绩效评估也没有与预算改革同步推进,绩效评估轰轰烈烈开展,评估结果却不影响下一年预算拨款。[2] 评估结果应用不充分不及时,从长久来看,必然会影响政府购买公共

---

[1] 王克强、马克星、刘红梅:《政府购买社会组织服务项目的绩效评价经验、问题及提升战略——基于上海市的调研访谈》,《中国行政管理》2019 年第 7 期。

[2] 尚虎平、杨娟:《公共项目暨政府购买服务的责任监控与绩效评估——美国〈项目评估与结果法案〉的洞见与启示》,《理论探讨》2017 年第 4 期。

服务的总体绩效水平持续提升。

二 购买服务信息透明程度

政府购买公共服务是政府活动的一项内容，公开透明的政府活动有利于约束政府行为。对于政府购买服务而言，为保障购买绩效，需要将购买服务预算与购买过程、承接主体信息同时公开。而本书对政府购买服务过程透明度评价的结果表明，大部分政府购买服务过程透明度都比较低，有些甚至没有完整地公开政府购买服务相关法律制度。

购买服务预算信息透明，可以督促政府进行成本效益分析，制定合适的预算目标。预算使用过程信息公开，还可以约束购买主体履行购买服务过程的监管责任。在课题研究的过程中，无论从地方政府财政部门网站还是购买主体网站，都没能收集到完整的购买服务支出数据。在我国，财政支出透明低，不仅体现在政府购买服务领域，整体上的财政透明度都很低。上海财政大学自2010年开始发布省级政府公共财政透明度报告，按照其构建的评估指标体系进行评价，全国31个省（市、自治区）的分值总体上逐年提高，但直到2016年才有两个省级政府达到及格分（满分100分，及格分为60分）[1]。承接主体信息公开有利于购买主体提高选择承接主体的质量。无论是公开采购还是非公开购买，必要的信息公开总是能够约束购买主体选择承接主体质量的。虽然没有证据证明公开采购选择的承接主体服务能力一定优于非公开采购，但公开承接主体的生产与供给过程，有利于财政部门、作为购买主体的政府部门、作为非购买主体的政府部门、消费者和社会监督承接主体服务供给行为，这对保障公共服务质量而言具有重要意义。

2019年1月，政府购买服务走在全国前列的广东省以通知的形式要求省直机关公开除涉及政府机密、商业机密或其他保密规定以外的

---

[1] 上海财经大学公共政策研究中心：《中国政府财政透明度报告（2016）》，上海财政大学出版社2016年版，第4页。

信息，如政府购买服务制度文件、采购项目信息、凭单制项目信息、项目绩效目标、指标与评价验收结果。① 但在全国大部分地区，政府购买服务过程信息透明度都比较低依然是个不争的事实，从而为政府内部、消费者、社会进行监督带来较大的困难。过程监督困难造成的监督缺失，必然伴随着政府责任缺位，甚至在购买服务过程中产生腐败的现象。总之，信息透明度越低，外部监督和约束越困难。在外部监督与外部约束缺失的情况下，无论是购买主体，还是财政部门都没有压力也没有动力通过过程监管来提高购买服务绩效。

三 各主体之间的信任关系

信任是合作的基础，无论是政府与社会组织合作，还是社会组织与公众合作，都需要一定的信任关系。在委托代理关系存在的情况下，道德风险和机会主义随时可能消解政府购买的合作基础，仅靠制度安排，监督和执行成本太高，此时各主体之间的相互信任"是保证伙伴关系以及内部治理机制高效运作的核心润滑剂"②。政府购买公共服务中的信任关系主要体现在两个方面：一是政府与社会组织之间的信任关系；二是公众与社会组织之间的信任关系。

1. 政府与社会组织之间的信任关系

在政府与社会组织、政府与市场之间的关系调整与发展过程中，一直都伴随着信任关系的建立问题。已有信任环境与信任基础也成为影响政府在购买服务过程中选择什么样的承接主体，以及在服务生产过程中如何监督承接主体的重要因素。同时，社会组织在与政府合作过程中，同样面临着对政府信任的问题，它们也一直提醒自己"和政府做生意是危险的"③。对发达国家公共服务市场化成功的案例研究

---

① 《关于印发〈省直机关政府购买服务信息公开管理暂行办法〉的通知》，广东省财政厅，http://czt.gd.gov.cn/tzgg/content/post_ 2163679.html，2019年1月13日。

② 蔡长昆：《制度环境、制度绩效与公共服务市场化：一个分析框架》，《管理世界》2016年第4期。

③ North, D. C. and B. R. Weingast, "Constitutions and Commitment: The Evolution of Institutions Governing Public Choice in Seventeenth-Century England," *The Journal of Economic History*, Vol. 4, No. 49, 1989, pp. 803-830.

也发现，成功的市场化取决于政府与承包商在合作供给公共服务过程中的关系治理。① 其中，信任关系尤为重要。

问卷调查显示，在我国购买公共服务的过程中，政府对承接主体保持较高的信任水平。从总体来看，分别有20.63%和69.97%的被调查者认为本单位对承接主体非常信任和比较信任，比较不信任的为7.83%，非常不信任的仅占1.57%（如图6-15所示）。在访谈中笔者发现，无论是在东部地区，还是在中西部地区，购买主体对承接主体的信任关系与承接主体的选择控制有关。东部地区B市某区民政部门的负责人表示：

> 我们选择的承接主体都是本地比较有实力、发展比较好的社会组织，由于比较了解，我们对他们还是比较放心的。……至于其他社会组织，由于发展很不成熟，交给他们我们不放心，毕竟我们还要接受上级部门的考核。（访谈编号：BZY20170428）

中部地区城市管理部门的负责人也持类似的观点。

> 我们选择的保洁公司相对来讲比较了解，一点不了解的公司我们也不敢签。其他区有过这样的教训，管理问题会比较多，有时沟通也比较困难。（访谈编号：DZH20171214）

对上海地区的研究也发现，跨区承接政府购买服务项目的社会组织，常常遇到属地政府不配合的现象，因此政府更欢迎和信任在本地区注册的社会组织。②

而对于社会组织而言，大多数对政府既表现出较强的依赖性，又不能完全信任。在与政府合作方面，东部A市一从事养老服务的社会

---

① 王雁红：《公共服务合同外包的内在冲突与现实挑战》，《经济社会体制比较》2015年第4期。
② 黄晓春：《当代中国社会组织的制度环境与发展》，《中国社会科学》2015年第9期。

第六章 政府购买公共服务绩效的影响因素分析

组织负责人对政府表现出了某种担心。

> 我们的经费基本上都来自于政府购买，承接政府项目对于我们的生存与发展都非常重要。但与政府打交道存在较多不确定性，如领导更换可能我们就很难再承接到他们的服务了。同时，政策有时也会变。（访谈编号：ASY20170322）

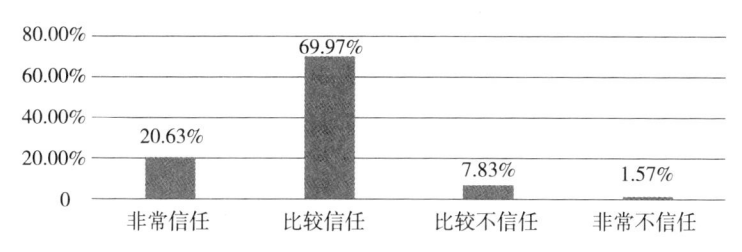

```
80.00%
                69.97%
60.00%
40.00%
        20.63%
20.00%                          7.83%       1.57%
    0
       非常信任   比较信任    比较不信任   非常不信任
```

图 6-15　本单位对承接主体履约的信任情况

在政府监督方面，中部地区 D 市的某道路保洁公司的负责人认为。

> 虽然我们很严格要求环卫工人，但是路面行人是流动的，保持清洁的任务很大。政府检查总是扣分，每月都会扣费。（访谈编号：DSH20170512）

这些都表现出承接主体与政府合作过程的不信任问题。甚至有些承接主体因对购买主体的不信任而采取非常规的问题解决办法。中部地区 D 市另一道路保洁公司在承接政府购买道路保洁服务过程中，当地城管执法部门开出了高额的罚单。

> 我们公司的理念比较明确，就是提供老百姓想要的服务。公司的管理人员包括我自己（董事长）都是 80 后，理念比较新，对工作的管理比较人性化，工作要求也比较高。但去年城管执法部门却

给我们开了个20万元的罚单，没有充分依据，我们找城管部门想让它们帮忙协调，但它们是一家，迟迟不解决。最后我们环卫工人罢工了三天，市里领导出面把问题解决了。说实话，跟这样的政府（购买主体）合作很委屈。（访谈编号：DSH20170509）

2. 消费者对社会组织的信任

相对于社会组织、企业等非政府组织，中国公众对政府的信任度较高。也正是这个原因，公众更相信政府提供的公共服务，而对社会组织和企业等提供的服务具有先入为主的不信任心理。在政府购买服务中，虽然一些社会组织在服务过程中得到了消费者的认可，但还有较多的社会组织在服务过程中遇到消费者冷漠对待的现象。从社会组织角度，社会组织工作人员认为消费者不理解他们，而从消费者角度，消费者认为社会组织并不像宣传的那样具有公益性。特别是在社区服务中，一些社区居民认为，社会组织做的事情花架子太多，并没有满足社区居民的实际需要，如一些游戏活动和讲座等，居民并不感兴趣，时间长了，对社会组织信任更低。而在这种不信任的关系中，社会组织提供服务的积极性和质量都会下降。

总之，结果导向的绩效假设可能会让人们忽视绩效产生过程，对过程漠不关心。而信任关系的建立恰恰是在过程之中。目前，无论政府与社会力量之间还是社会力量与公众之间的信任关系基础都很脆弱，提高他们之间的信任程度，有利于各方更顺利的合作，也有利于改善购买服务效果。

第三节 政府购买公共服务制度因素

"制度是一个社会的博弈规则，或者更规范一点说，它们是一些人为设计的、形塑人们互动关系的约束。"[①] 制度界定并限制了人们

[①] [美]道格拉斯·C.诺思：《制度、制度变迁与经济绩效》，杭行译，韦森审校，格致出版社、上海三联书店、上海人民出版社2008年版，第3页。

的行为集合,并"通过为人们提供日常生活的规则来减少不确定性。"① 在政府购买服务中,无论是购买主体、承接主体,还是消费主体的行为都需要在一定的制度约束下进行,通过制度限定各类主体的行为空间,明确其权利和义务,同时又可以通过制度实施对各类主体的行为进行激励,以保障与改进购买服务的绩效水平。政府购买公共服务制度主要包括政府购买服务法律政策、财政保障制度、监管评估制度以及制度的实施机制,这些制度共同作用于绩效结果。

一 购买服务法律制度的可操作性

自 2013 年国务院办公厅发布《指导意见》后,以民政部和财政部为代表的中央政府部门共出台 10 多部有关政府购买服务的综合性政策文件,对政府购买主体、承接主体、购买内容、监督评估、工作机制等进行了原则性规定。总体来看,政府购买服务制度的不断完善对于规范政府购买行为、改善购买服务绩效起着重要的作用,但由于现有制度规范存在模糊条款、不同地方一刀切、弹性过大,甚至部门制度文件相互冲突等问题,对购买服务绩效管理的指导作用有所减弱。如 2013 年国务院办公厅下发的《指导意见》在"资金管理"中要求:"要严格资金管理,确保公开、透明、规范、有效。"但对于怎么公开、在什么地方公开等没有明确规定,制度的模糊性给地方政府公开政府购买服务信息留有较大的弹性空间。信息不公开透明,给政府内部监管和社会监督带来较大的困难,这也是地方政府没有压力改善购买绩效的原因之一。

同时,地方政府有关政府购买服务的地方性政策文件在操作性方面也存在弹性空间比较大的问题。财政部在《关于做好政府购买服务工作有关问题的通知》中要求:"要根据《指导意见》精神,抓紧制定本地区、本部门政府购买服务的实施意见、办法和具体措施,尽快形成中央与地方衔接配套、操作性强的政府购买服务政策体系。"但从各地政府出台的相关政策文件来看,在制度的完整性和可操作性方

---

① [美]道格拉斯·C.诺思:《制度、制度变迁与经济绩效》,杭行译,韦森审校,格致出版社、上海三联书店、上海人民出版社 2008 年版,第 4 页。

面依然存在较多问题，如在大部分地方政府的管理文件中，都要求制订购买计划和实现全过程绩效管理，但对于计划前是否进行需求调研没有明确规定；在购买资金方面也要求实现全过程绩效管理，但过程管理规定多使用"尽量""必要时"等词语，如某省级人民政府在《关于政府购买服务的实施意见》中规定"实施购买前，要认真制订购买服务项目的绩效目标，尽量细化考核标准"，"项目结束后，要对绩效目标的实现程度、资金使用、服务质量、协作状况等实行严格绩效考核，必要时引入第三方实施绩效考核"。

承担减少不确定性职能的制度规范，在模糊性较大和可操作性存在问题的情况下，对行为主体的指导作用减弱。西部地区某政府养老部门的负责人表示：

> 省里和市的文件有些地方只是原则性，具体过程还得我们自己把握。……上面的规定越具体对我们的指导性越强，我们的工作方向也越明确，肯定有利于提高购买服务的效果。（访谈编号：EZY20190111）

在政府购买公共服务领域，制度模糊也意味着政府作为购买主体的自由裁量空间较大。在政府自我约束力和压力不足、行政透明度较低的情况下，对购买绩效的关注可能会让渡于上级对购买服务工作指标的考核，结果完成了任务却没有满足公共服务消费者的需求。

二 购买服务预算资金管理制度的完善程度

政府购买作为一项典型的公共服务支出项目，加强购买资金管理对于保障购买服务绩效不可或缺。国务院办公厅发布《指导意见》后，2014年1月，财政部及时发布《关于政府购买服务有关预算管理问题的通知》（以下简称《通知》），用以指导政府购买服务预算资金使用过程与效果。此后，一些省级政府出台了省级政府购买服务预算管理文件，如2014年9月，浙江省财政厅发布《浙江省政府购买服务预算管理办法》，成为全国第一个对财政部《通知》进行细化的省级文件。2019 年 8 月，北京市发布《北京市政府购买服务预算管理办法》，对政府购买服务预算编制与执行、绩效管理和监督检查进行了细化。但笔者在全国 31 个省级财政部门网站和政府采购网站试图查找各地有关政府购买服务财政资金管理制度，发现大部分地方政府都没有制定详细的实施细则，甚至有的地方政府没有转发财政部的《通知》。

在调研过程中，一些地方政府财政部门工作人员的解释为政府购买服务其他相关文件中有预算管理方面的规定。笔者对这些文件有关资金管理方面的规定进行研读时发现，都较为原则和模糊。如 2013 年国务院办公厅的《指导意见》中规定："政府向社会力量购买服务所需资金在既有财政预算安排中统筹考虑。随着政府提供公共服务的发展所需增加的资金，应按照预算管理要求列入财政预算。要严格资金管理，确保公开、透明、规范、有效。"地方政府在各类地方文件中，虽然也有关于资金管理方面的专门条款，但相对而言都比较原则，没有对《指导意见》中的相关规定进行细化，弹性空间很大，可操作性不足。调研过程中笔者还发现，政府购买服务资金管理的主体责任也较为模糊，大部分地方政府都在购买服务合同中约定资金支付方式，管理责任也主要由购买主体承担。财政部门虽然对于政府购买服务预算实行审核，但由于牵涉服务的专业性等问题，财政部门审核多是形式审核，预算的技术性问题依然由购买主体把关。在购买服务资金使用过程中，也主要是购买主体监管合同执行中的资金使用情况。由于信息不对称等原因，大部分地方都没能实现全过程监管。同时，对政府购买服务资金使用过程的透明度虽然各地都有原则性规定，但评估公开透明的制度缺失，对于购买服务资金使用信息不公开或公开不全面的惩罚也没有相应的规定。

总之，政府购买服务资金管理制度的模糊甚至缺失，导致预算资金审核形式化、监管评估不到位、公开透明度低，结果使政府购买服务财政资金支出绩效没有得到足够重视，仅靠购买主体进行过程监管，必然会影响服务的绩效水平。

三 监管评估制度及其落实情况

从 2013 年国务院办公厅发布的《指导意见》，到财政部和民政部等部门发布的有关政府购买服务的综合性与特定领域的购买服务政策文件，都对绩效监管与评估进行了原则性规定。同时，地方政府的相关购买服务政策文件，也都对政府购买服务绩效监管与评估工作进行细化。为进一步规范政府购买服务行为、提高政府购买服务质量，2018 年财政部下发《关于推进政府购买服务第三方绩效评价工作的指导意见》明确支持在政府购买公共服务中引入第三方评估，在经济性、规范性、效率性和公平性方面开展评价工作。因此，仅从制度规范方面，对于政府购买公共服务绩效的监管评估越来越完善。但为什么政府购买服务绩效与期望绩效水平差距还比较大？并且不同地区之间的绩效水平差距也比较大呢？

在调研中笔者发现，一些政府部门特别是中西部地区的政府部门，政府购买公共服务绩效评估理念相对落后。绩效评估在中西部地区政府部门实施的范围与规范性总体上不如东部地区。在政府购买公共服务过程中，这一差距更加明显。笔者调研中发现，不少政府部门在购买服务绩效评估方面没有专门部门与人员负责，基本上采取"谁购买，谁监管评估"的形式，但由于购买部门人员并不熟悉绩效评估技术与方法，评估形式化问题比较严重。而在东部地区的 B 市和 C 市，则都采取比较规范的自评和消费者满意度评估形式，承接主体绩效情况作为以后承接政府购买服务的重要参考。同样，在中部地区的 D 市某区购买养老服务中，虽然积极采取第三方评估，并要求第三方一个月要到养老机构督查至少一次，而在调研过程中，却发现第三方基本上难以做到合同要求的内容，最后评估所使用的材料主要是养老机构提供的资料，形式化问题明显。同时，消费者评估和政府部门评估缺位。评估形式化和评估缺位都会降低评估作为一种监管手段对承接主体的约束作用。政府监管越严、评估越规范、反馈越及时，对承接主体指导作用越强，其绩效改进的动力也就越大。一些社会组织已经认识到评估监管制度化的重要性。

> 从我们自身来讲，肯定是政府评估越松越容易过关。但从发展而言，政府严格的监管评估有利于社会组织发展，也有利于服务质量提高。就像我们这个区，不仅政府要考核我们，也做消费者调查，哪个指标不达标都可能退出，代价会很大。从公共服务购买的可持续性而言，监管评估制度也需要经常化。（访谈编号：BSY20170428）

总之，政府购买服务绩效评估制度的完善与落实情况，对政府购买服务绩效的影响不仅体现在当前项目上，而且通过评估所释放的积极信号，对于以后政府购买服务的绩效改善有着更为重要的意义。

四 购买服务激励约束机制的完善程度

激励约束属于制度的实施机制，有效的实施机制是制度功能与绩效实现的重要保障。如果没有有效的实施机制，再好的制度也难以发挥行为引导与规范的作用。

尽管政府购买公共服务制度不断完善，但对于购买参与的激励约束机制尚没有完全建立起来。如目前很多地方政府对购买服务绩效评价的结果并没有公开，导致一些社会组织即使承接公共服务的绩效结果不佳也不影响其继续在该地区承接其他政府部门的购买服务。这种因信息不公开而难以实施市场惩罚机制的现象阻碍了政府购买公共服务绩效改进的机会与可能。同时，也有不少地方对于承接主体的激励机制没有建立起来，不管当前签约的承接主体公共服务绩效如何，在下一次招标中都要重新参与招标，增加政府和承接主体的交易成本。在东部某市购买养老服务中，就采取了在合同期间，如果每次考核老年人满意度都达到98%及其以上，就可以续签一年合同。同时为了保证激励机制有效，同一社会组织续签次数不超过两次。在对承接该区养老服务的社会组织负责人访谈时，其表示：

> 虽然我们已经续签了一次，其实压力还是蛮大的。争取政府的信任和老年人的认可既是我们的动力，也是我们的压力。当

然，我们希望三年以后能够继续得到该区的养老服务合同，毕竟我们对这个街道的社区比较熟悉了，也更知道这个地方老年人的实际需求。(访谈编号：BSY20170427)

问卷调查结果也表明，71.93%的被调查者认为购买主体对承接主体的激励约束机制对购买服务效果存在非常大和比较大的影响（如图6-16所示）。

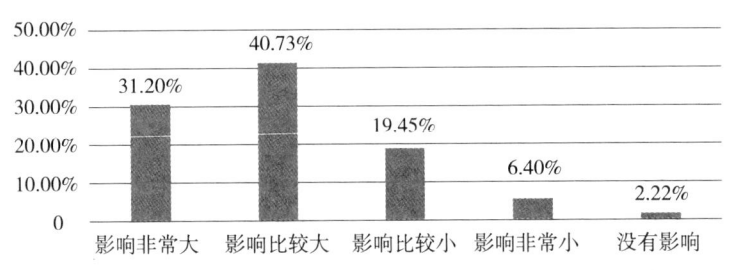

图6-16 对承接主体的激励约束机制对购买服务绩效的影响

同时，除了在合同中约定有关购买服务项目终止的条件外，在政府购买服务相关制度文件中，并没有涉及购买服务绩效持续不理想时有关问责和强制要求收回购买服务的规定。调研中发现，一些地方政府购买的社区公共服务长期都是形式大于内容，公众参与少，满意度也不高，但由于购买服务是大势所趋，即使存在公共支出绩效不佳现象，购买部门也没有收回的打算。而问卷调查的结果表明，分别有39.03%和33.03%的被调查者认为政府内部问责机制对购买服务效果有比较大和非常大的影响，两者共占比72.06%（如图6-17所示）。因此，如果把政府内部问责与购买服务收回和购买绩效联系在一起，可能会使购买主体对绩效有更多的关注。

总体而言，我国政府购买公共服务的制度规范从中央到地方不断完善，这既是购买实践推动的结果，也是政府规范政府购买服务行为和保障购买服务绩效的主动制度变革。但从制度及其执行结果来看，制度规范模糊，弹性空间较大，可操作性低；资金管理制度不完善，购买预算审查与监管形式化；监督评估制度硬性约束力较弱，评估结

第六章　政府购买公共服务绩效的影响因素分析

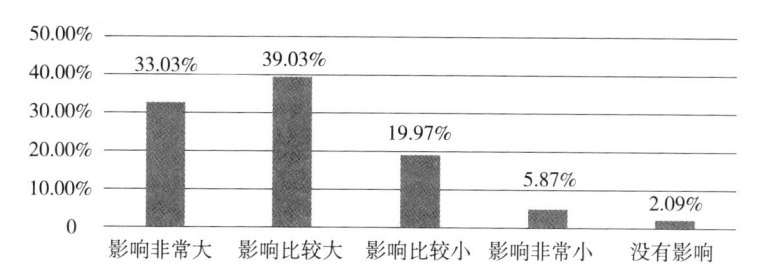

图6-17　政府内部问责机制对购买服务绩效的影响

果的公开规定较为模糊，结果应用没有强制性要求；激励约束机制不健全等，都会影响购买的过程绩效与结果绩效。

第四节　政府购买公共服务环境因素

政府购买公共服务处于一定的政治、经济、文化和社会环境中，各参与主体也会根据所处的环境判断其在购买公共服务的地位，权衡责任与义务。购买服务市场的竞争程度和政府间竞争压力对购买主体和承接主体的影响比较明显。

一　购买服务市场竞争程度

竞争性市场是发达国家公共服务市场化的基本假设条件。John R. Chamberlin 和 John E. Jackson 指出，合同外包能够产生最佳效应的条件为市场完善、信息充分、决策弹性适度和外部性有限，而存在外部性和垄断的情况下，效果受到冲击，可能会最差。[1] 充分竞争的市场可以有效地传递成本和质量信息，从而能够帮助政府选择高绩效的生产者，实现绩效提升。[2] 政府购买服务市场竞争程度受制于承接主体的数量。在我国政府购买公共服务过程中，企业性质的参与者竞争

---

[1] John R. Chamberlin and John E. Jackson, "Privatizationas Institutional Choice", *Journal of Policy Analysis and Management*, Vol. 4, No. 6, 2007, pp. 586-611.

[2] Buchanan J, "Principles of Urban Fiscal Strategy," *Public Choice*, Vol. 1, No. 11, 1971, p. 16.

较为充分，社会组织竞争市场尚不成熟。社会组织的数量是衡量其市场竞争程度的重要指标。从图6-18可以看出，2000年我国社会组织的数量仅为15.33万个，经过缓慢的自发发展时期进入购买服务上升为顶层制度设计后的较快发展时期，到2018年底，全国社会组织的数量已经达到81.74万个，近二十年的时间增长了五倍多。但从人均社会组织数量而言，还远低于发达国家。社会组织在国内各个地区分布也很不平均，以2017年为例，社会组织数量排名前十的省级地区，中部地区只有两个，分别为河南省和四川省，其余的全部为东部地区省份。另外，社会组织发展良莠不齐，在一个地区的某一个行业，能够承接政府购买服务的社会组织数量相对有限。

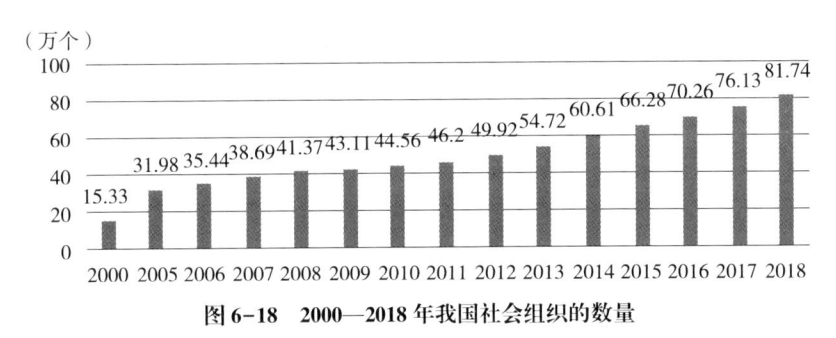

图6-18　2000—2018年我国社会组织的数量

资料来源：根据各年度《中国统计年鉴》和民政部数据整理。

在社会组织数量不足和发展不充分的双重背景下，政府购买服务竞争市场难以形成，这也出现一些地方在招投标时经常会出现没有足够多的社会组织参与竞争，只有在有限的社会组织中进行选择，不能在购买服务市场中形成有效竞争环境。"合同承包的合理实施将创造竞争并使其制度化，而这正是鼓励良好绩效的核心要素。"[①] 竞争性的合同外包可以在保证既定数量和质量的前提下，把成本降至最低。对于发展中国家来说，购买服务公开招标可能面临没有足够的承包商

---

① ［美］E.S.萨瓦斯：《民营化与公私部门的伙伴关系》，周志忍等译，中国人民大学出版社2002年版，第185页。

的尴尬①，这正是目前我国政府购买服务时常常遇到的现象。如图6-19所示，有17.89%的被调查者表示本单位公开招标时参与竞标主体经常不超过3家，以致无法正常开标。41.38%的被调查者表示本单位公开招标时，参与竞标的社会主体在3~5家（不含5家）。调研中发现，在企业参与的公共服务领域，如道路卫生、园林绿化等竞争较为充分。如B市市容环境卫生中心的负责人表示，该市每次招标都至少有七八家公司参与投标，该市大大小小环卫公司四五十家，其中规模较大的就有七八家。而在社会组织参与的领域，特别是进入门槛较高的服务领域，如养老服务，市场竞争明显不足。如在D市，其中一家市里注册的日间照料中心在市里好几个区都有业务，就是因为各个区里有承接能力的社会组织较少。市场竞争力不足在一定程度上限制了通过政府购买公共服务改进绩效的空间。

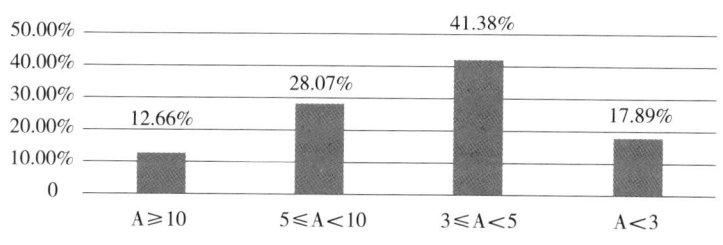

图 6-19　参与本单位公开招标的社会主体（A）情况

在竞争不充分的市场中，还要警惕市场对政府的"俘虏"，这在很多国家都有比较惨痛的教训。如在智利医疗保健市场化过程中，医疗保险机构在承接服务过程中成为医疗保健市场的垄断者，结果成为了阻碍医疗保健服务进一步变革的重要力量，同时也降低了公共服务市场化绩效。②

---

① ［美］E. S. 萨瓦斯：《民营化与公私部门的伙伴关系》，周志忍等译，中国人民大学出版社2002年版，第194页。

② 蔡长昆：《制度环境、制度绩效与公共服务市场化：一个分析框架》，《管理世界》2016年第4期。

二 政府间竞争压力

在产权保护、公司质量、金融制度等尚不完善的制度环境下，中国经济何以持续创造增长奇迹的解释中，周黎安引入晋升锦标赛的概念，指出在行政与人事权集中的前提下，上级政府为下级政府设计的晋升锦标赛规则将地方官员置于强激励模式中。经济增长是最重要考核指标之一，由此激励地方政府积极通过引资、投资等活动推动地区经济增长，以使地区经济排名获得较好名次。[①] 在经济领域的晋升锦标赛，受影响的主要是省、市、县、乡一级具有经济发展权的政府，这也是在 GDP 作为官员晋升最为重要的考核指标背景下才能有效发挥作用。随着 2006 年我国提出服务型政府建设的任务，以公共服务为主的民生指标逐渐成为政府绩效考核的重要指标，经济增长的考核指标也由单纯 GDP 调整为绿色 GDP。虽然经济增长依然重要，但上级政府对公共服务指标的重视引起下级政府在公共服务方面进行更多的财政投入与更多的绩效关注。政府购买公共服务作为中央政府公共服务供给侧结构性改革的重要方向，也引起各级地方政府的重视，这也是近些年公共服务在各地轰轰烈烈开展的重要动力。在这种背景下，如果正确设置激励机制，将公共部门置于竞争压力之下，即使不实行外包，也会获得较高的绩效。[②]

问卷调查结果显示，大多数被调查者认为给本单位购买服务造成压力的主要是本省其他地方政府购买服务情况。有 12.14% 的被调查者认为本省其他地方做的比较成功对本单位有很大的压力，25.98% 的认为有较大压力，36.03% 的认为有点压力，只有 25.85% 的认为没有压力，而来自外省的压力程度明显低于来自本省的压力（如图 6-20 所示）。

[①] 周黎安：《中国地方官员的晋升锦标赛模式研究》，《经济研究》2007 年第 7 期。

[②] Jens Blom-Hansen, Is Private Delivery of Public Services Really Cheaper? Evidence from Public Road Maintenance in Denmark, *Public Choice*, No. 115, 2003, pp. 419-438.

第六章 政府购买公共服务绩效的影响因素分析

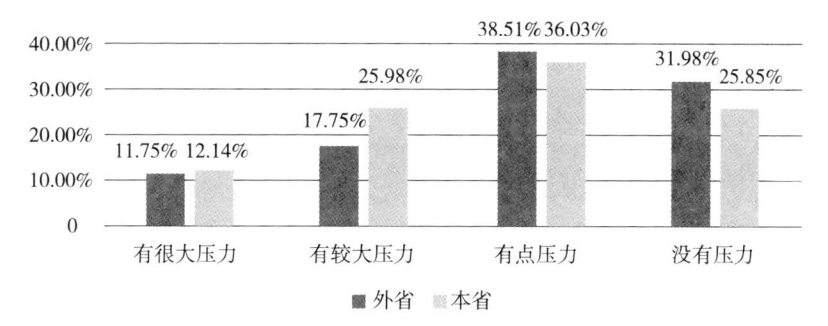

图 6-20 本省和外省政府购买服务对本单位的压力情况

调研中笔者也发现，由于考核压力主要来自于上级政府，虽然外省进展会影响本省发展的速度，即使有压力也不会影响部门考核结果。调研中还发现，省会城市对外省和本省的压力同样比较敏感，而地级市对来自于本省的压力更为敏感。

> 我们是在省会城市，如果总是向地市学习，那省会城市的优势体现在哪里呢？去地市学习有点没有面子，但有时还是避免不了去有些地市去学习。因此，我们努力的方向是地市向我们学习。……去年市局领导带队去广州参观学习，回来了领导就强调我们要向全国做最好的地方学习。……总体来讲，目前压力也不是很大，都是在探索中完善。（访谈编号：DZY20180613）

而对于地市政府部门而言，压力主要来自于本省市其他地市。

> 我们这里政府购买服务开始的都比较晚，有些部门还没有开始，政策支持力度大，上级领导也要求各部门加快购买步伐，跟上省内其他地方的节奏。我们的原则是稳中求进，只要不出问题，购买效果也不至于太差。（访谈编号：EZY20190111）

而在西部某市一区的城市管理部门，其负责人表示有压力。

— 215 —

> 目前道路服务社会化已纳入市里考核指标，要与其他区相比，我们也是比较有压力的。不过我们现在做得还不错，老百姓感觉街道卫生明显改善了。（访谈编号：FZH20180717）

在对其他地方政府部门负责人访谈中，当问及如果政府购买服务绩效指标纳入上级政府考核指标体系时，他们都表示压力会增加。因此，政府间竞争压力有多大，取决于上级政府对政府购买公共服务绩效的重视程度，以及是否纳入部门目标考核指标体系。

第五节 小结

政府购买公共服务绩效是多种因素共同作用的结果。利用问卷调查数据和调研访谈资料，本章重点分析了购买服务中参与主体、购买过程、购买制度和购买环境对购买服务绩效的影响，得出以下分析结论。

1. 参与主体、购买过程、购买制度和购买环境四类因素分别从不同方面影响购买服务绩效结果。（1）参与主体因素。影响购买服务绩效的主体因素主要包括购买主体的基本理念、政策认知与执行程度、合同管理和沟通协调能力；承接主体的独立性和履约能力；消费主体的参与意愿和参与程度。此外，财政部门、审计部门和第三方评估部门等也会影响购买服务绩效。（2）政府购买服务过程因素。过程因素既是过程绩效的表现，也是结果绩效的原因。其主要包括购买程序完整与规范性程度、购买服务信息透明程度和各主体之间的信任关系等。其中，在购买程序完整与规范性程度因素中，公共服务需求识别及其精准程度、预算审核和监管的严格化程度、承接主体选择方式、购买合同的完整性与执行程度、购买服务过程监管的经常化与制度化、绩效评估及其结果应用等对政府购买公共服务绩效的影响比较明显。（3）政府购买服务制度因素。制度作为规范主体行为和购买过程的基本规则，其完善程度与落实情况决定了购买服务的绩效结果。这包括购买服务法律制度的可操作性、购买服务预算资金管理制度的完善程度、监管评估制度及其落实情况和购买服务激励约束机制的完善程度等。(4) 政府购买服务环境因素。政府购买服务都处于一定的政治、经济、文化和社会环境中,目前对购买绩效影响比较明显的主要包括购买服务市场竞争程度、政府间竞争压力等。分析结果表明,市场竞争力越充分,政府间竞争压力越大,越有利于购买服务绩效的改善。

2. 本章的分析结果也表明,购买主体、购买程序、购买制度和购买环境这些因素并不是独立作用的,各个因素之间相互影响,相互作用,共同影响一个项目进而影响整个地区政府购买公共服务的绩效水平。首先,购买主体的合作理念、责任理念形成于一定的制度环境下,并在购买服务过程中受购买制度的可操作性、激励约束效力以及购买程序的规范与完整性、信息透明程度、各主体之间的信任关系等因素的影响,同时也受公众参与意愿与参与程度、市场竞争程度与政府间竞争压力的影响。其次,购买公共服务的程序规范是由政府部门制定的,是否进行需求调研、购买预算如何审核、监督是否严格、如何评估及评估结果怎么用、信息是否公开等都是由购买主体、财政部门等政府部门决定的。而购买服务程序的执行是否规范既受政府部门与社会组织合作理念和责任理念的影响,也受相关制度规定的影响。最后,政府购买公共服务各项制度是政府在购买服务方面观念与认知的反映,制度规范、指导并形塑着购买主体和承接主体在购买服务中的具体行为。总之,这些影响因素不是独立存在的,也不是单独对政府购买公共服务绩效产生影响的,而是相互影响、相互制约,在一定条件下共同作用于服务过程并影响过程绩效与结果绩效。某一个因素存在明显的缺陷,可能都会放大其他因素对购买绩效的不利影响。总的来说,政府购买公共服务绩效的影响因素本身也是一个完整的系统,通过系统间的相互作用对购买服务绩效产生影响。

3. 本章的分析结果还提示,在整个购买公共服务系统中,这些影响因素也不是一成不变的,通过合理的购买机制和路径设计,可以变绩效不利因素为有利因素。如通过构建沟通协调机制,可以改善政府内部之间及政府与承接主体、公众之间的信任关系;通过构建激励约束机制,可以改变购买主体与承接主体在购买服务中的行为预期,并调整其在购买服务中的具体行为;等等。

总之,在目前购买制度、购买市场都不成熟的条件下,政府可以积极作为,通过自身理念重塑、绩效改进机制完善、制度变革与环境优化等措施不断改变各类影响因素,减少其对绩效的冲击,实现购买公共服务绩效的持续提升。

第七章　政府购买公共服务绩效改进的机制构建

政府购买作为公共服务供给改革的突破口和方向，要取得改革的成功必然要有比传统公共服务供给方式更高的绩效，才能在改革过程中获得更广泛的支持。通过上一章对政府部门购买公共服务绩效的影响因素分析可发现，完善的机制设计和协调的机制运作是政府购买公共服务绩效改进的关键。而目前的情况是："改革的目标是值得期许的，但改革机制远远没有完善。"[①] 为此，在综合考虑政府购买公共服务当前现状和未来发展趋势的基础上，围绕如何实现期望绩效目标，本部分从需求识别机制、承接主体选择机制、绩效监督与管理机制、绩效沟通与协调机制、绩效评估与反馈机制和激励约束机制方面设计政府购买公共服务绩效改进的主要机制。

第一节　需求识别机制

购买服务要获得公众认同，就必须以公众为中心，关注其真实需求。[②] 供给与需求匹配是回应公众公共服务需求的基本要求，而需求识别是实现供给与需求匹配的基本路径。政府购买公共服务作为公共

---

① 周志忍：《认识市场化改革的新视角——"公共服务中的市场机制"系列序》，载唐纳德·凯特尔著《权力共享：公共治理与私人市场》，孙迎春译，周志忍校，北京大学出版社2009年版，第4页。
② 边晓慧、杨开峰：《西方公共服务绩效与政府信任关系之研究及启示》，《北京行政学院学报》2014年第5期。

服务生产与供给的一种重要形式，对供给与需求的匹配要求更高。而在政府购买服务实践中，依然存在大量的政府购买服务没有进行任何形式的需求调研，这就需要改变长期以来公共服务提供对公众需求不敏感、政府主导公众被动接受的政府单向供给的局面，建立需求导向的需求识别与供给机制。如果供给与需求不匹配，既浪费了公共财政资金、满足不了消费主体需求，也折损了公众对政府的信任。这不仅是以成本和消费者满意度等指标衡量的绩效水平不高的问题，也会引起对购买服务方式是否可行的质疑及对政府责任的诘问。既然政府购买服务作为公共服务供给的创新方式被引入，政府就要以负责到底的态度完善购买服务的需求识别机制，让政府购买服务以全新的面貌展现政府改进公共服务绩效的决心与态度，以避免以往公共服务供给因需求与供给不匹配而出现的系列问题。

一 明确需求识别内容

明确需求识别内容是政府购买公共服务需求识别的首要工作，也是公共服务供给精细化管理的基本要求。国务院、财政部和其他主管部门发布的政策文件通过正面清单的形式界定了政府购买公共服务的范围，同时各级政府及其职能部门还以指导目录的形式把购买的内容具体化。但指导目录只是表明在目录里的公共服务是准备购买或者可以购买的服务类别，这些服务的需求信息依然需要购买主体予以确认。

购买服务需求识别的具体内容包括明确需求主体、需求数量、需求质量、需求时间等。首先，要明确需求主体。以公众为中心是公共服务的基本要求。在政府购买服务中，购买什么、购买多少要以公众为中心，这就需要明确哪些是购买服务的需求主体，也即解决购买中"为了谁"的问题。不同的公共服务需求主体不同，如养老服务，需求主体主要是老年群体及其有老年人的家庭，在识别养老服务时，调查对象就应该是老年人及其家庭成员，选择其他群体不但不能精准识别养老服务需求，还会误导养老服务目标设定，影响服务提供的精准性和绩效结果。其次，在确定需求主体后，这些主体对特定公共服务的需求数量、需求质量、需求时间等还需要通过问卷调查、访谈以及服务中了解等形式进一步确认,如此才能在购买中有的放矢,发挥财政资金最大效用的同时有效地满足公众的服务需求。

二 创新需求信息收集与识别机制

精确的需求识别需要完善的信息收集机制予以保障。公共服务信息收集形式有主动的信息收集,也有被动的信息收集。前者包括通过调研问卷、访谈、服务中了解等形式收集的服务需求信息;后者包括从公众日常服务消费留下的痕迹中提取需求信息等。主动收集的信息与被动收集的信息结合在一起,可以较为完整地显示公众的服务需求信息。

首先,建立与完善公共服务数据采集机制。一方面,通过问卷调查、实地调研、访谈等形式收集公众的服务需求信息;另一方面建立公共服务信息平台,该平台为双向信息平台,社会公众既可以在平台上表达与传递需求,也可以通过平台掌握政府公共服务的供给信息。例如,在上海的一些社区里,相关政府部门在独居老人家中的水表上安装用水量电子记录仪。这样独居老人每次用水的时间、用水量等数据可以清晰地传达给所在社区的老年服务机构,通过对这些数据进行分析,可以基本掌握独居老人在家中的活动情况,进而判断是否需要社区提供老年照料服务。[①] 在公共服务信息平台上,公众零散的服务消费信息在政府各个部门及相关服务机构都有痕迹,是政府收集公众信息的重要渠道。

其次,建立公共服务信息共享机制。公众在各个公共服务信息平台留下的相关服务需求信息要在各个部门之间实现互通共享,这就需要各个部门打破部门信息壁垒,共享公共服务信息。目前,不仅在公共服务领域,在其他政府服务领域都存在严重的信息鸿沟。各部门之间的信息壁垒森严不仅增加了各部门的信息收集成本,也浪费了很多

[①] 容志:《大数据背景下公共服务需求精准识别机制创新》,《上海行政学院学报》2019年第4期。

有价值的信息资源。因此，完善的公共服务信息共享机制，既可以降低购买服务需求识别成本，也可以提高公共服务供给与需求匹配的程度。

最后，借助大数据技术实现需求识别的精确程度。"公众的真实需求从来不缺少数据，缺失的是对需求的识别。"① 公众的公共服务需求信息散落在各个公共部门的服务消费记录中，大数据技术可以把这些零碎分散的信息整合成公众在某项服务的消费需求数据。可以说，相对于传统的问卷调查、访谈、观察等需求信息采集方法，大数据技术提供了一种更为全面的公共服务需求信息分析方法，对于高效准确识别公众需求、明确政府购买需求、加强对承接主体的监督和提高购买过程的透明度等方面都具有重要价值。② 建立以大数据为依托的公共服务需求识别机制，可以对公众在不同公共服务提供机构的消费行为数据进行整合分析，识别公众的服务需求偏好，预测服务需求数量和质量要求。这样在购买公共服务决策时就可以轻松解决购买什么、购买多少、为谁购买的问题。

三 完善需求与供给有效匹配机制

需求识别的最终目的是实现供给与需求的有效匹配。需求识别只是政府购买公共服务的第一步，通过购买能提供什么样的公共服务还要取决于当地的财政实力和承接主体的发展情况，因此需求与供给的匹配需要同时考虑购买主体、承接主体和消费主体三方面的实际情况。特别是在承接主体方面，需要考虑其能力与市场竞争情况。公众有需求不是政府购买的充分必要条件，只有"适合市场提供"的才能选择政府购买公共服务方式提供。所谓适合市场提供即通过市场这种机制，能够实现供给与需求的有效匹配。如果只凭借一时的热情，不考虑公众实际需求、本地财政实力和承接主体承接能力，将可能会出

---

① 王玉龙、王佃利：《需求识别、数据治理与精准供给——基本公共服务供给侧改革之道》，《学术论坛》2018年第2期。
② 于秀琴、王鑫、陶健、秦敏：《大数据背景下政府购买社会管理性服务的有效需求识别及测量研究》，《中国行政管理》2018年第9期。

现购买服务不可持续、公众不满意等诸多问题。

首先，政府购买的是公众所需要的公共服务。这些公共服务有轻重缓急之分，政府购买也应有优先顺序，优先满足公众当前急需的公共服务，而不是无足轻重的服务。如对于养老服务而言，已经到来的老龄化社会时刻提醒着养老服务需求规模在不断扩大，但居家养老、社区养老和机构养老这些服务类别，哪个最能解决当前养老问题，需求量有多大？这就需要政府在购买前对各类服务需求进行识别，优先满足最需要的公共服务，这也是很多地区把社区居家养老服务作为最主要的购买内容进行推广的重要原因。

其次，政府购买的是政府有能力提供的公共服务。有些公共服务公众也很需要，但在当前背景下政府没有足够的财政能力提供，如养老服务中的居家养老服务，目前很多地方仅为一定年龄以上的老人提供，还有些地方的服务对象仅限于低收入老人和失独老人，即是这些地方政府根据当地财政实力而做出的理性选择。

最后，政府购买的是承接主体有能力提供的公共服务。目前，我国各地政府购买服务主要集中于养老、环境卫生、文化服务等领域，最主要的原因就是因为这些领域的承接主体发育比较好，有能力承担政府转移的这些服务。而在其他领域，由于承接主体较少，竞争较弱，难以找到理想的承接主体来承担这些服务供给。

第二节 承接主体选择机制

承接主体是购买服务的生产者和提供者，选择什么层次的承接主体将意味着能提供什么质量的公共服务。因此，在政府购买服务绩效目标的实现过程中，承接主体起着关键作用。在我国政府购买服务实践中，由于多种原因，政府总是倾向和更加信任与政府有密切关系的承接主体，虽然没有充分的证据表明政府选择这些承接主体的服务绩效一定比其他承接主体差，但也没有证据证明这些承接主体承接的服务绩效比其他承接主体好。目前对购买服务中承接主体选择最大的批评是形式购买、关系购买和购买过程不透明引起的缺乏竞争、机会主义和供应商垄断等问题。① 如果通过购买选择的承接主体不能提供公众所需要的公共服务，既会降低公众对社会力量的信任，同时也会影响其对政府购买公共服务的支持程度。从这个意义上，政府作为购买方，必须对选择承接主体的过程及其产生的后果负责。② 其实，寻找合格的承接主体也是作为购买主体的政府部门一直努力的方向。但在政府购买公共服务实践中，有缺陷的供给方和有缺陷的需求方都在阻碍政府找到合格的承接主体。为此，完善承接主体选择机制，一方面可以弥补市场的不足；另一方面也有助于政府选择到相对较好的承接主体。③

一 完善承接主体市场准入机制

2013 年国务院办公厅下发的《指导意见》中规定承接主体包括社会组织、企业等。根据相关政策文件，政府购买公共服务也承担着事业单位改革转轨的重要任务，划入公益二类或转为企业的事业单位也是重要的承接主体。目前，对于承接主体的准入条件为《指导意见》中所规定的资格条件，但准入领域存在以购买服务指导目录形式存在的正面清单和《关于坚决制止地方以政府购买服务名义违法违规融资的通知》规定的负面清单两种形式并存，这实际上给地方政府购买服务实践带来很大困扰，造成了地方政府多是根据指导目录规定的内容进行购买，限制了地方政府购买服务实践探索的范围空间。

因此，需要完善政府购买公共服务市场准入机制，逐渐从正面清单过渡到负面清单，进一步放松公共服务市场准入。更多的准入机会将有利于培育市场主体，而成熟的市场主体是购买服务绩效取得的必要条件。

---

① 周俊：《政府购买公共服务的风险及其防范》，《中国行政管理》2010 年第 6 期。

② 项显生：《略论我国政府购买公共服务承接机制》，《河南社会科学》2014 年第 10 期。

③ 李海平：《政府购买公共服务法律规制的问题与对策——以深圳市政府购买社工服务为例》，《国家行政学院学报》2011 年第 5 期。

二 规范承接主体选择程序

在实际操作中承接主体的选择程序主要有竞争性选择和非竞争性选择两种类型。根据承接主体与购买主体之间的关系形式，王浦劬等又进一步细化为"独立关系竞争性购买、独立关系非竞争性购买、依赖关系非竞争性购买和依赖关系竞争性购买"四种类型。[①] 依赖关系竞争性购买在实践中基本上不存在，其他三种购买方式则在实践中较为常见。虽然已有研究尚没有发现竞争性购买绩效一定高于非竞争性购买，但这并不是说这两种方式可以随意选择。鉴于我国政府与社会组织之间的关系特点，非竞争性购买程序依然会长期存在，目前需要做的是规范购买程序，而不是限制或取消某种购买方式。

（一）推行竞争性购买程序

政府购买使公共服务供给实现了由政府垄断向市场竞争的重大转向。在公共服务领域，引入竞争可以有效控制成本，并能够提高服务绩效水平。[②] 通过竞争实现绩效提升也是我国政府购买服务的基本改革设想。这里的竞争有两种形式，一是促进市场与政府之间的竞争，二是促进市场主体之间的竞争。这两种竞争在公共服务供给过程中共同出现，可以有效地实现在竞争中降低公共服务成本、提高公共服务质量和提高消费者满意度的效果。在选择承接主体的过程中，竞争性购买经常出现在政府采购程序中，主要采用公开招标、竞争性谈判等形式。虽然在实践中，由于市场竞争不充分、有能力承接购买服务的市场主体有限、政府对不熟悉的市场主体不信任等原因，我国各购买主体经常采用直接委托或形式购买的方式选择承接主体，但不能不警惕国际公共服务外包的教训：在竞争不充分、事实垄断的情况下，承接主体可能绑架政府政策，最终导致购买成本上升的问题。因此，在社会组织数量不断增加、服务能力不断提高的背景下，购买主体最大

[①] 王浦劬、[美] 莱斯特·M. 萨拉蒙等：《政府向社会组织购买公共服务研究：中国与全球经验分析》，北京大学出版社 2010 年版，第 20 页。

[②] Savas E. S, "Competition and choice in New YorkCity social services", *Public Administration Review*, Vol. 1, No. 62, 2002, pp. 82–91.

可能采用公开招标形式选择承接主体，将会推动政府购买公共服务绩效的不断改进。

(二) 规范非竞争性购买程序

虽然各地都在加快行业协会商会及其他类社会组织与行政机关脱钩的步伐，但由于历史原因，一些社会组织与政府部门之间的关系还将在相当长的一段时间内维持。在需要政社合作供给公共服务的时候，政府会采取行政吸纳策略，与体制内社会组织建立合作关系。[1] 因此，以非竞争性购买为代表的直接委托、内部购买等形式依然会存在，甚至还可能由于方便管理、信任机制没有建立等原因在购买中进一步强化。那么，目前所要做的是规范非竞争性购买程序。

非竞争性购买最大的诟病在于不公开透明和背离购买服务的初衷。国外在研究公共服务市场化时发现，当社会组织对政府具有较强的依赖时，市场化效果并不理想，这是因为此时政府的真正目的不是服务质量最优和成本最小，而是一种政治行为，仅仅向外界表明政府在公共服务生产的垄断减少。[2] 国内批评者认为大量承接公共服务的社会组织，关键性资源来源于政府，大部分活动也是在政府的支持与指导下完成的，行政化问题将会非常严重。[3] 当这些社会组织被赋予某些经济、社会领域规则制定的权利与谋利动机结合时，就会产生公私不分的现象。同时，购买程序不公开透明、政府购买标准不清晰、责任模糊和购买程序规范程度低、绩效评估体系不完善等问题的存在[4]，将会成为降低购买服务绩效的重要原因。非竞争性购买无法为所有的承接主体提供公开、透明、平等的竞争机会，限制了承接主体的规模发展和结构优化，并会强化承接主体对购买主体的依附关系，

---

[1] 周俊：《公共服务购买中政府与社会组织合作的可持续性审视》，《理论探索》2019年第6期。

[2] RL Carneiro, "On The Relationship Between Size of Population And Complexity of Social Organization," *Journal of Anthropological Research*, Vol. 3, No. 12, 2010, pp. 234 - 243.

[3] 敬乂嘉：《治理的中国品格和版图》，《复旦公共行政评论》2011年第8期。

[4] 吴月：《政府购买公共服务的偏离现象及其内在逻辑研究》，《求实》2015年第10期。

难以在购买中不断提高绩效水平。总之，非竞争性购买的问题并不是该购买形式本身存在的问题，而是在具体操作过程中由于购买程序不公开透明而引发的政府责任缺失进而绩效得不到相应保障的问题。因此，对非竞争性程序购买而言，最主要的解决方案是规范购买程序，公开购买过程。

三 促进承接市场竞争

竞争性市场是政府购买服务的基本条件，也是政府购买服务的前提假设。在政府购买服务实践中，我国不同地区的各级政府在购买中都遇到了一个比较现实的问题，即很难找到充分竞争的市场。在主要由社会组织承接服务的领域，即使位于发达地区的省会城市依然会处于市场竞争不足的尴尬境地。为此，在购买中研究政府与承接主体（主要是社会组织）之间的关系时，大部分研究都把关注点放在通过购买如何培育社会组织、提高社会组织业务能力与独立性的问题，却忽略了承接主体也可能绑架政府，最终导致服务质量下降和财政资源浪费的问题。因此，在避免政府对社会组织不当干预的同时，也需要警惕社会组织对政府的影响，这就要求在承接主体选择时维持和促进承接市场的适当竞争。

（一）增加承接主体之间的竞争

虽然在我国制度文件中对于承接主体的资格条件有明确的规定，但对于同一个购买服务项目选择多少家承接主体并没有要求。在实践中，不同地方在承接主体数量的确定方面也没有明确的标准。调研过程中笔者发现，在社区养老服务方面，多数地方一个项目只选择一家或两家社会组织来提供。即使是竞争比较激烈的道路保洁方面，有些地方一个区域的主干道或者背街小巷也基本上只选择一家企业，竞争程度明显不足。鉴于此，在承接主体选择时，可以适当增加承接主体之间的竞争程度，购买主体每次购买尽量避免仅选择一家承接主体，可以选择两家至三家承接主体，这样既能在购买服务中培育更多的社会力量，也能够维持适当的市场竞争，并在提高社会组织服务能力的同时也能够提高公共服务质量、降低公共服务成本。

（二）增加承接主体与政府之间的竞争

政府供给与市场供给只是公共服务供给的两种不同形式。在政府购买公共服务过程中，政府与市场并不是完全对立的，两者同时存在不但可以形成有效的竞争市场，还可以促进两者的共同成长与进步。而在我国政府购买服务改革中，除了原来由政府提供的公共服务外，新增政府购买服务项目基本上都采取了完全的市场化供给，如多数地区的社区日间照料中心，都是交给社会组织经营的。这可能存在一个严重的风险，即当这些服务项目市场规模比较大，承接主体市场竞争又不足时，一旦出现承接主体利用市场垄断力量提高价格或降低服务质量时，政府何以应对？

在吸取了合同外包过程中的需求方缺陷、供给方缺陷以及大量外包项目收回等经验教训后，公私混合提供模式逐渐成为一种被美国政府广泛接受的服务提供模式，如在1997年该模式在服务提供中只有17%，到2002年，该比例上升至24%。[①] 美国公共服务外包的经验教训也提醒各国，一些技术性比较强并且关系公众切身利益的公共服务项目，在实行购买时要保持适当的警惕，以免一旦服务收回难以及时组建相应的服务机构。公私混合提供模式表面上看有些重复与浪费，但对政府部门和私营部门而言，无疑都在这种竞争中增加了不断努力改善公共服务质量与节约成本等方面的压力。[②] 在我国，一些政府部门已经把一些技术性比较高的服务列入政府购买服务指导目录，如民航局的事故调查和应急处置设备维修服务、日常监督检查相关技术支持服务等；环境保护部的民用核设施、核材料、核活动、核技术利用安全监管、核与辐射安全公众沟通及核与辐射事故应急等的技术支持服务；等等。从长远考量，对于市场规模比较大、影响比较广或是技术性要求比较强的服务项目，可以设计政府与市场共同提供的机制，根据政府与市场服务的效果，适当调整政府和市场所占的市场份额，

---

① 句华：《美国地方政府公共服务合同外包的发展趋势及其启示》，《中国行政管理》2008年第7期。

② Miranda R., Lerner A, "Bureaucracy, OrganizationalRedundancy, andthePrivatizationofPublicServices," PublicAdministrationReview, Vol. 2, No. 55, 1995, pp. 193-200.

这样既能保障购买服务的效果，还能够提高政府服务的绩效水平。

四 公开承接主体选择过程

在承接主体选择过程方面，相关方需要提高承接主体选择过程的透明程度，让该过程随时接受政府和社会的监督。本书也发现，政府购买公共服务信息除了采用公开招标形式购买外，其他形式的购买在政府部门网站和政府购买公共服务平台上很难被查询到。这种不透明的承接主体选择机制，既可能在购买公共服务过程中滋生新的腐败现象，也不利于社会监督。无疑，提高承接主体选择机制的透明度是绩效改进的应然选择。

按照方便查找与监督的原则，可以考虑在政府购买服务网站上公开政府购买服务的相关信息。对实行政府采购的项目，依法公开采购项目公告、采购文件、采购项目预算金额、采购结果、采购合同等项目信息；对实行凭单制政府购买服务项目，依法公开实施公告、符合资格条件的承接主体名单或范围。同时，按照相关规定，相关部门门户网站同步公开有关信息。

第三节 绩效监督与管理机制

在购买公共服务过程中，政府实现了由公共服务的生产者向生产过程监督管理者的角色转变，构建完善的监督与管理机制也成为公共服务购买中的必然要求。政府购买公共服务监督管理机制是指"不同监管主体对政府购买公共服务的内容、过程和成效进行全方位、全过程监管的工作机制总称"[1]。对于政府购买公共服务而言，绩效监管就是对购买过程、资金使用、服务过程等进行监督，发现问题并及时纠正的过程。[2] 绩效监管有利于及时发现目标偏离问题，并采取纠偏

---

[1] 项显生：《我国政府购买公共服务监督机制研究》，《福建论坛（人文社会科学版）》2014年第1期。

[2] 张文礼、王达梅：《政府购买社会组织服务监管机制创新研究》，《甘肃行政学院学报》2017年第3期。

措施,从而保障绩效目标的顺利实现。目前在政府购买服务绩效监管机制方面主要存在以下问题:一是以政府监管为主,外部监管不足。政府内部监管权力比较分散,职责划分不清。监管对象主要集中于承接主体,对购买主体监管不足。二是监管内容多集中于事中监管,对事前与事后监管力度不够。三是监管方式比较传统,主要集中于监管检查、抽查、第三方督导,通过大数据信息进行监管较少。因此,本章从界定监管主体职责、明确监管对象与监管内容、创新监管方式、拓宽社会监管渠道方面构建政府购买公共服务的监管机制。

一 界定监管主体职责

政府购买公共服务中的监管主体既包括政府内部监管主体,也包括政府外部监管主体。这些监管主体的职责划分不清晰,会导致有利可图一窝蜂上、无利可图互相推诿扯皮现象的产生,不但不能形成监管合力,还会导致监管力量相互抵消。

(一) 政府内部监管主体及其职责

在购买公共服务中,政府角色由公共服务的直接生产者转变为公共服务的购买者,监督与管理成为政府的重要职责。政府购买公共服务的监管主体不仅包括购买主体,还包括财政部门、审计部门、监察部门、民政部门等其他政府部门。同一项目多个主体同时进行监管,则必须明确界定各类监管机构的职责权限。针对在政府购买公共服务的实际运作中,各监管机构的监管职责存在边界不清的问题,可以根据各个政府主体在购买服务中的角色地位合理分配监管职责。(1) 对于作为购买主体的政府部门而言,把原来由本部门生产的公共服务交给社会组织后,最重要的任务应是确定购买什么、如何购买和如何保障购买绩效的问题。其中,保障购买绩效的主要工作就是购买服务过程中的全过程监管,主要职责包括日常监管、阶段性评价、合同验收、结果评估等。(2) 财政部门作为购买公共服务的拨款主体和主要购买服务政策制定主体,从预算审批阶段就开始介入购买服务过程,主要负责监督和指导购买主体依法开展购买服务工作,重点监督购买服务资金使用是否符合财政支出规范,并对购买服务资金支出绩效进行评价。(3) 审计部门主要负责对购买服务资金支出的真实性、合法性和效益进行审查与评价，属于事后监督。(4) 民政部门主要通过年审工作对承接政府购买服务的社会组织进行监管。(5) 监察机关作为政府内部的专门监督机构，在政府购买服务中主要对作为购买主体的各级国家行政机关及其工作人员的工作进行监督和监察，发现违法违纪现象并及时进行纠正。

（二）政府外部监管主体及其职责

政府外部的监管主体主要包括服务的消费者、普通公众、新闻媒体和第三方机构。其中，消费者作为政府购买服务的直接消费主体，有权利对承接主体的服务过程，包括服务态度、服务质量等进行监督；普通公众作为纳税人，虽然没有直接消费购买服务，但依然有权利对服务的全过程进行监督；新闻媒体作为舆论监督的"无冕之王"，可以通过对一些典型购买服务事件的报道与关注，履行社会监督功能；第三方机构主要是由政府委托对承接主体进行监督与评估的机构，其主要职责是根据购买主体的委托行使监督职能。第三方机构监管的主要障碍来自于一些政府机构与承接主体有着密切的利益关系，从而给实质上的监督与评估带来较大的困难。

目前我国还没有建立一套科学有效的政府购买公共服务监管机制，多强调政府部门的内部监督，而外部的社会监督和第三方机构监督相对不足。这样的监督机制实效性和客观性较弱，容易出现内部监督失灵与外部监督缺失的问题。[①] 政府在决定购买服务的内容与形式时，由于信息不对称外部监督主体难以知情，外界力量难以实现有效监督，由此导致外部监督缺失；在政府内部，拥有监督权力的部门众多，包括财政部门、审计部门、民政部门、监察部门等，监督权力分散，难以形成合力。因此，需要整合外部监管主体与内部监管主体的职责权限，分清职责，在监管中形成合力。

---

① 翁士洪：《政府向社会组织购买公共服务的监管机制研究》，《北京航空航天大学（社会科学版）》2017年第4期。

二 明确监管对象与监管内容

政府购买公共服务的监管对象既包括购买主体,也包括承接主体。监管内容涵盖整个购买服务过程。而在政府购买服务实践中,经常强调对承接主体的监管,忽视对购买主体的监管;强调对服务提供过程的监管,忽视对购买服务进行全过程监管。

(一) 加强对购买主体的监管,约束政府购买服务行为

在公共服务购买过程中,购买主体是购买服务项目的决策者、承接主体的选择者、购买过程的管理者和购买绩效的评估者,集多种权力于一身,如果没有监督,将会产生权力滥用、超范围购买、设租、懒政、怠政等购买风险。正如孟德斯鸠的警告:"一切有权力的人都容易滥用权力,这是万古不易的一条经验,有权力的人们使用权力一直到遇有界限的地方才休止。"[1] 而在政府购买服务中,常见的是购买主体对承接主体的监管,而对购买主体的监管缺位严重。这就需要财政部门对购买服务资金使用、纪检监察部门对购买服务中遵纪守法行为以及审计部门对购买服务资金使用的经济、效率和效果进行审计等监管行为制度化、经常化。同时,还需增加购买服务信息透明度,拓宽社会监督渠道,鼓励社会监督政府购买服务的过程。

对购买主体的监管内容包括购买服务中的行为合法性与规范性、购买资金支付及时性及其监管评估工作的监管。完善的政府内部与社会监管体系,有利于购买主体在购买服务中更好地履行自身职责,也更有利于实现购买服务绩效目标。

(二) 规范对承接主体的监管,降低"道德风险"

承接主体是购买公共服务的生产者和提供者,购买服务合同签订后,其对合同目标的履行情况决定了购买服务的质量水平与公众满意度。在政府购买公共服务提供过程中,购买主体与承接主体目标并不完全一致,政府的目标是提高公共服务质量和效率、降低公共服务成本,而承接主体的目标还包含利润或自身组织的发展,在服务提供过

---

[1] [法]孟德斯鸠:《论法的精神》,张雁深译,商务印书馆1986年版,第151页。

程中可能偏离公共服务提供的基本目标。① 同时，随着政府购买公共服务的范围不断增加、投入的资金越来越多，各类承接主体为了获得政府购买服务的项目，可能会诱发权力寻租、商业腐败等现象的发生。而腐败、透明度低、缺乏竞争等，会使绩效结果变得更糟。② 购买主体作为购买服务直接管理主体，理应对承接主体合同履行监管负有主要责任。但鉴于购买主体与承接主体之间有直接利益关系，特别是体制内社会组织和事业单位更容易与购买主体之间产生合谋行为。因此，除了购买主体外，还需要审计部门、消费者及其他社会主体参与到对承接主体服务提供过程的监管，通过对承接主体服务生产的全过程监管，可以有效降低服务提供中的"道德风险"，共同促进承接主体的发展与服务质量提升。

三　创新监管方式

政府购买公共服务监管既有对政府主体的监管，也有对承接主体的监管，这在客观上需要针对不同的监督对象采用不同的监管办法，同时利用大数据时代的信息优势，创新监管方式。一是利用好传统监管方式。财政部门、纪检监察机关等内部监管主体对购买主体，购买主体对承接主体依然可以采取传统的听取汇报、监时检验、抽查、呈报材料等方式进行监管，这样可以收集到更多有价值的购买服务绩效管理信息资料。二是引入大数据监管。充分利用政府购买服务信息平台及其他方面的数据信息，利用大数据手段对购买主体和承接主体的在购买服务中的行为与服务信息进行分析，实现全方位的监督。这样既能避免传统监督成本高、效率低、监督信息无法共享的问题，还能够降低监管成本、提高监管效率。当然，大数据监管方式的引入也对政府数据共享与数据监管能力提出了新的挑战。总之，传统监管方式

---

① 郑旗：《我国地方政府购买公共体育服务政策执行机制》，《北京体育大学学报》2017年第6期。

② Salamon, Lester M, "Of Market Failure, Voluntary Failure, and Third-Party Government: Toward a Theory of Government-Nonprofit Relations in the Modern Welfare State", *Nonprofit and Voluntary Sector Quarterly*, No. 16, 1987, pp. 29-49.

与大数据监管方式共同使用,将能够提高政府购买公共服务绩效监管的质量,更有助于购买绩效的改进。

四 拓宽社会监督渠道

引入社会监督有两个基本前提:一是社会监督主体能够方便获取政府购买服务相关信息;二是社会监管主体在发现问题时,可以方便地进行投诉,以助于问题的解决。因此,社会监管的关键是"保证居民向政府主管机关投诉不是向承包商投诉。如果做到这些,完整的绩效记录很容易且成本很低"[1]。这就需要完善社会监督渠道,明确社会监督主体可以通过哪些渠道、向哪个部门投诉和反映问题。一方面,可以在政府购买服务信息平台设立专门的监督窗口,接受和受理社会主体对承接主体和购买主体的监督与投诉;另一方面,可以在财政部门或者其他非购买主体部门设立专门的政府购买服务监督机构,专门受理对购买主体的投诉。只有社会主体可以方便、及时地反映问题,才能真正发挥社会监督的功能,使购买主体和承接主体共同具有绩效改进的压力和动力。

第四节 绩效沟通与协调机制

"绩效沟通与反馈是绩效管理系统的重要内容,也是实现绩效改进与促进绩效系统目标实现的有效途径。"[2] 完善的沟通与信息共享机制,可以避免因机制不完善而带来更大损失。[3] 但在绩效管理过程中,绩效沟通的作用经常被忽视。在政府购买公共服务项目中,各利益相关主体既有直接参与公共服务生产与供给过程的购买主体、承接主体和消费主体,也有政府内部与外部的监管主体,各利益相关主体

---

[1] [美] E.S. 萨瓦斯:《民营化与公私部门的伙伴关系》,周志忍等译,中国人民大学出版社 2002 年版,第 214 页。

[2] 范柏乃:《政府绩效管理》,复旦大学出版社 2012 年版,第 366 页。

[3] 刘波、彭瑾、李娜:《公共服务外包——政府购买服务的理论与实践》,清华大学出版社 2016 年版,第 267 页。

都有自己的权利义务、目标追求和利益诉求,复杂的责任与利益关系也就意味政府购买公共服务绩效的形成需要各利益相关主体的有效沟通与协调。这就需要建立一个完善的沟通协调机制,搭建交流平台,实现政府与公众、消费者、承接主体之间以及政府内部之间的有效沟通,及时解决绩效目标实现过程中遇到的问题。

一 确定沟通协调主导机构

作为购买主体的政府部门,是购买服务的发起者、监管者和评估者,理应成为购买服务中沟通协调的主导机构。这也意味着购买主体在购买服务项目沟通协调中具有不同于其他利益相关主体的地位与作用。首先,购买主体是购买服务政策的执行者,在购买服务中需要沟通的对象比较多。在需求调研阶段,需要与公众和委托的第三方调查机构进行沟通;在购买服务预算制定阶段,需要与财政部门进行沟通;在承接主体选择过程,如果是公开招标,需要与招标代理机构、承接主体进行沟通,如果是非公开招标,需要与承接主体进行沟通;在合同履行阶段,作为监管对象,需要与政府内部的监管主体就监督中的问题进行沟通,同时作为监管主体还要与承接主体进行沟通;在合同检验评估阶段,需要就验收评估的结果与承接主体进行沟通,以确定绩效改进的措施。当然,如果在购买服务生产过程中需要其他政府部门的协助,还需与这些政府部门就购买服务事项进行沟通协调。

"通过沟通,化解争议,凝聚共识,一致行动,最终实现共同目标。"[1] 因此所有沟通都要紧紧围绕购买服务目标的实现,从精准识别购买什么,到如何以较低的成本进行购买,再到如何保障公共服务质量、提高服务效率、实现消费者满意,最后到绩效评价结果的沟通,无不体现着管理就是沟通的思想。总之,购买主体作为政府购买服务中的最终责任主体,需要主动承担起购买服务中的沟通协调工作,遇到困难与问题积极地与各利益相关主体进行沟通,以保障购买

---

[1] 党秀云:《论合作治理中的政府能力要求及提升路径》,《中国行政管理》2017年第4期。

服务期望绩效的顺利实现。

二 明确沟通协调内容

绩效沟通贯穿于政府购买公共服务项目管理的全过程，有绩效目标确定时的沟通，也有购买合同履行过程中的沟通，还有合同履行结束后有关绩效评估结果的沟通。现实中，常把沟通注意力放在合同履行过程中的沟通，而忽略绩效目标确定与评估结果反馈的沟通。

一是购买服务项目绩效目标确定时的沟通协调。政府购买公共服务政策目标的实现建立在各个购买服务项目目标实现的基础上。为此，每个购买服务项目绩效的质量会影响政府购买服务政策目标的实现程度。政府购买服务项目目标主要出现在两个地方：购买服务预算绩效目标和购买服务合同目标。首先，政府购买服务预算绩效目标是政府购买服务预算编制的重要内容，购买主体把购买服务预算与部门预算一起提交财政部门审核。财政部门主要审核绩效目标总体描述是否全面、衡量绩效目标的"产出指标"和"效益指标"是否科学可行等。如果目标不合理，财政部门会给出审核意见，以便进一步修改完善。为提高绩效目标质量，购买主体需要主动与财政部门进行沟通有关绩效目标设定问题。其次，每个购买服务项目的绩效目标主要出现在购买服务合同中。购买服务合同是购买主体与承接主体合意的结果，也是沟通协调的产物。在合同签订时，购买主体需要与承接主体就合同目标问题进行充分的沟通，使预算目标与合同目标、购买主体目标与承接主体目标在购买服务中具有一致性，这样合同目标才能得到承接主体的理解，在合同履行时才能更好实现。只有这样，才能为购买做充分的准备，这也是对政府做"精明买主"的基本要求。

二是合同履行监管过程中的沟通协调。合同履行过程监管是政府购买服务历时最长，也是政府购买公共服务过程绩效展示和结果绩效形成的阶段。合同履行过程监管的主要任务是发现偏离绩效目标的现象并及时纠正，对履行过程中的有效做法进行表扬和鼓励。可以说，合同履行监管过程也是各主体之间进行沟通协调的过程。首先，政府与承接主体之间的沟通。作为购买主体，政府应积极履行合同监管责任，一旦发现偏离绩效目标的现象，及时与承接主体进行沟通，从而起到校正过程绩效偏差和保障结果绩效的作用。其次，承接主体与消费者之间的沟通。这里既有在服务过程中的直接沟通，也有通过反馈与投诉平台这些渠道的间接沟通。政府作为购买服务的主要责任主体，应明确要求承接主体建立与消费主体便利的沟通交流渠道，鼓励承接主体积极主动地与消费者进行沟通，解决在服务过程中出现的问题。最后，针对政府内部监管主体对于购买主体在购买服务过程中发现问题的反馈意见，购买主体也需要及时认真地沟通，这样可以发现和解决购买中出现的问题并积极整改，也可以在购买服务方面取得更多的理解，方便购买服务工作的顺利开展。

三是绩效评估结果反馈。绩效评估结果反馈为评估者与被评估者之间搭建了一座桥梁，是绩效沟通的一种重要形式，也是一种激励的重要手段。① 对于政府购买公共服务项目而言，绩效评估结果反馈也是项目绩效管理中的重要一环，是购买主体与承接主体，即评估者与被评估者之间的双向沟通。在此过程中，购买主体就承接主体在项目周期内的绩效情况进行沟通，在肯定成绩的同时，指出工作中的不足并提出改进建议。在政府购买服务过程中，由于承接主体不稳定，以及购买主体也经常把评估的任务交给第三方等原因，在评估之后常常忽略反馈环节。这里需要指出的是，无论是购买主体实施评估，还是委托给第三方，或者多元主体共同评估，政府作为购买服务的最终责任主体，都有责任和义务对评估结果及时反馈并在以后的购买服务项目中应用评估结果。同时，即使承接主体可能失去下一个服务项目，购买主体作为购买服务市场主体的培育者，依然有责任把评估结果反馈给承接主体，只有这样，承接主体才能知道在服务提供中存在的问题，并在以后承接其他服务项目时进行改正，这样才能从整体上提高购买服务的绩效水平。

三 合理选择沟通协调形式

在组织内部，绩效沟通有两种形式：一种是正式沟通，包括书面

---

① 范柏乃：《政府绩效管理》，复旦大学出版社2012年版，第389页。

报告、正式会议、电子邮件、电话等形式，是以正式组织系统为渠道的信息传递；另一种是非正式沟通，包括走动式管理、开放式办公等形式，主要是以个人为渠道的沟通，更强调通过感情联络达到沟通的目的。[1] 而对于政府购买公共服务项目而言，购买主体与承接主体是法律地位上平等的两个主体，因此不能完全套用组织内部的沟通协调形式，而是要根据公共服务项目中各利益相关主体的特点选择合理的沟通协调形式。在购买主体与承接主体进行沟通时，所有传统的组织沟通形式依然适用。在我国政府购买服务实践中，多采用承接主体定期向购买主体上报服务提供进展报告，购买主体通过电话与现场询问工作进展等形式进行沟通。但哪种形式更有利于提高购买服务绩效，还需要根据购买服务项目的性质进行确定。如道路保洁服务，仅采用承接主体的工作汇报材料这种沟通形式难以达到改进绩效的目的，需要购买主体到服务现场检查或调研，当面沟通存在的问题；对于存在的严重问题，还需要以正式的方式与承接主体进行沟通，共同寻找解决的办法。而对于养老服务，这种以人为对象的公共服务，工作汇报、现场指导这些形式还不够，还需要在沟通时听取消费主体的意见，只有这样，购买主体与承接主体之间的沟通对于绩效改进才更有意义。

总之，绩效沟通是一个持续的过程，不能指望一两次的沟通就能解决购买服务过程中的所有问题，而需要建立一个有效的绩效沟通与反馈机制，使绩效沟通制度化、经常化，才能保障绩效改进持续推进。

第五节　绩效评估与反馈机制

政府购买公共服务绩效评估与反馈机制包括绩效评估机制与绩效反馈机制两个方面。其中，绩效评估机制需要有一个包括评估目标、

---

[1] 周三多、陈传明、鲁明泓编著：《管理学——原理与方法》，复旦大学出版社1997年版，第434—435页。

评估主体、评估指标与标准和评估方法的完整评估体系；评估反馈机制包括评估结果的反馈与结果应用机制。在政府购买公共服务中，通过绩效评估，可以减少或淘汰绩效不佳的购买项目，加大对绩效优秀项目的投入；通过绩效反馈，可以帮助购买主体和承接主体发现购买服务绩效形成过程中出现的问题，找到解决问题的有效措施。而目前在政府购买公共服务绩效评估与反馈机制方面主要存在以下问题：一是评估体系不完善，评估目标、标准和指标体系不明确，导致评估过程形式化现象比较普遍；二是评估反馈机制没有建立起来，评估结果要么不能及时反馈给评估对象，要么在反馈给评估对象后缺少应有的绩效沟通，难以使评估对象认识到购买服务过程中存在的问题，不利于以后的绩效改进；三是评估结果应用不充分，没有与预算编制、承接主体选择、信用体系建设联系在一起。因此，需要建立一套有效的评估反馈机制，这样既可以帮助政府及时调整购买范围，减少决策失误，还可以保证公共财政资金高效节约地使用，提高消费者满意度。

一 完善绩效评估体系

目前，大部分地方政府都已经建立起一套相对完整的购买公共服务绩效评估体系，但还存在评估目标不清楚、评估主体搭配不合理、评估标准不明确、评估指标体系不完全以及评估方法不科学的问题。为此，需要完善绩效评估体系。一是明确评估目标。评估目标即期望的绩效目标。对于政府购买服务项目而言，其评估目标主要体现在绩效合同的项目目标中，这些目标应满足目标制定的 SMART 原则。二是合理搭配评估主体。改变评估主体单一的现状，重视消费主体在评估中的地位与作用，凡是有消费者的购买服务项目必须让消费者参与评价；提高购买主体参与评估的积极性，即使是购买了第三方评估，也不能一包了之，购买主体要积极参与评估；合理赋予消费者、购买主体和第三方评估在评估结果得分中的权重比例。三是制定科学的评估指标体系。要全面、正确地衡量绩效，就必须选择一些具有代表性的评估指标。购买服务项目分布在不同的公共服务领域，但不同地方同类购买服务项目存在较大的同质性，因此可以由中央相关职能部门牵头负责，针对不同的购买服务类别，开发通用评估指标体系，以指导地方政府绩效评估体系的构建。各政府部门可以在通用指标体系的指导下，根据本部门购买服务的特点与实际情况制定具体的评估指标体系，这样既能保持本部门购买服务的特性，也比较容易实现购买服务评估信息的共享。四是制定明确的评估标准。评估标准是评估主体衡量各项评价指标得分的基准。通过评估标准可以进一步明确每个绩效评估指标在绩效中的发展方向，这对购买服务中的被评估者行为具有导向作用，可以让被评估者清楚自己朝哪个方向努力才能取得更高的绩效水平。

二 建立绩效反馈机制

绩效反馈就是把评估结果信息反馈给被评估对象，通过影响被评估者的行为实现绩效改进的目的。虽然目前不少地方都开展了不同形式的购买服务绩效评估，但由于评估反馈机制欠缺，评估结果经常被束之高阁，并未起到应有的信息反馈作用，政府购买公共服务评估变成"为评估而评估"，造成资源浪费。为此，需要建立完善的评估反馈机制，使评估结果信息得到及时的反馈。

首先，建立评估结果信息公开机制。购买服务使用的是公共财政资金，公众作为纳税人有权利知晓购买服务绩效情况，因此评估结果不仅要让被评估对象知道，还需要在政府购买公共服务信息平台及购买主体职能部门网站上公开，公开内容包括各评估指标体系的得分情况、预算执行情况、最终评价结果的等级、评价发现的问题等内容，接受社会的监督。

其次，评估结果应及时反馈给评估对象。对购买服务绩效评估的结果，购买主体应及时反馈给承接主体，反馈的内容不仅包括被评估项目的绩效评估结果，还包括被评估项目在执行中存在的问题以及改进建议。而对于大多数购买主体而言，绩效评估结果的反馈机制还没有建立起来，这里面有多种原因，既有评估形式化的原因，也有对绩效反馈不重视的原因。因此，绩效结果反馈机制的构建无论在推动绩效评估工作方面，还是促进评估结果应用方面都具有重要的意义。

三 强化绩效评估结果应用

评估结果应用亦是绩效反馈的延续。如果评估结果得不到有效的应用，也就失去了通过评估改进绩效的作用。与政府绩效评估的很多领域相似，在政府购买公共服务方面，绩效评估结果常常出于评估形式化、结果应用不重视、不知道如何应用等原因，既没有与购买主体的预算拨款挂钩，也没有与承接主体的选择联系在一起，使得评估形同虚设，没有达到通过绩效评估提高购买绩效的目的。

首先，建立政府购买公共服务项目评估结果和预算拨款挂钩的机制。对于承接主体购买绩效连续不佳的服务项目，财政部门可以减少或收回购买服务预算，以免造成财政资金的更大浪费。

其次，建立评价结果与项目经费支付挂钩的机制。对于绩效评估结果达到一定标准的项目，全额支付经费；对于绩效评价结果比较差的项目，可以扣除承接主体的部分经费；对于特别差的购买服务项目，不仅要与经费支付挂钩，还要与承接服务资格挂钩，强制其在一定时间内退出承接服务领域。否则，绩效评估只是走过场，既不能满足消费者服务需求，还会影响公众对政府的信任，同时也达不到通过购买提高社会组织服务能力和培育承接市场的目的。

最后，扩大绩效评估结果的应用范围，实现评估结果在一定区域内信息共享。为避免购买主体因信息不对称性而选择在多个购买公共服务项目中绩效结果较差的承接主体，应在一定区域内实现政府间购买公共服务绩效评估信息共享，如建立承接主体信用信息平台，该平台可以显示历次购买服务的绩效评价结果，这样既有助于降低购买服务中的信息不对称程度，帮助购买主体选择到较好的承接主体，也有利于督促承接主体提高购买服务的绩效水平。总之，只有把评估结果与预算拨款与承接主体选择联系起来，才能起到通过评估改善绩效的目的。

第六节 激励约束机制

在政府与社会资本合作时，信息沟通与激励机制能够促进双方信任程度，更有效地协同合作，保障项目完成的质量。① 但由于很多地方政府购买公共服务刚刚起步，存在激励机制不完善、约束机制不健全的问题，这无论是对承接市场的培育还是对购买服务绩效的改进都具有阻碍作用，因此需要完善购买服务中的激励约束机制。

一 建立承接主体信用监管机制

委托代理关系中信息不对称问题在任何时候都不可能完全解决，但可以采取相应措施降低信息不对称的程度。随着我国政府购买公共服务规模的不断扩大，越来越多的企业、社会组织、事业单位将会加入承接主体队伍。不断壮大的承接市场增加了竞争，也增加了信息收集难度。在这种情况下，委托代理关系中的信息不对称性问题会提高逆向选择和道德风险发生的可能性，其结果必然影响购买服务绩效水平。因此，要改进政府购买服务绩效，就需要设计降低购买服务风险的制度与机制，建立购买主体信用体系就是其中重要的举措。

首先，加强规章制度建设，从制度层面规定公共服务承接机构如何建立信用体系，包括服务承接机构承诺制度的建立、承诺的具体内容、承诺的执行情况等，使信用体系建立工作有法可依、有章可循。其次，政府相关部门应建立公共服务承接主体信用等级评价体系。可以考虑在财政部门的政府购买公共服务信息平台或民政部门社会组织网络平台，根据承接主体在每个公共服务项目中的绩效及日常活动记录等信息资料，对其信用进行评级，并在政府购买公共服务信息平台公布各承接主体在每个公共服务项目中的绩效表现。这些信息可为购买主体提供承接主体较为全面的信用与承接服务项目绩效信息，从而较为成功地避免"逆向选择"风险的发生。该信息对承接主体既有激励作用，也有约束作用。如果购买服务项目绩效评价结果优秀，信用评级也比较高，承接主体就会更容易地承接到更多的公共服务项目；如果在承接服务项目执行过程中不合理约束自身的行为，不仅会得到

---

① Schmidt EK, "Research Management and Policy: Incentives and Obstacles to a Better Public-private Interaction," *International Journal of Public Sector Management*, Vol. 6, No. 21, 2008, p. 623.

较低的信用评级和较差的绩效评价结果，还会失去将来的购买服务项目。再次，建立信用信息共享平台。在该平台上及时公布承接主体承接服务的信息，形成政府监管、市场他律、行业自律和承接主体自觉的良好信用氛围。最后，完善信用奖惩机制。信用良好的承接主体可以优先获得政府更多政策扶持和资金资助，优先承接政府授权和委托事项或获得政府购买服务项目等。对于失信的承接主体，根据失信程度和后果采取不同的处理措施，可取消原有的信用评价等级和评优资格，方可限制或取消其参加政府购买公共服务项目、承接政府授权和委托事项、享有政府政策扶持和资金资助。通过惩恶扬善、双管齐下，使守信者获益，失信者受损，才能营造守信光荣、失信耻辱的良好氛围，才能规范和形塑公共服务承接主体的行为。

二　落实责任追究机制

早就有学者指出中国政府之所以对社会组织采用控权的管理形式，除了中国是一个权威政治体制国家外，最主要原因是社会组织问责机制缺失。[1] 随着社会组织一系列不规范问题被揭露，人们开始认识到建立社会组织问责机制的必要性，通过问责强化相关部门的监管责任。[2] 对政府购买公共服务而言，责任追究机制的约束对象不仅包括承接主体，还应包括购买主体。对承接主体而言，购买服务合同违约或者公共服务提供质量不达标所造成的损失，应追究其违约责任。如果在购买服务中给公共利益造成了重大损失，还要追究购买主体的监管责任。[3] 目前由于购买服务市场竞争不充分，购买主体多选择自己比较信任的承接主体，大多数地方政府的购买服务依然是关系购买。在这种情况下，即使购买服务绩效结果不佳，由于没有明确的责

---

[1] Ebrahim, Alnoor, "The Many Faces of Nonprofit Accountability" *In David O. Renz (ed.): The Jossey-Bass Handbookof Nonprofit Leadership and Management*," San Francisco: Jossey Bass, 2010, pp.110-121.

[2] 敬乂嘉：《控制与赋权：中国政府的社会组织发展策略》，《学海》2016年第1期。

[3] 李一宁、金世斌、吴国玖：《推进政府购买公共服务的路径选择》，《中国行政管理》2015年第2期。

任追究机制，多是以停止合作收场，有的地方甚至以追加更多的购买服务预算进行改革试验。即便存在责任追究机制，但由于购买服务绩效评估结果不公开透明，政府内部与外部监管主体也难以监督责任追究机制的落实情况。目前很少能看到因为政府购买服务而对购买主体和承接主体进行问责的案例，即使被追收回的购买服务项目也都没有追究承接主体的责任。同时，由于购买服务改革还处于推广阶段，各地都在积极鼓励政府部门扩大购买服务范围，在此过程中无论是购买主体还是承接主体，都认为出现一些问题是改革必然付出的代价，结果是很少有部门对购买主体进行责任追究，也很少有购买主体对承接主体进行责任追究，这在一定程度上成为绩效改进的阻力因素。

随着政府购买服务规模的扩大，将有更多的财政资金进入购买服务领域，也将有更多的公众成为购买服务的消费主体，在这样的情况下，购买服务的影响将会成倍放大，因此需要建立和完善购买服务责任追究机制，从而约束购买主体和承接主体双方在购买服务中的行为，更好地督促其履行合同中的约定，完成合同的目标任务。

三 建立购买服务退出机制

自政府购买服务探索以来，国内多个地方在公共交通、医疗卫生、公共文化等领域都出现了购买服务收回的现象，但这些服务收回都是购买主体因购买服务效果不理想、严重偏离改革的目标、消费者不满意而主动做出的选择，并没有法律的强制性要求。购买服务退出机制的缺失，可能使购买主体形成一种惯性，一次性的失败并不足以成为改革停止进行的理由，反而常常因为失败而追加更多投入，从而造成更大的浪费。在政府购买服务方面，财政部门既是购买服务政策的主要制定部门，也是财政拨款部门和支出绩效监管部门，因此可由财政部门负责制定购买服务退出机制。一方面，建立了购买主体退出机制。对于审计评价、购买服务支出绩效评价和购买服务合同目标绩效评价结果比较差，存在重大决策失误的购买服务项目，可以强制购买主体退出购买服务。购买主体退出机制能够鼓励各购买主体谨慎做出购买决定，严格遵守购买服务各环节的要求，有效履行监管责任，更好地实现购买服务绩效目标。同时，也给购买主体一定的压力和约束，如果购买服务绩效不佳，消费者不满意，财政部门可以收回购买服务经费，强制购买主体停止对该服务项目的购买。另一方面，完善承接主体退出机制。对于政府购买服务合同目标绩效评价结果比较差的承接主体，要让其在一定时间内退出承接主体范围。对于过程绩效比较差、违规违约的承接主体，为避免更大的公共利益损失，应在合同结束前强制其退出承接服务项目。如上海市静安区的做法就值得推广，该区对"中审或终审"不合格、不达标、不规范的项目，建立了严格的退出机制。对于因此进入"黑名单"的社会组织，3年内不得承接政府购买服务项目。① 总之，完善的购买服务退出机制，有利于约束购买主体和承接主体在购买中的行为，督促其在各自的职责范围内为提高服务绩效而努力。

第七节　小结

政府购买公共服务绩效是购买过程中各个运行与管理机制相互作用、相互影响的结果。购买主体、购买流程、购买制度与购买环境在购买服务过程中存在的问题，最终都以各个机制是否完善、机制之间是否协调运作的形式反映出来。因此，综合考虑政府购买公共服务现状与发展趋势，构建一套协调运作的购买服务运行与管理机制，成为绩效改进工作的关键。

首先，政府购买公共服务绩效改进的机制主要包括需求识别机制、承接主体选择机制、绩效监督与管理机制、绩效沟通与协调机制、绩效评估与反馈机制以及激励约束机制，这些机制在购买公共服务中运转的结果，即是绩效的表现形式。实际上，这些机制在政府购买服务中基本上都有其存在的形式，但机制不健全，运行不顺畅为普遍现状。

---

① 《摸索社会组织退出机制，为政府购买服务把好"栅栏"》，http://www.jingan.gov.cn/xwzx/002020/20131223/c7fb2987-670f-403f-898a-532325060357.html，2019年8月20日。

其次，本章从完善各类政府购买服务机制方面进行了尝试性探索。（1）在需求识别机制方面，需要明确需求识别内容、创新需求信息收集与识别机制和完善需求与供给有效匹配机制。本书特别提出要重视大数据在购买服务需求识别的作用和应用价值。（2）在承接主体选择机制方面，需要完善承接主体市场准入机制、规范承接主体选择程序、促进承接市场竞争和公开承接主体选择过程。本书提出同一类购买服务项目可以选择两家及以上数量的承接主体，以及在某些购买服务市场领域，可以保留政府提供一定份额，必要时可以考虑提供公共服务政府部门也参与到承接主体选择竞争之中。（3）在绩效监管与管理机制方面，需要界定监管主体职责、明确监管对象与监管内容、创新监管方式、拓宽社会监督渠道。本书指出在加强对承接主体监管的同时，不能忽略对购买主体的监管。（4）在绩效沟通与协调机制方面，需要确定沟通协调主导机构、明确沟通协调内容与合理选择沟通协调形式。本书特别强调购买主体的责任主体地位，在绩效沟通协调中，购买主体应扮演积极的角色，在购买服务项目绩效管理过程中，主动与其他政府部门、承接主体和消费者进行沟通。（5）在绩效评估与反馈机制方面，需要完善绩效评估体系、建立绩效反馈机制和强化绩效评估结果应用。政府购买公共服务绩效评估与政府绩效评估具有共同的问题，从评估体系构建到评估结果反馈和结果应用方面都没有一套完善的机制约束，本书指出在政府购买服务中需要强化结果反馈和结果应用。（6）在激励约束机制方面，需要建立承接主体信用体系、落实责任追究机制、建立购买服务退出机制。本书特别提出构建责任追究机制和购买服务退出机制的重要性。

最后，需要指出的是，政府购买服务绩效改进的各个机制并不是独立运作的，也不能自动发挥作用。机制本是被设计的产物，机制的运转依然需要人的支持。因此，购买主体的基本理念与购买服务能力、支持机制的制度体系和机制运行的环境是各个机制协调运作的重要条件。

第八章　政府购买公共服务绩效改进的路径选择

绩效改进是一项长期坚持的系统化工作。政府购买公共服务绩效改进不能指望一两次的努力或者某一方面的改革就能实现绩效的稳定提升。要使政府购买公共服务的绩效影响因素成为绩效提升的促进因素而不是阻碍因素，建立完善并协调运作的绩效改进机制成为必要，而这些机制要真正发挥作用，还需要集购买服务政策设计者、购买者、监督者和评估者于一身的政府充分履行主体责任，既需要其转变理念、提高能力，努力成为一个"精明的买主"；也需要完善制度与优化环境，规范政府和社会力量的行为，促进社会力量健康发展。唯有如此，政府购买公共服务绩效改进的机制才能协调顺利运转，并保障购买公共服务绩效在实践中得到不断提升。

第一节　重塑政府购买公共服务基本理念

理念是行动的先导。正确的理念可以酝酿出高绩效的行为结果，而不正确的理念则对行动有误导作用。相对于政府垄断供给，政府购买公共服务只是公共服务生产与供给的一种方式选择。对我国习惯于以垄断的方式提供公共服务的各级地方政府而言，从认识到认同并以高绩效的标准推行政府购买服务实践，需要经过一场理念的洗礼。为此，公共责任理念、成本控制理念、合作治理理念以及大数据背景下的数据治理理念是政府购买服务中需要被重新认识并强化的基本价值理念。

一 强化公共责任理念

公共责任理念是对政府作为公共服务最终责任人的基本要求。政府购买公共服务作为"政府委托、社会参与、合同管理、评估兑现"的公共服务生产与供给模式,本质上依然是拿纳税人的钱为纳税人办事。政府购买公共服务的最终目的是为了满足人民日益增长的公共服务需求,政府不但不能"一买了之",还必须对公共服务质量和公共利益负最终责任,防止因购买而消减公共部门的公共性。在政府购买公共服务过程中所出现的供需错位、供给缺位、效率不高、成本不降甚至反升、服务质量下降、公众满意度不高、社会回应性不足等问题,都与公共责任缺失或者履行不充分有关。因此,强化公共责任理念是政府购买公共服务的题中应有之义。只有政府树立起公共责任理念,才能有效唤起承接主体和消费者在购买服务过程中的公共责任意识。

首先,强化公共责任理念要求各级政府部门对其在购买公共服务中的责任有明确的认知。作为购买主体的政府,不仅有责任选择合适的承接主体并按合同规定及时足额支付购买服务资金,还有责任在合同履行过程中对承接主体进行适时监管,保障公共服务供给的正当性、合法性与实施效果。[1] 总之,购买服务作为政府提供公共服务的一种方式变革,与政府部门供给一样,政府都是公共服务供给的最终责任主体。

其次,强化公共责任理念需要以正式制度的形式明确政府在购买服务中的基本权利与义务,界定责任范围与内容。随着政府购买服务范围与规模的不断扩大,地方各级政府及其各个部门都可能是政府购买公共服务的主体,但并不是每个购买主体都清楚并能自觉地维护公共利益。出于多种原因,有些购买主体可能会盲目购买,不但不能提高公共服务质量,还可能造成财政资源的错配或低效配置。因此需要

---

[1] 何华兵:《政府购买公共服务中的多元主体责任研究》,《行政科学论坛》2018年第5期。

在相关制度文件中明确各级政府部门在购买中的责任范围与责任强度，引导购买服务的责任行为。

再次，强化公共责任理念需要在权力共享的基础上与承接主体共同承担服务供给责任。在合作治理中，"明确的责任归属和完善的责任机制，不仅可以矫正合作失灵及搭便车问题的产生，还能促进合作治理规范与有效运作"①。在政府购买公共服务中，承接主体在共享公共服务供给权力的同时也理应承担相对应的公共责任，这就需要购买主体在购买过程中，明确承接主体需要承接的公共责任范围与程度，并监督其公共服务责任的履行过程。

最后，强化公共责任理念，还需要对政府公共服务中公共责任不到位的行为进行问责。政府作为使用别人的钱为别人办事的主体，具有天然的权力扩张与资源浪费倾向。制度框架固然重要，但以身试法，不履行公共责任，侵害公共利益的行为时有出现，因此，强化公共责任理念还需要适时启动问责机制，通过让不负责任的政府行为受到惩罚，才能不断强化政府的公共责任意识。

二 强化成本控制理念

成本控制理念有助于实现通过购买公共服务节约财政资金的改革目的。随着政府购买服务规模的扩大，对成本控制的要求将会越来越高，成本控制理念的重要性也愈发明显。理论上通过市场竞争，可以达到控制成本的目的。但在政府购买服务的过程中，又多出了合同签约、监管评估以及竞争不充分等程序所带来的成本增加。在调研过程中笔者也发现，政府在核算购买公共服务成本时，较少考虑购买直接支出之外的其他成本，因此强化成本控制理念对于政府购买公共服务绩效不可或缺。

首先，购买主体在购买服务项目时要有成本意识，不仅要计算直接成本，还要核算整个购买服务过程中所产生的间接交易成本，如因

---

① 党秀云：《论合作治理中的政府能力要求及提升路径》，《中国行政管理》2017年第4期。

承接主体选择、合同监管、评估等而产生的成本。这在客观上需要购买主体细化公共服务价格结构，从而可以更为科学地测算购买服务所要支出的成本。

其次，完善公共服务定价多方参与机制，鼓励主要利益相关主体共同参与购买服务项目价格确定过程。受信息不对称的影响，政府在公共服务成本确定方面难以掌握完全的信息。因此，应鼓励消费者、第三方机构与政府和承接主体共同参与，这样可以较为公平地确定购买服务价格，合理控制购买成本。

最后，还可以通过政府购买公共服务成本规制的形式，合理界定服务项目的成本范围，提供规范的成本结构，并以此确定合理的购买价格。如2016年初苏州在全国率先制定了《政府向社会购买服务成本规制办法》，通过成本监审，对采用单一来源和定向委托方式的政府购买服务项目，当资金预算达到公开招标数额标准（一般50万元以上）时，要求购买主体委托政府价格主管部门，"通过调阅、审核、测算服务承接主体财务资料，确定服务成本水平的行为"，其结论作为确定购买服务项目合同价格的重要参考，这也是政府内部监管的一种形式。[①] 当然，根据政府购买公共服务资金规模普通较小的情况，成本规制对资金规模的要求还可以进一步放宽，对于较小规模的购买服务成本可以采用抽查的形式，以此强化购买主体的成本理念，进而达到通过公共服务节约财政资金支出的目的。

三　树立合作治理理念

合作治理理念是政府与社会力量成功合作的必然要求。政府购买公共服务是对政府垄断供给服务能力不足的一种自觉回应，从以政府为中心提供转向政府与社会力量合作提供。在政府与社会力量合作供给公共服务的过程中，只有各利益相关主体在目标一致性前提下共同合作，才能达到提升公共服务质量的目的。因此，"政府购买的价值

[①] 《苏州市政府关于印发苏州市政府向社会购买服务成本规制办法的通知》，苏州市人民政府网，http://www.suzhou.gov.cn/szsrmzf/jgzc/201602/UXTR2FCI08YGR7JFKNB R2YDZTDX3EDCH.shtml，2019年7月18日。

取向指向的是合作治理。"① "要解决政府购买公共服务的种种困境，最重要的是以合作共治理念取代传统的对抗监管思想。"②

首先，需要对政府与社会力量合作治理有一个全面的认识。从合作治理的内容方面，政府与社会力量合作供给公共服务，绝不是单纯共享权力或分享责任，而是在权力共享基础上共同承担公共服务供给责任。利益共享与风险共担是合作治理的基本内容。从合作治理的基本要求方面，不仅要求政府与社会力量在公共服务提供过程中的合作，更需要"在文化、制度和价值层面的相互认同和共识"③。从合作治理主体的地位方面，虽然政府购买服务中政府与社会力量处于平等地位，但政府不能因此而放弃对社会力量在服务提供中的支持。与西方国家服务外包所面临的市场竞争环境不一样，我国承接政府购买服务的社会力量还不成熟，政府购买经验也不足，为维护公共利益和保障政府购买服务质量，政府作为购买主体需要在购买服务中给社会力量必要的支持，而不能一包了之。当然，合作依然是政府与社会力量提供公共服务的主题，这就需要政府正确认识社会力量在公共服务中的地位与作用，发挥社会力量的主动性和积极性需要给予其在合作中更多的话语权，打破目前以参与为主、合作不足的现状。通过合作，共同推进政府购买公共服务绩效的改进与提升。

其次，合作治理需要强调合作多方目标的一致性，但也不回避各方存在的目标冲突。在政府与所有市场主体进行合作的案例中，都无法回避各方存在目标冲突的现实。在政府购买公共服务中，政府的主要目标是追求公共利益，通过与社会力量合作达到政府职能转变、公共服务效率和质量提高以及财政支出节约等多重目标。而社会力量的主要目标是通过购买丰富自身的公共服务实践，提高专业技能，促进

---

① 何艳玲、钱蕾：《"模糊的确定性"：政府购买内容的选择机制》，《四川大学学报》（哲学社会科学版）2016年第5期。
② 刘舒杨、王浦劬：《中国政府向社会力量购买公共服务的深度研究》，《新视野》2018年第1期。
③ 敬乂嘉：《购买服务到合作治理——政社合作的形态与发展》，《中国行政管理》2014年第7期。

组织的发展壮大。双方因公共服务供给这一共同目标开展合作，也即意味着双方在冲突的目标中是可以找到互利共赢的目标。正确的合作治理理念应该在强调合作中的共同目标时，不回避各自目标间的冲突。因此，为达到合作目标，合作治理应强调用沟通协商的办法解决公共服务供给问题，强调对话而不是对抗，在不回避存在冲突目标的前提下强调合作目标的一致性，以共同目标为主导，回应合作各方的共同关切。

最后，合作治理理念需要强化政府"元治理"的功能。在多元治理中，政府承担"元治理"的基本功能，主要表现为制定制度目标与规则①，并在公共利益受到侵害时采取补救措施等②。"元治理"并不否定政府与社会力量在购买公共服务中的平等地位，而是从强调政府公共责任的理念出发，将政府置于公共服务多元治理的中心位置，是强化公共责任理念和合作治理理念的必然要求。在政府与社会力量合作生产与供给公共服务的过程中，政府是购买服务政策的制定者和执行者，也是公共利益的维护者。在合同签订之后，政府也应该按照政府购买制度规定和合同约定，履行义务，承担过程监管、资金支付和公共服务质量保障的责任。只有政府"元治理"功能正常，合作治理的目标才更为明确，合作治理过程才更有方向。

四 树立数据治理理念

数据治理理念是大数据背景下提高政府购买公共服务绩效的必然选择。大数据的广泛应用为政府购买服务提供现代化的理念和科学的技术工具，政府购买公共服务要想进一步发展必定离不开大数据的支持。③ 采用大数据技术促进政府治理现代化也是当前各个国家不约而

---

① Jan Kooiman, Svein Jentoft, "Meta-Governance: Values, Norms and Principles and the Making of Hard Choces," *Public Admisnistration*, Vol. 4, No. 87, 2009, pp. 818-836.

② Bob Jessop, "The Rise of Governance and Risks of Failure: The Casw of Economic Development," *International Social Journal*, Vol. 155, No. 50, 1998, pp. 29-45.

③ 高晶晶、张跃胜：《大数据在政府购买公共服务中的作用探析》，《管理学刊》2016年第2期。

同的选择。① 数据治理理念的树立需要政府部门形成对大数据的正确认识。

首先,政府购买公共服务数据治理贯穿政府购买公共服务的全过程。数据就是信息,而信息是用来消除不确定的东西。政府购买公共服务处于大数据包围之中,购买效果在一定程度上取决于政府对大数据的认知与应用,树立数据治理理念,学会数据治理技术。在购买公共服务整个流程中都应坚持用数据说话,不仅在公共服务需求识别流程中需要相对完整的数据,在承接主体选择、服务提供过程中的监督管理、服务结束后的绩效评估等方面都需要大数据技术的支持。

其次,政府购买公共服务所需要的数据是完整有价值的数据。对于政府购买公共服务而言,并不是说收集的数据越多,越有利于购买公共服务绩效的提高。在信息大爆炸时代,数据无处不在,哪些数据有价值是需要识别的。因此,政府购买公共服务所需要的大数据是在对有效信息进行筛选的基础上形成的对政府购买服务过程管理有价值的完整数据信息。这些数据的来源既可能是政府部门,也可能是提供公共服务的其他机构。

最后,政府购买公共服务数据治理目标的实现需要各利益相关主体的共同努力。政府购买公共服务数据治理不是购买主体单方面的事情。数据的生成来自于公众的消费行为,数据的收集来自于政府各个职能部门和提供公共服务的企业、社会组织和事业单位,数据分析既可以由政府部门完成,也可以委托第三方机构完成。总之,只有各利益相关主体在目标一致的基础上进行有效合作,才可能利用大数据实现政府购买公共服务绩效的改进。

第二节 提高购买过程政府管理能力

对与政府部门有关的活动而言,绩效在一定程度上意味着政府的

---

① Martin Hilbert, "Big Data for Development: A Review of Promises and Challenges", *Development Policy Review*, Vol. 1, No. 34, 2016, pp. 135–174.

管理能力。在合作治理中，由于多主体间存在目标与利益冲突，"政府管理能力的缺失可能会扼杀合作"①，绩效更无从保障。可以说，像政府购买公共服务这类通过公私合作实现公共目标的项目，政府管理能力强弱决定了合作绩效的基本水平，也决定着政府能否成为"精明的买主"。目前对于公私合作的批评，主要源于政府依赖私人部门却又缺乏相应的管理能力所带来的系统问题，而不是公私合作本身。② 因此，在政府购买公共服务中，政府作为政策制定者、服务购买者、合同管理者和公共责任承担者，要维护购买机制的协调有效运转，降低不利因素对购买服务绩效的影响，对其购买过程的管理能力提出了较大的挑战。

一 提高购买决策能力

政府购买公共服务科学决策能力是指政府通过科学的决策程序，科学有效地确定购买什么、向谁购买和如何购买等问题的能力③，包括购买主体需求识别能力、消费主体服务需求识别能力、承接主体识别能力和购买决策能力。

首先，提高精准识别购买主体需求的能力。政府购买公共服务需求识别主要包括对购买主体需求和消费主体需求的识别。购买主体需求识别能力主要是购买主体对自身服务需求准确认识的能力。政府购买公共服务启动的首要条件是购买主体存在有效需求，即拟购买的公共服务是该部门应该提供、愿意购买并且有能力购买的公共服务。提高准确识别自身购买服务需求能力既可以避免仅以因政策鼓励和支持，或因其他政府部门购买而不考虑自身的购买能力与需求的跟风购买现象，也有助购买主体在购买决策时能够根据自身情况、公众需求

---

① ［美］约翰·D.多纳休、理查德·J.泽克豪泽：《合作：激变时代的合作治理》，徐维译，中国政法大学出版社2015年版，第271页。
② ［美］唐纳德·凯特尔：《权力共享：公共治理与私人市场》，孙迎春译，周志忍校，北京大学出版社2009年版，第5页。
③ 张菊梅：《合法性与有效性视角下政府购买公共服务的能力建设》，《社会科学家》2018年第7期。

和承接主体情况而科学决策购买什么、购买多少、向谁购买和如何购买的问题。因此，要正确认识购买主体需求识别及识别能力建设的重要性，规范购买主体服务需求识别的决策程序，推动购买主体提高精准识别自身需求的能力。

其次，提高精准识别消费主体服务需求能力。公众服务需求识别能力是指在购买前精准识别需求对象、需求数量、需求层次和需求质量等内容的能力。公共服务需求识别是一项专业性和技术性较高的工作，具备相应的需求识别能力是精准供给的前提，也是保障财政资金有效利用和消费者满意的先决条件。提高政府购买公共服务需求识别能力需要转变政府单方决策的传统，重视公共服务潜在消费者的消费需求；同时也需要加强公共服务需求识别知识和技术方法培训，提高购买主体对需求识别重要性的认识，掌握基本的需求识别技术和方法，习惯利用调查问卷、访谈、实地调查等方式进行需求调研，学习利用大数据技术进行需求分析与预测。当然，政府也可以通过购买服务的形式，把需求识别工作交给第三方机构来做，但这并不意味着政府就可以不具备需求识别能力了，对第三方机构需求识别质量的评估依然需求政府具备一定的需求识别知识和能力。

再次，提高承接主体识别能力。承接主体识别能力主要是指作为购买主体的政府对购买服务市场中承接主体的承接需求和公共服务供给能力进行有效识别的能力。政府购买作为政府与承接主体合作生产与供给公共服务的一种形式，承接市场上有多少有能力承接公共服务的主体，这些主体是否具有承接公共服务的需求都要求政府在购买服务前有一个基本的了解。这样才能根据自身的购买能力和公众的服务需求决定购买什么与购买多少的问题，同时也可为对承接主体采取什么监管方式提供信息依据。

最后，提高购买决策能力。购买服务决策能力是指政府通过什么方式、采用什么形式购买到既能节约财政资金、提高服务效率，又能使消费者满意的服务产品的能力。在确定了购买主体有购买需求并且有购买能力、消费主体也有消费需求的情况下，政府需要做的就是如何购买公共服务的问题。这其实对政府购买决策能力提出了较高的要求，需要具备准确认识各种购买服务方式的能力，如政府公开采购与非公共采购的适应范围，每类公共服务适合哪些购买方式，在这些购买方式中哪种购买方式更为经济、更有效率等，以及如何规范和控制购买过程，等等。

二 提高合同管理能力

政府购买公共服务在引入合同管理工具的同时，也在客观上要求政府具备驾驭这种工具的能力。政府从公共服务的直接生产者转向公共服务购买者、资金支持者、合同监管者和评估者等多重角色，每一种角色都对政府的合同管理能力提出了要求。[①] 因而合同管理能力成为解释公共服务市场化改革绩效的重要变量[②]，提高合同管理能力也成为政府购买服务绩效改进的重要切入点。政府购买公共服务中的合同管理能力包括合同文本管理能力、合同履行过程的监管能力和合同评估反馈能力。要具备这种能力就需要配备相应的专业人员，具备相应的合同管理知识和责任心。而对我国习惯于行政命令的各级政府而言，引入合同管理工具后，由于缺乏相关专业人才、对合同文本和谈判技巧不熟悉、合同执行过程中监管不到位、合同目标评估反馈跟不上等，时常发生合同签订前的逆向选择风险和合同签订后的道德风险。这在时刻提醒政府共享公共权力的同时，不能忽视对共享权力和共担责任的管理与约束能力建设，否则购买绩效难以保障。在这种情况下，提高购买主体的合同管理能力成为购买公共服务绩效改进的必然选择。

首先，提高合同文本管理能力。合同文本管理能力包括确定合同文本、调整合同文本和文本归档管理等方面的能力。政府购买公共服务引入了外部公共服务生产主体，生产什么、如何生产、遇到问题如何解决等系列问题都需要在合同文本中确定，因此政府购买首先对政

[①] ［美］E. S. 萨瓦斯：《民营化与公私部门的伙伴关系》，周志忍等译，中国人民大学出版社 2002 年版，第 73 页。

[②] Van Slyke, D. M, "The Mythology of Privatization in Contracting for Social Services," *Public Administration Review*, Vol. 3, No. 63, 2003, pp. 296–315.

府合同文本管理能力提出了挑战。在确定合同文本方面,要求作为购买主体的政府具备基本的合同谈判能力,掌握合同谈判技艺,就购买服务项目合作细节、双方权利与义务、违约解决方式等内容与承接主体进行充分协商,使合同条款既能体现公共利益,同时也能照顾到承接主体的利益。这实际上要求购买主体既要掌握合同法律专业知识,熟悉合同的基本构成要素,还要熟悉所购买公共服务基本性质、明确所要达到的目标以及承接主体的基本情况与服务能力等。因此,对购买服务部门而言,需要调整优化人才结构,实现法律人才、专业人才、管理人才的适当搭配。

其次,提高合同履行过程的监管能力。政府购买公共服务在使政府弱化公共服务生产职能的同时,要求强化对承接主体的监管职能。合同监管能力主要是在合同履行过程中购买主体对承接主体正确履行合同条款,有序实现合同目标的监管能力。合同监管是合同管理的核心环节,合同管理能力是合同有效运行的重要保障。[1] 政府合同监管能力要求要有既懂合同法、又懂购买服务专业知识的人员,还需要这些人员掌握基本的监管方法和充分的时间保障,否则可能会导致公共服务外包失控,引发"道德风险",阻碍购买服务目标的实现。监督内容包括公共服务供给数量和质量是否与合同的约定一致、购买资金的使用是否合理合法、购买服务信息披露是否及时完整以及合同履行中是否存在腐败行为等。当然,购买主体在购买服务资金是否及时足额拨付、购买过程中是否存在设租、寻租等违法违规现象也需要接受政府内部和社会主体的监督。

最后,提高合同评估反馈能力。合同评估反馈能力是对合同阶段性目标和总体目标进行评估并及时反馈的能力。合同工具的引入在客观上需要通过提高政府合同评估与反馈能力,以确保合同目标的实现。不具备精准评估合同目标是否实现的能力,就无法保障购买公共服务的质量。而在当前政府购买公共服务中,无论是过程评估还是结

---

[1] 李金龙、张慧娟:《地方政府购买公共服务中合同管理能力的提升路径》,《江西社会科学》2016年第5期。

果评估都普遍存在形式化现象，评估结果既没有反馈，也没有应用于绩效改进，这都与政府评估与反馈能力不足有关。为此，一方面，可以通过引入第三方评估，以弥补政府评估能力的不足；另一方面，政府也需要加强评估与反馈理论知识与方法的培训，提高购买主体内部的评估与反馈能力。同时，还需要注意的是，政府在引入第三方评估的时候，不要放弃结果反馈责任，合同评估结果的反馈工作还需要购买主体来做，一是政府部门在反馈面谈中更具有权威性；二是政府部门有责任知道评估的结果并通过结果反馈来改善绩效。

三 提高协调沟通能力

政府购买公共服务沟通协调能力主要是指购买主体为促进政府购买服务政策实施，与相关主体之间进行信息沟通协调的能力，包括政府内部的沟通协调能力和外部沟通协调能力。政府购买服务其实就是整合政府与市场资源，通过公私合作以实现公共服务供给的合作治理过程。在合作治理中，各主体之间的合作是治理绩效的保障，而沟通协调就成为合作治理中的日常工作。对政府购买公共服务而言，政府在合作治理中的沟通协调能力对治理绩效具有重要的意义。如果政府无法管理和协调公共部门与私人部门、公民、社会组织的关系，就可能产生成本超支、表现欠佳和公民不满的结果。[1] 购买主体良好的沟通协调能力，既有助于理顺购买主体与政府内部各部门之间的关系，避免因相互牵制、互相推诿而产生的内耗，降低行政成本；也有助于理顺与承接主体和公众之间的关系，变阻力因素为动力因素，提高购买服务效率。提高政府沟通协调能力首先需要政府准确定位其在购买服务中的角色，其次要及时回应公众服务需求，最后还要提高沟通协调技巧。

首先，准确定位购买主体在购买服务中的角色地位。在购买公共服务中，政府是购买决策者、购买者、服务生产与供给的监管者与评

---

[1] ［美］G. 沙布尔·吉玛、丹尼斯·A. 荣迪内利：《分权化治理：新概念与新实践》，唐贤兴、张进军译，格致出版社2013年版，第35页。

估者。对于购买主体而言，可能是购买服务的决策者，但大多数时候是购买服务决策的落实者。为此，在政府购买服务中，购买主体既需要领会购买服务政策要义，还要在政府内部部门的监管下合理使用购买服务财政资金，不折不扣地落实政策。这就需要购买主体具备良好的沟通协调能力，保持与决策主体、监管主体、财政部门良好的沟通协调关系，以保障购买服务工作顺利开展。同时，政府购买公共服务项目目标的实现是以购买主体与承接主体的良好合作为前提的。虽然在购买服务合同中购买主体与承接主体的地位是平等的，但由于政府在公共服务供给中习惯于以管理者的身份发号施令，所以不论在与公众还是与承接主体的沟通过程中，常常因角色定位错误而影响沟通协调的效果。因此，准确定位政府在购买服务中的角色与地位，是提高沟通协调能力的重要前提。否则，用命令代替沟通、用管理代替协调，常常会因政府的一意孤行而偏离了政府购买公共服务的重要目标。

其次，及时回应公众需求。需求回应是需求识别的延续，主要是指在政府精准了解公众的服务需求后或者在服务提供中发现公众服务需求变化时，及时回应并满足公众服务需求的行为。在政府购买公共服务中，公众的需求是政府购买公共服务项目存在的最基本前提，没有公众的需求，政府购买公共服务项目将失去存在的意义。政府对公众服务需求的回应能力是回应速度、回应技巧与回应效果的综合体现，关系到公共服务诉求的传达与解决，不仅影响公众的服务满意度，也影响政府与公众之间的信任关系。这在客观上要求重视公众服务需求，树立公共服务的基本理念，建立制度化的服务需求信息收集渠道，提高需求回应的效率与效果，从购买服务决策、服务生产与供给、服务监督管理和服务过程与绩效评估等整个购买服务流程都要快速回应并尽力满足公众需求。当然，回应公众的需求也需要为公众创造一个宽松的需求表达环境和顺畅的需求表达渠道，使政府与公众在良性互动中提高回应的效果。

最后，提高政府沟通协调技巧。沟通协调既是一种能力，更是一门技术。作为购买主体的政府在购买服务中起着关键性作用，既需要与政府内部各部门进行沟通，还需要与承接主体及公众进行沟通。不同的主体需要沟通协调的内容都不一样，因此采用的沟通协调方式方法也不一样。这就要求作为主要沟通者的购买主体要掌握基本的沟通协调技巧，根据不同的沟通对象合理选择沟通方式、方法、时间、地点，以取得最佳沟通协调效果。提高沟通协调技巧的方法既可以在工作中学习，还可以通过专门的培训。需要指出的是，在调研过程中笔者发现，政府部门很少举办专门的购买服务知识培训，有关购买服务中的沟通协调培训几乎没有。因此，加大购买服务业务与其支持技能的培训对于购买服务绩效改进而言具有重要的意义。当然，对于政府而言，沟通协调能力还包括能够调动承接主体和消费者遇到困难问题主动沟通的能力，这样才更有利于增加各方在共同目标上的一致努力程度。

四 提高资源整合能力

政府购买公共服务的有效供给不仅依赖于政府所提供的购买资源、政策支持等公共资源，也依赖于社会力量的专业技术、设施设备、服务品牌等专业资源。整合政府内外资源以实现服务供给质量的改善也是政府购买服务改革政策设计的基本出发点。政府购买公共服务中的资源整合能力就是在政府主导下，有效整合政府内部资源，企业、事业单位、社会组织、社区、志愿者等政府外部资源，通过与社会力量合作以提高公共服务质量的能力。而目前在政府购买公共服务中，尚没有有效整合政府内外资源，资源利用不充分的情况比较普遍，提高政府资源整合能力无疑可以提高购买公共服务绩效水平。

一是提高整合政府内部资源的能力。落实"政府统一领导，财政部门牵头，民政、工商管理以及行业主管部门协同，职能部门履职，监督部门保障"的工作机制，实现部门之间协调运作，需要整合不同政府部门在同一类购买服务中的资源优势，避免政策、人力、资源、监管等资源重复低效投入运行。政府内部资源整合能力是各个部门协调运作与资源高效使用的表现，统一认识是资源整合能力的基础，沟通协调能力是资源整合能力的保障。

二是提高整合购买服务市场资源的能力。目前我国购买服务市场不成熟，主要表现为社会组织规模、专业能力和内部管理能力都处于发展阶段；事业单位改革正在进行中，事业单位功能转换尚未完成；企业在参与公共服务中，公益性不足。如何通过购买服务整合社会组织、事业单位和企业的优势资源，实现不同服务类型、不同规模和不同管理优势的社会力量在购买服务中发挥各自的优势，成为政府公共服务的有效补充，需要政府从政策、资源等方面引导，从而可以推动购买服务市场资源得到有效整合，促进社会力量健康、有序发展。

三是提高整合政府、社会与市场资源的能力。在整合政府内部资源和帮助市场整合社会力量资源的基础上，还需要把政府资源与市场资源整合起来，实现优势互补，才能在购买服务中实现政府职能转换、服务质量提高、社会组织培育和促进事业单位改革的多重目标。这就需要把政府资源与社会、市场资源在购买服务中整合在一起，避免各自的碎片化运转和资源分割，这包括在公共服务供给中整合各参与主体的信息资源能力、技术资源能力、管理创新能力等。

第三节　完善政府购买公共服务制度体系

"制度在社会中的主要作用，是通过建立一个人们互动的稳定结构来减少不确定性。"[1] 政府购买公共服务制度体系是绩效改进机制运作的制度环境，可以为主要参与者提供基本行为准则，通过减少行为的不确定提高合作治理绩效水平。目前，我国在政府购买公共服务领域已形成以《中华人民共和国政府采购法》、《中华人民共和国政府采购法实施条例》和中央政府部门及地方各级政府出台的指导意见、管理办法等规范性文件为核心的制度体系，这也是政府购买公共服务实践运行的重要制度保障。但相对于轰轰烈烈的政府购买公共服务实践，目前制度体系存在覆盖面不全、法律层次低、操作性不强和部门

---

[1] ［美］道格拉斯·C. 诺思：《制度、制度变迁与经济绩效》，杭行译，韦森审译，格致出版社、上海三联书店、上海人民出版社2014年版，第6页。

间规定不统一等问题，成为阻碍购买服务绩效改进的重要因素。因此，政府作为公共服务需求者和购买服务政策制定者，须承担起制度建设的重任①，为政府购买公共服务提供配套的法律制度支持，促进购买服务健康有序发展。

一 完善政府购买基本法律制度

政府购买公共服务作为一项改革创新工程，需要有完善的政策制度予以保障，其中法律法规是最重要的制度形式。② 目前，《中华人民共和国政府采购法》和《中华人民共和国政府采购法实施条例》是我国政府购买服务最高层次的法律，后者把公共服务作为政府采购的内容之一。这一法一条例都是针对通过政府采购形式购买的公共服务，但在购买服务实践中，有相当比例的购买形式采用的是直接委托、项目申请、项目补贴等形式，因此政府采购法并不能完全覆盖购买公共服务的所有范围与形式。同时，目前对于政府购买主体、范围、程序等内容的规定都是部门规章的形式，法律层次较低，约束力不强。因此，随着政府购买服务改革的快速推进，政府购买服务的规模将会不断扩大，需要制定专门的政府购买公共服务法律文件。否则，难以从根本上实现购买绩效的持续改进。

首先，在法律中明确政府购买服务与政府购买公共服务的区别，模糊化的处理既容易使政府混淆购买自身运转所需服务与购买公共服务，以致在实践操作中误把维护政府运转的服务当作公共服务来购买。在一些地方政府公开的政府购买公共服务信息中就有自身运转所需的服务。如果不能明确区分公共服务与政府自身运转所需服务，购买公共服务的绩效改进将会遇到障碍。

其次，在法律中明确政府购买公共服务的基本程序等内容。虽然《政府采购法》规定有采购程序，但已有研究多认为普通货物、工程

---

① 敬乂嘉：《控制与赋权：中国政府的社会组织发展策略》，《学海》2016年第1期。
② 王浦劬、[英]郝秋笛等：《政府向社会力量购买公共服务发展研究》，北京大学出版社2016年版，第32页。

与服务采购程序并不完全适应于购买公共服务。同时，当前《政府采购法》也难以涵盖政府购买公共服务的基本方式、资金支付形式、监管主体、评估主体与评估标准、购买服务退出机制等内容，因此需要出台一部专门的法律对这些内容预以规范。

最后，提高制度的权威性和稳定性。目前的部门规章，层次相对较低，约束力低于全国人大及其常委会通过的法律法规，因此出台政府购买公共服务的专门法律有利于提高政府购买公共服务的法律层次，对于购买行为的约束力更强。同时，法律相对于部门规章和政策性文件，更具有稳定性，对购买服务行为的引导性更强，这样更有利于保障购买服务绩效水平。

当然，一部法律的出台并不是件容易的事。考虑到我国政府购买公共服务地方发展实践不平衡的现实，可以在总结地方购买服务实践经验和问题的基础上，掌握政府购买公共服务基本规律，弄清其中的法律关系，再逐渐进入立法程序。当前，可以鼓励地方政府在实践探索的基础上，出台完善政府购买服务的政策文件，以供其他地区学习。在条件成熟之时，再制定专门法律。这样既能避免法律仓促出台带来的风险，也能够提高法律实施后的稳定性预期，更有利于规范和引导购买服务行为。

二　建立政府购买监管制度

制度是政府购买服务监管的基本依据。我国政府购买公共服务监管法律体系建设明显滞后，到目前为止还没有专门的制度对政府购买服务监管进行规范，难以适应政府购买公共服务快速发展。2013年国务院办公厅发布的《指导意见》规定"购买主体应建立健全内部监督管理制度，按规定公开购买服务相关信息，自觉接受社会监督。承接主体应当健全财务报告制度，并由具有合法资质的注册会计师对财务报告进行审计。财政部门要加强对政府向社会力量购买服务实施工作的组织指导，严格资金监管，监察、审计等部门要加强监督，民政、工商管理以及行业主管部门要按照职能分工将承接政府购买服务行为纳入年检、评估、执法等监管体系"，但这些规定原则性较强，在实践中约束力不足。地方性制度文件大多套用了国务院办公厅发布的《指导意见》规定，原则性地规定了审计部门、监察部门、公众可以对政府购买公共服务进行监督，对于具体如何监督没有详细规定，实质性的操作规范很少。因此，需要完善政府购买服务监管制度体系，对监管对象、监管主体、监管内容进行明确规定，强化监管的制度约束力。监管的对象不仅包括作为承接主体的社会力量，还包括作为购买主体的行政机关、事业单位等；监管的主体不仅包括政府主体，还包括公众、独立的第三方等外部主体；监管的内容包括政府购买公共服务的整个流程。

三 完善政府购买预算管理制度

政府购买公共服务预算管理制度包括预算编制、预算审核、预算监管和预算执行评估等内容。针对目前存在的预算编制审核形式化、预算监管和评估不到位等问题，需要完善预算管理制度，以政府购买服务预算绩效管理为切入点，提高购买服务质量，节约公共支出成本。

一是规范政府购买公共服务预算编制。虽然《政府购买服务预算管理办法》和其他制度文件都明确规定先有预算后购买、不得以购买作为增加财政支出的依据等，但其对于购买服务的公共性要求不明确，结果是在实际操作中，政府机关后勤服务多于公共服务，并且在预算编制过程中支出依据不合理、目标不明确、评估指标体系缺失等问题并存，致使购买服务预算呈现支出随便性和绩效模糊性的特点，既不利于对政府购买服务进行成本控制，也不利于对预算支出进行绩效评价。因此，需要以制度形式规范预算编制内容，提高预算编制的科学性，增加购买预算的法律约束力。

二是严格政府购买服务预算审核。针对政府购买公共服务预算审核形式化的现象，要提高财政部门预算的合规性审核，从预算环节加强政府购买公共服务成本控制，明确预算支出绩效目标，细化评价指标体系。

三是加强政府购买公共服务预算监管。增强政府购买公共服务预算监管的可操作性,对预算目标执行进行全过程跟踪监管,及时发现目标偏离问题并采取相应的纠正措施,确保政府购买公共服务资金规范使用和绩效目标实现。

四是加强政府购买公共服务预算支出评估。要强化绩效管理理念,按照建立全过程预算绩效管理机制的要求,坚持目标和结果导向,扩大购买服务预算绩效评价范围,把评估结果作为购买主体以后年度购买预算增减的依据。同时,通过加强评估结果应用,控制购买公共服务成本。

四 健全政府购买信息公开制度

信息公开可以降低制度安排中的各种交易成本,提高制度绩效。[①] 目前我国政府购买公共服务信息公开程度较低,这对于承接主体选择、过程监管和绩效评估都产生不利影响。因此,改进政府购买公共服务绩效,促进各项机制有效运转,必须健全购买服务信息公开制度,以制度形式增加购买过程的透明程度。

一是完善政府购买服务预算及其使用过程信息公开制度,增加政府购买公共服务预算及其使用过程的透明度。相关部门应明确要求各级政府购买公共服务预算与政府其他预算一起在政府部门网站上公开,同时公开预算执行的过程,接受公众和社会监督。

二是完善政府购买服务制度与购买过程信息公开制度。公开政府购买公共服务全过程数据信息,既有助于提高社会监督的便利性,也有助于提高绩效评价质量、可信度和有效性,促进购买服务绩效水平提升。[②] 因此,各级政府不仅需要在政府购买公共服务信息平台或通过其他渠道公开政府购买公共服务制度、指导目录,还需要把购买服务采购信息、承接主体选择结果信息、购买服务生产过程信息等向社

---

① Sergio Fernandez, "Understanding Contracting Performance an Empirical Analysis", *Administration and Society*, Vol. 1, No. 41, 2009, pp. 67-100.

② ShareefM. A., DwivediY. K., KumarV. et al, "Reformation of Public Service to Meet Citizens' Needs as Customers: Evaluating SMS as an Alternative Service Delivery Channel", *Computers in Human Behavior*, No. 61, 2016, pp. 255-270.

会公开，以利于政府内部监管，也便于公众了解和监督政府购买公共服务的提供过程。

三是完善绩效评估结果及其应用信息公开制度。政府购买公共服务的评估结果不仅要向购买主体、承接主体公开，还要向社会公开，接受社会审查和评判，从而通过提高评估的质量来提高购买服务的质量。同时，不但要在政府网站或指定信息平台上公开政府购买公共服务绩效评价结果或项目验收报告，还应公开绩效评价结果的应用信息，如被评价项目的绩效改进进展、改进结果；政府购买公共服务应用于购买主体预算的编制、预算增减以及承接主体的选择情况；等等。

总之，政府购买公共服务信息公开制度不仅对购买主体、承接主体形成一定的压力，同时也是一种动力。公开透明的购买服务过程信息，必然能够促进购买服务绩效的有效提升。

五　完善政府购买绩效管理制度

政府购买公共服务绩效管理制度是绩效改进的基础制度。目前对政府绩效方面的实践关注多侧重于绩效评估，而忽视绩效管理过程和评估结果的应用环节，绩效管理的目标是为了绩效改进，但绩效管理需要有制度支持。

一是明确绩效管理的参与主体。目前，政府购买服务绩效管理的参与主体多强调财政部门和购买主体部门在绩效管理中的主体责任，对承接主体在绩效管理中的责任与义务强调较少。同时，在加大购买第三方评估服务的同时，忽略审计部门在绩效评估中的主体责任。因此，应该首先强化政府内部绩效管理主体在购买服务中的责任，充分发挥政府内部主体的作用。

二是规范绩效管理过程。政府购买公共服务作为使用财政资金的公共项目，应改变目前重视评估和监管，轻绩效计划和评估结果应用的现象，以制度形式要求政府购买公共服务从绩效计划、绩效监管、绩效评估和结果应用四个环节实施绩效管理，推动购买主体重视绩效计划的制定，加大绩效监管力度，提高评估的科学性，并强化绩效结果应用。

三是实现购买服务标准与公共服务标准体系的衔接。服务标准是政府购买公共服务绩效管理和评估的重要依据，因此在国家公共服务标准确定的背景下，应尽快实现购买公共服务标准与公共服务标准体系的衔接。

四是制定具有可操作性的评估指标体系。随着我国政府购买服务规模的不断扩大，在基本公共服务和非基本公共服务领域将有更多的服务类别被纳入购买服务范围，不同地方政府将会购买同类的公共服务。如果让每个地方政府都单独开发评估指标体系，既不现实也不必要，因此可以考虑由中央政府职能部门主导，根据本部门购买服务的特点，在征求各级政府部门和专家意见的基础上，开发各类政府购买公共服务基础指标体系，地方在使用时可以根据本地情况进行适当调整。

五是强化绩效评估结果应用。鉴于目前各地政府绩效评估结果不应用或应用不充分的现象，需要以制度的形式规定政府购买公共服务绩效应用的形式，并通过公开应用过程的方式强化绩效评估结果应用。同时，对于依然不应用或不充分应用的政府部门应启动收回购买服务项目、缩减预算拨款等惩罚机制，从而形成绩效管理重过程、过程管理有评估、评估结果有应用的良好绩效管理氛围。

第四节 优化政府购买公共服务环境

政府购买公共服务绩效是购买主体、承接主体与消费主体在一定的制度环境与市场环境中共同行为的结果，因此政府购买公共服务绩效改进不是政府一个巴掌可以拍响的问题。在政府理念转变、能力提升与制度完善的基础上，还需要优化能够促进政府购买公共服务绩效提升的环境。在该环境中，竞争有效，购买主体、承接主体和消费者等都能够成为绩效改进的推动力量。

一　优化购买服务市场竞争环境

通过引进市场竞争的方式促进公共服务质量提高是政府购买服务

改革政策设计的基本出发点。因此，良好的市场环境是政府购买公共服务改革取得成功的关键。购买服务实践经验也表明，凡是市场竞争比较充分的地方，购买成本降低、质量与效率提高以及促进社会组织发展等方面的效果较好；而那些市场竞争不充分的地方，政府购买服务的绩效表现大都欠佳。与一般商品市场不同，政府购买服务市场中的购买需求主体与服务消费主体是分离的，购买服务市场规模取决于政府购买规模，没有政府购买，就没有对购买服务的消费。市场缺陷越大，竞争越不充分，政府要成为"精明买主"的压力越大。因此，购买市场能否形成有效的竞争，关键在于政府对市场竞争主体的培育和市场竞争环境的维护。而目前因购买主体思想观念陈旧、内部购买、权力寻租和社会组织发育不成熟等原因，在购买服务市场存在竞争不充分、故意规避竞争等现象，不但不利于形成良好的市场竞争氛围，还会成为绩效改进的阻碍因素。

一是继续扩大购买范围与购买规模，通过市场主体培育促进竞争市场的形成。我国政府购买公共服务竞争市场是在购买服务过程中不断发展的。政府购买服务政策改革的一个重要目的就是培育社会组织，优化购买服务市场竞争环境。政府可以通过法律、制度、政策为社会组织创造更加广阔的发展成长空间；通过购买服务扩大社会力量的资金来源，提高社会组织与其他社会主体生产和提供公共服务的能力。[①] 目前一些地方政府由于对改革效果预期不确定性和不愿意放权等多重因素的影响，对购买服务持观望态度，但公共服务市场化改革已成为不可逆转的发展趋势，等待观望不会自动创造出良好的竞争市场，政府目前所要做的是有计划地扩大购买服务范围与购买资金规模，提高自身购买服务管理能力，通过购买达到培育社会组织和政府改革目标实现的目的。

二是在购买服务过程中，维护市场竞争环境，避免人为因素对市场竞争的干扰。"一个市场，不论是已经存在的还是正在产生的，要

---

① 王浦劬：《政府向社会力量购买公共服务的改革意蕴论析》，《吉林大学社会科学学报》2015 年第 4 期。

想拥有效率,就一定要有竞争。"① 政府不仅有培育购买服务市场主体的责任,还具有维护市场竞争环境的义务。在政府购买公共服务中,良好的市场竞争环境表现为针对某一政府购买服务项目,所有具备条件的承接主体都能够平等地参与竞争。在我国政府购买服务实践中,出于管理、信任、沟通方便等考虑,不少政府采用直接委托、邀请招标的形式优先选择具有政府背景的体制内社会组织或自己熟悉的承接主体,限制其他主体参与购买服务的机会。甚至有些地方政府在形式上采用招投标的形式,结果还是有目的地选择了特定的承接主体。这实际上不仅违背了政府购买服务改革目标设计中培育社会组织的要求,同时也破坏了市场竞争环境。没有竞争,难以发现更为优秀的承接主体;没有竞争,也难以优化市场环境。因此,在政府购买服务实践中,政府应成为市场环境的维护者,正如本书在上一章承接主体选择机制中设计的那样,可以在一个服务项目中选择两个及以上的承接主体,这样既维护了市场环境,还能通过促进承接主体之间的竞争加快其成长与发展。

二 优化各主体之间的信任环境

信任是合作的基础,相互信任才能够真诚合作。② 在政府购买公共服务过程中,政府与承接主体、承接主体与消费主体之间的信任关系建立对购买服务目标实现起着推动作用。而在我国政府购买公共服务实践中,消费主体对承接主体不信任、购买主体与承接主体之间相互不信任等问题既不利于需求识别机制、承接主体选择机制、监管管理机制、沟通协调机制及评估反馈机制的有效协调运转,也不利于绩效改进。优化各主体之间的信任环境可以从及时回应公众需求、加强各主体之间的沟通协调、共享购买服务信息等方面进行改革。

首先,对公众需求与意见建议的及时回应是构建政府与公众之间

---

① [美]唐纳德·凯特尔:《权力共享:公共治理与私人市场》,孙迎春译,周志忍校,北京大学出版社2009年版,第26页。
② 党秀云:《论合作治理中的政府能力要求及提升路径》,《中国行政管理》2017年第4期。

信任关系的关键所在。无论政府在购买公共服务决策前还是购买公共服务过程中忽视或者不重视公众的声音，结果都会导致公众因不信任而不支持购买公共服务。而一旦失去对政府的信任和信心，公共项目的根基就会受到威胁。① 因此，在政府购买公共服务过程中，首先要从政府层面重视公众的声音，不仅要畅通公众参与渠道，更重要的是对公众的需求与建议进行及时回应，这样才能让公众相信购买公共服务不是政府甩包袱、撂挑子，而为了提升公共服务质量、满足公众服务需求，才会以实际行动参与和支持购买服务过程。

其次，通过沟通促进理解是各利益相关主体之间增加信任的重要途径。在政府购买公共服务过程中，各利益相关主体之间的所有不信任都是因为担心对方在追求自身利益最大化的过程中偏离了合作的共同目标。公众担心政府考虑的是权力的扩大而不是公共利益，担心承接主体考虑的是经济利益而不是服务质量，担心承接主体与政府合谋侵害公共利益；政府不相信公众参与水平而不愿意让其参与，不相信承接主体在服务提供中可以自觉维护公共利益；而承接主体则担心政府在购买服务中对其组织进行行政干预，影响组织独立性。良好的信任环境并不是自发形成的，需要各利益相关方主动作为。各方建立信任的最重要因素是在诚实基础上的相互理解，而要达到理解就需要沟通。这就需要作为购买发起主体的政府构建沟通交流机制，畅通沟通交流渠道。

最后，共享政府购买服务信息。不信任是因为不理解。沟通交流固然能够促进各方相互了解，但是沟通交流的成本也很高，如果可以共享政府购买服务信息，不但可以节省沟通交流成本，还可以促进相互理解。目前，购买服务信息透明度不高，政府与社会之间信息共享度较低。由于政府与承接主体之间的相互不信任，双方在政府购买公共服务过程中的信息共享多是被动的，没有实现双方项目管理信息和进展信息有效共享。因此，除了促进政府购买公共服务信息公开外，

---

① ［美］唐纳德·凯特尔：《权力共享：公共治理与私人市场》，孙迎春译，周志忍校，北京大学出版社2009年版，第5页。

还需要在政府推动下促进政府与承接主体之间的信息共享,通过共享促进双方的相互理解,打开信任之门。而从承接主体角度,需要完善信息披露与自我监管机制,通过信息透明和信息共享赢得政府和公众的信任。

三 优化购买服务公众参与环境

良好的参与环境,既有利于公众表达需求,也有助于公众监督政府购买公共服务过程,促进政府与承接主体共同努力提高公共服务质量。

一是提供更多参与机会。目前,在政府购买公共服务中,从需求识别到绩效评估,作为消费主体的公众参与都非常有限。即使有参与,也表现为有限参与或冷漠参与。"如果公共决策中缺乏公民参与,那么这些政府提供的服务可能是毫无意义的。"[1] 同时,如果没有公众参与公共服务的供给过程,也无法保证能够满足多元主体对服务的差异化需求。[2] 而要鼓励公众参与,就要提供更多参与机会,在需求识别中让公众有机会充分表达需求;在承接主体选择中,让公众有机会了解哪些主体可能为自己提供服务;在服务提供过程中,让公众有机会监督服务供给与评估服务质量。总之,政府提供的参与机会越多,公众才越有可能参与并支持购买服务。

二是畅通参与渠道。提供参与机会只是提供了参与的可能,而要真正参与还需要畅通参与渠道。在政府购买服务实践中,多是由于公众不知道通过何种渠道参与购买服务过程而不能参与,如购买服务前没有需求识别环节,相当于没有打开参与大门;或者因为参与渠道不畅通而放弃参与。如在购买服务提供过程中,消费者想反映问题而不知道哪个部门负责,结果没法参与。因此,良好的参与环境,需要在

---

[1] [美]约翰·克莱顿·托马斯:《公共决策中的公民参与》,孙柏瑛译,中国人民大学出版社2010年版,第5页。
[2] 郑建君:《政治参与、政治沟通对公共服务满意度影响机制的性别差异——基于6159份中国公民调查数据的实证分析》,《清华大学学报》(哲学社会科学版)2017年第5期。

政府的主导下畅通政府购买公共服务各个流程环节的参与渠道，如购买前进行大范围的需求识别；在政府购买服务信息平台或其他政府网站提供公众监督政府和承接主体的渠道；在购买服务绩效评估中，让服务消费者作为重要的评估主体参与评估；等等。

三是尊重参与结果。提供参与机会和畅通参与渠道不是公众积极参与的充分必要条件，尊重参与结果才能维持长期有效的公众参与。目前，不仅是在政府购买公共服务领域，在其他领域也是一样，即使政府提供了参与机会与渠道，但公众依然没有参与的热情，甚至表现出参与冷漠，其中一个重要的原因是公众认为自己参与只是形式性参与，不能产生影响政府决策的效果。因此，要优化参与环境，更需要尊重公众参与结果，让公众真正感受到自己的参与是有价值的，相信自己的参与能够改善公共服务的供给质量。

四 优化社会组织发展环境

政府购买公共服务需要购买主体、承接主体合作才能完成，其绩效水平既受制于购买主体的基本理念与管理水平，也受制于承接主体的公共服务能力和专业技术水平。社会组织作为我国政府购买公共服务最重要的承接主体之一，促进社会组织健康快速成长对于购买公共服务绩效改进具有重要的作用。目前无论是数量还是质量都不能满足日益增长的政府购买公共服务需求，因此需要政府创造良好的社会组织发展环境，落实社会组织发展优惠政策，在促进社会组织发展壮大的同时引导其规范发展，优化社会组织的发展环境。

一是落实社会组织扶持与税收优惠政策，促进社会组织发展壮大。培育社会组织是政府购买公共服务改革的主要目标之一。目前，我国社会组织数量和质量尚不能满足政府购买公共服务的需求，因此为促进其发展，应着手优化政策环境和发展环境。首先，在政策环境方面，有条件的地方政府可以加快建立社会组织孵化发展平台，助力社会组织稳步启动，在政府扶持与购买服务参与中逐步壮大。其次，加大政府购买公共服务规模，通过购买为社会组织发展提供资金支持，提供良好的市场成长环境。最后，落实社会组织税收优惠政策。

目前，社会组织税收优惠政策落实存在困境，在调研中笔者也发现社会组织申报税收优惠受到的限制较多。税收优惠政策存在着比较零散、程序烦琐、免税资格认定复杂等问题①，使大部分组织被排除在优惠政策之外。同时，财政部、国家税务总局《关于非营利组织企业所得税免税收入问题的通知》（财税〔2009〕122号）中又规定："因政府购买服务而取得的收入不属于税收优惠收入之列。"总的来说，目前的税收优惠政策及其落实情况不利于社会组织发展壮大，也不利于激励其承接政府购买服务。为此，一方面需要调整社会组织税收优惠政策，把政府购买服务收入纳入税收优惠范围之内；另一方面需要加大地方政府社会组织税收优惠政策执行力度，简化认定程序。

二是减少对社会组织的行政干预，维护社会组织的独立性。对于目前大多数社会组织而言，承接政府购买服务是其主要资金来源，为了争取政府购买服务项目或维持与政府之间的良好关系，很多社会组织在发展过程对政府产生严重的依赖倾向。在政府购买公共服务过程中，社会组织对政府的依赖使社会组织与政府的关系由协商对话演变为行政性服从，社会组织可能沦为政府部门的"下级单位"，组织成员异化为"街头官僚"②，这不仅影响社会组织独立性，还可能模糊政社关系，使社会组织成为政府职能的延伸，不仅不能通过购买服务促进社会组织发展和提高公共服务质量，反而可能增加公共财政支出。因此，在政府购买服务过程中，政府应尊重社会组织独立性，减少政府购买服务过程中对社会组织的行政干预，为维护其独立性与专业优势创造良好的环境。

三是适当延长政府购买公共服务项目时间。目前，除政府向企业购买的道路保洁服务项目外，大部分购买公共服务项目以一年为周期，实行一年一包。但每个项目都有准备和适应时间，特别是以人为服务对象的公共服务还需要经过一定时间的磨合期才能获得服务对象

---

① 刘俊：《社会组织税收优惠政策的成效和问题探讨》，《知识经济》2019年第36期。

② 叶娟丽、马骏：《公共行政中的街头官僚理论》，《武汉大学学报》（社会科学版）2003年第5期。

的认可，进入服务状态时间更长。如果承接主体在投入前期成本，获得了消费者认可后，又不能获得下一周期的购买服务合同，往往会陷入生存与发展的焦虑状态，结果可能是不把主要精力放在公共服务供给与质量改善，而是用于经营与政府的关系方面，以获得继续承接政府购买服务合同的机会。因此，要改进政府购买服务绩效，需要采取多种方式适当延长项目周期。一是可以在合同条款中直接约定项目周期。如社区养老服务，对社区环境和老年服务对象的了解都是社会组织投入的前期成本，一年的合同周期对承接主体而言明显过短；同时，频繁地更换承接主体，也不利于老年消费主体对承接主体信任关系的建立，因此可以根据公共服务项目的性质，分类施策，适当延长合同时间。有些政府或担心超过一年的购买服务合同与政府预算周期（一年）不一致，不能保证一年后的预算能够顺利批复，但这可在合同中约定如果申请不到预算合同自动终止的条款来加以解决。在当前鼓励政府购买的背景下，只要购买服务绩效有保障，国家经济平稳，预算的延续是可以预期的。二是可以采用合同加激励的方式设定延长服务合同的时间，如一些地方所使用的如果承接主体在绩效评估中达到一定要求，就可以把合同延长一年，不再重新招标。当然，为了鼓励竞争，给承接主体绩效改进施加压力，也需要规定合同续签的次数，达到最高续签次数，重新招标。这样既有利于促进政府购买服务市场竞争机制的完善，还可以促进承接主体一直关注政府购买公共服务的绩效问题。

第五节　小结

本章从重塑基本理念、提高管理能力、完善制度体系和优化购买环境四个方面提出政府购买公共服务绩效改革的基本路径。

一是在重塑基本理念方面，分析了公共责任理念、成本控制理念、合作治理理念和数据治理理念。其中，强化公共责任理念需要政府强化对购买公共服务责任的认知、以制度的形式确认购买服务中的基本权利与义务、在与承接主体共享权力时强化共享责任意识、对于

第八章 政府购买公共服务绩效改进的路径选择

失责行为及时问责等;强化成本控制理念要求购买主体树立成本意识,同时计算购买公共服务的直接成本与间接成本,完善定价多方参与机制,还可通过成本规制的形式测定购买成本与监管成本;树立合作治理理念需要对合作治理有一个全面的认识,在合作中强调目标的一致性,强化政府的"元治理"功能;数据治理理念需要认识到数据治理贯穿政府购买公共服务的全过程,数据治理所需要的数据是完整且有价值的数据,数据治理目标的实现需要各利益相关主体的共同努力。总之,理念是行动的先导。只有重塑理念,才能在购买公共服务中孕育出高绩效的结果。

二是提高购买过程政府管理能力。在公共服务供给中引入社会力量后,政府管理能力决定了购买服务绩效的基本水平,这包括科学决策能力、合同管理能力、沟通协调能力和资源融合能力。其中,科学决策能力是指政府通过科学的决策程序,科学有效地确定购买什么、向谁购买和如何购买等问题的能力,包括购买主体购买需求识别能力、消费主体服务需求识别能力、承接主体识别能力和购买决策能力等;政府购买公共服务在引入合同管理工具的同时,在客观上要求政府要具备驾驭这种工具的能力,主要包括合同文本管理能力、合同履行过程的监管能力和合同评估反馈能力等;政府购买公共服务沟通协调能力主要是指购买主体为促进政府购买服务政策实施,与相关主体之间进行沟通协调的能力,提高该能力需要政府准确定位其在购买服务中的角色、及时有效地回应公众服务需求和提高沟通协调技巧等;政府购买公共服务中的资源整合能力就是在政府主导下,有效整合政府内部资源,企业、事业单位、社会组织、社区、志愿者等政府外部资源,通过与社会力量合作以提高公共服务质量的能力,包括整合政府内部资源、社会力量资源和把政府与社会力量整合在一起的能力。总之,政府购买公共服务在与社会力量共享权力的同时,对于其履行责任的能力也提出更高的要求,要提高政府购买公共服务绩效水平,必然要求提高政府相应的管理能力。

三是完善政府购买公共服务制度体系。政府购买公共服务制度体系是绩效改进机制运作的制度环境,可以为主要参与者提供基本行为准则，通过减少行为的不确定提高合作治理绩效水平。针对目前我国政府购买公共服务存在的法律依据不足、监管制度不健全、预算管理制度不明确和信息公开制度不完善等问题，本章从完善政府购买服务基本法律制度、监管制度、预算管理制度、信息公开制度和绩效管理制度方面提出绩效改进的具体建议。其中，在基本法律制度方面，建议完善政府购买公共服务法律制度体系，明确区分政府购买服务与政府购买公共服务、明确政府购买公共服务的基本程序、提高制度的权威性和稳定性；在监管制度方面，完善政府购买公共服务监管制度体系，明确监管主体、监管对象、监管内容等，强化监管的制度约束力；在预算管理制度方面，需要从制度层面规范政府购买公共服务预算编制、严格预算审核、加强预算监管和预算支出评估；在信息公开制度方面，完善政府购买服务预算及其使用过程信息公开制度、政府购买公共服务法律制度与购买过程信息公开制度、绩效评估结果公开制度；在绩效管理制度方面，需要从制度上明确绩效管理的参与主体、规范绩效管理过程、实现购买服务标准与公共服务标准体系的衔接、制定可操作性的评估指标体系与强化绩效评估结果应用。总之，完善的制度体系能够为购买公共服务中的各方参与主体提供明确的行为导向。行为不确定性降低的结果，必然会提高购买公共服务的绩效水平。

四是优化政府购买公共服务环境。在政府理念转变、能力提升与制度完善的基础上，还需要维持一个能够促进政府购买公共服务绩效提升的环境，为社会力量有序竞争、各主体之间顺利合作、公众有效参与、社会组织健康发展创造一个良好的环境，从而可以促进各主体共同致力于政府购买公共服务绩效目标的实现，共同成为绩效改进的推进力量。为此本章从优化购买服务市场竞争环境、各主体间的信任环境、公众参与环境和社会组织发展环境方面提出具体建议。其中，市场竞争环境优化可以从扩大购买范围与购买规模、培育竞争市场、维护市场竞争秩序、创造竞争环境等方面进行改革；信任环境优化可以从及时回应公众需求、加强各主体之间的沟通协调、共享购买服务信息等方面进行改革；公众参与环境优化可以从购买公共服务过程中为公众提供更多参与机会、畅通参与渠道、尊重参与结果等方面着手；优化社会组织发展环境，需要政府从落实社会组织扶持与税收优惠政策、减少对社会组织的行政干预、适当延长政府购买公共服务项目时间等，促进其数量、规模与能力协同发展，提高其承接政府购买公共服务的能力与质量。

总之，政府购买公共服务绩效改进是一个系统工程，简单地修修补补如同创可贴的功效一样，治标不治本。而要实现政府购买公共服务绩效水平的持续改进，除了建立完善的购买公共服务基本机制之外，还需要及时总结先行先试地区的各种经验，推进政府在购买公共服务理念、能力、制度与环境方面进行系统的变革，以适应购买规模不断扩大的现实，指导与规范政府购买公共服务的实践行为，从而推动购买服务绩效的持续改进。

第九章 研究结论、不足与展望

作为本书的最后一部分，本章的主要目的是总结研究结论，同时梳理和分析研究中存在的主要问题与不足，提出今后有待进一步研究的相关问题。

第一节 本书的主要结论

在构建政府购买公共服务绩效改进的基本理论框架和对政府购买公共服务实践进行梳理的基础上，本书沿着政府购买公共服务当前的绩效现状如何、什么因素影响绩效与绩效改进、如何进行绩效改进的基本思路展开分析，主要研究结论如下。

一是在界定政府购买公共服务绩效改进基本概念的基础上，构建了政府购买公共服务绩效改进的理论模型。本书对公共服务、政府购买公共服务和政府购买公共服务绩效等基本概念进行了界定，指出政府购买公共服务绩效改进是在对政府购买公共服务绩效进行分析与诊断的基础上，找出影响绩效的主要问题，然后运用系统思维，从价值理念、基本流程、体制机制等方面系统设计绩效提升的整体性方案，以促进政府购买公共服务绩效持续提升的管理活动。在借鉴企业绩效改进理论的基础上，本书构建了政府购买公共服务绩效改进的理论框架，主要包括绩效现状分析、绩效差距的原因分析、绩效改进对策选择、绩效改进对策实施与评估几个部分。

二是对我国政府购买公共服务的实践与绩效改进探索进行较为系统的梳理。根据政府购买公共服务探索开始时间与推动政府购买公共服务的主要事件与政策进行划分，本书从自发探索（1994—2000年）、购买范围和规模逐渐扩大（2001—2013年）和快速发展（2014年至今）三个阶段分析了每个时期政府购买服务的范围、规模与主要政策。同时，对当前政府购买公共服务的基本流程、主要利益相关者及其主要职责进行了梳理。在此基础上，通过对实践探索的分析发现，政府购买公共服务从购买制度、购买程序、监管评估、购买方式、购买理念、评估结果应用等方面都是不断改进的。但这些绩效改进呈现碎片化的特征，缺乏系统化的绩效改进探索。

三是从过程绩效和结果绩效两个维度构建了政府购买公共服务绩效评价的指标体系，包括6个二级指标和23个三级指标，其中过程绩效的二级指标包括目标设置科学性、购买程序规范性和购买过程透明度三个，结果绩效的二级指标包括经济、效率和效果三个。利用调查问卷和政府网站数据对我国政府购买公共服务绩效现状进行分析和诊断的结果表明，无论是过程绩效还是结果绩效的各个三级指标，实际绩效与期望绩效水平都存在一定的差距，有些指标体系的绩效差距更为明显。通过中西部地区与东部地区的对比还发现，在所调查的样本中，东部地区在各个指标所展示的购买服务绩效水平总体上好于中西部地区。这也在一定程度上印证了购买服务经验越丰富，购买制度越完善，购买绩效水平越高的经验判断。研究结果也表明，无论是中西部地区，还是东部地区，政府购买公共服务绩效改进的空间都很大。

四是利用问卷调查数据与深度访谈资料，从参与主体、购买过程、购买制度和购买环境方面分析了影响政府购买公共服务绩效的主要因素。分析结果表明，在参与主体方面，主要表现为购买主体的基本理念、政策认知与执行程度、合同管理能力和沟通协调能力；承接主体的独立性和履约能力；消费主体的参与意愿和参与程度等；在购买过程方面，主要表现为购买程序完整与规范性程度、购买服务信息透明程度和各主体之间的信任关系等；在购买制度方面，主要表现为购买服务法律制度的可操作性、购买服务预算资金管理制度的完善程度、监管评估制度及其落实情况和购买服务激励约束机制的完善程度；在购买环境方面，购买服务市场竞争程度和政府间竞争压力具有较大的影响。本书还发现，购买主体、购买程序、购买制度和购买环境这些因素之间并不是独立作用于购买服务绩效水平的，各个因素之间相互影响、相互作用，共同影响一个项目进而影响整个政府购买服务的绩效水平。

五是从改进政府购买公共服务绩效的角度，本书提出要构建系统的绩效改进机制，并从需求识别机制、承接主体选择机制、绩效监督与管理机制、绩效沟通与协调机制、绩效评估与反馈机制和激励约束机制方面尝试构建政府购买公共服务绩效改进的主要机制。同时，本书也指出，政府购买服务绩效改进的各个机制并不是独立运作的，也不能自动发挥作用。这些机制的协调运转和对绩效的改进效果取决于购买主体的基本理念与购买服务能力、支持机制的制度体系和机制运行的环境等基本条件。

六是为保障绩效改进机制的协调运转，本书主要从政府角度设计了政府购买公共服务绩效改进的基本路径。首先，在政府理念方面，需要重塑公共责任理念、成本控制理念、合作治理理念和数据治理理念。其次，在政府能力方面，需要提高科学决策能力、合同管理能力、沟通协调能力和资源融合能力。再次，在购买服务制度方面，需要完善政府购买服务基本法律制度、监管制度、预算管理制度、信息公开制度和绩效管理制度。最后，在购买环境方面，需要优化购买服务市场竞争环境、各主体之间的信任环境、公众参与环境和社会组织发展环境。本书也指出，政府购买公共服务绩效改进是一个系统工程，简单地修修补补难以实现持续稳定的绩效改进，需要从系统的角度完善购买公共服务机制，同时推进政府在购买公共服务理念、能力、制度与环境方面的改革与创新。

第二节　研究不足与展望

受研究能力与其他因素所限，本书还存在以下不足。一是问卷调查主要集中于东部、中部和西部地区的一些省份，没有在全国范围内进行调查。同时，由于承接主体和消费主体比较分散，本书没有对这两类主体进行问卷调查，而是采用访谈的形式了解情况。二是从绩效改进角度构建政府购买公共服务绩效诊断与分析的评估指标体系也只是初步的探索。并且限于数据资料获取的困难，本书主要从熟悉购买服务过程的政府工作人员角度评价绩效，虽然也采用对多个参与主体的深入访谈资料，仍不可避免存在一些主观判断的成分。三是由于数据获取困难，本书对政府公共服务绩效影响因素的分析主要采用定性分析方法，没有从定量方面分析各个影响因素对绩效的影响程度。四是对政府购买公共服务绩效改进的机制和主要路径的探索，虽然比较系统，但由于涉及的内容太多，在具体建议方面也存在有些建议只是点到为止、不够具体的问题。

这些研究不足，也给笔者指明了研究方向和进一步需要研究的问题，包括扩展政府购买公共服务绩效评估主体范围，进一步完善过程绩效与结果绩效指标体系，在数据允许的情况下对各个影响因素对购买公共服务绩效的影响程度进行量化分析，以及在条件许可的情况下选择一些购买服务项目进行绩效改进的全过程跟踪，等等。随着政府购买公共服务实践的推进，接下的来研究中还需要做更多的深入访谈。

总之，本书的结束并不意味着笔者对政府购买公共服务绩效改进关注的结束。"路漫漫其修远也，吾将上下而求索。"笔者也将会继续努力！

参考文献

一 著作

（一）中文

［美］埃莉诺·奥斯特罗姆：《公共资源的未来：超越市场失灵和政府管制》，郭冠清译，中国人民大学出版社2015年版。

［美］埃莉诺·奥斯特罗姆，拉里·施罗德，苏珊·温：《制度激励与可持续发展》，陈幽泓等译，上海三联书店出版社2000年版。

陈振明等著：《公共服务导论》，北京大学出版社2011年版。

［美］E.S.萨瓦斯：《民营化与公私部门的伙伴关系》，周志忍等译，中国人民大学出版社2002年版。

陈振明主编：《政策科学——公共政策分析导论》，中国人民大学出版社2003年版。

［美］达琳·M·范·提姆、詹姆斯·L·莫斯利、琼·C·迪辛格：《绩效改进基础：人员、流程和组织的优化》（第3版），易虹、姚苏阳译，中信出版社2013年版。

［美］道格拉斯·C.诺思：《制度、制度变迁与经济绩效》，杭行译，韦森审校，格致出版社、上海三联书店、上海人民出版社2008年版。

范柏乃：《政府绩效管理》，复旦大学出版社2012年版。

方振邦编著：《战略性绩效管理》，中国人民大学出版社2014年版。

［美］菲利普·库珀：《合同制治理——公共管理者面临的挑战与机遇》，竺乾威、卢毅、陈卓霞译，竺乾威校，复旦大学出版社

2007 年版。

[美] G. 沙布尔·吉玛、丹尼斯·A. 荣迪内利:《分权化治理:新概念与新实践》,唐贤兴、张进军等译,格致出版社 2013 年版。

[美] 科恩:《论民主》,聂崇信、朱秀贤译,商务印书馆 1988 年版。

[法] 莱昂·狄冀:《公法的变迁:法律与国家》,郑戈、冷静译,春风文艺出版社 1999 年版。

[美] 理查德·A. 斯旺森:《绩效分析与改进》,孙仪、杨生斌译,中国人民大学出版社 2010 年版。

梁林梅:《教育技术学视野中的绩效技术研究》,华南师范大学出版社 2009 年版。

刘波、彭瑾、李娜:《公共服务外包——政府购买服务的理论与实践》,清华大学出版社 2016 年版。

刘美凤、方圆媛:《绩效改进》,北京大学出版社 2011 年版。

陆雄文主编:《管理学大词典》,上海辞书出版社 2013 年版。

吕侠:《中国政府购买公共服务研究》,湖南师范大学出版社 2015 年版。

[法] 孟德斯鸠:《论法的精神》,张雁深译,商务印书馆 1986 年版。

[美] H·乔治·弗雷德里克森:《公共行政的精神》,张成福、刘霞、张璋等译,张成福校,中国人民大学出版社 2013 年版。

[美] 唐纳德·凯特尔:《权力共享:公共治理与私人市场》,孙迎春译,周志忍校,北京大学出版社 2009 年版。

王浦劬、[英] 郝秋笛等:《政府向社会力量购买公共服务发展研究——基于中英经验的分析》,北京大学出版社 2016 年版。

王浦劬、[美] 莱斯特·M. 萨拉蒙等:《政府向社会组织购买公共服务研究:中国与全球经验分析》,北京大学出版社 2010 年版。

王雪云、高芙蓉主编:《政府购买公共服务研究》,经济科学出版社 2016 年版。

王泽彩:《绩效:政府预算的起点与终点》,立信会计出版社 2016 年版。

杨团主编:《慈善蓝皮书:中国慈善发展报告(2014)》,社会科学文献出版社 2014 年版。

[美] 约翰·D. 多纳休、理查德·J. 泽克豪泽：《合作：激变时代的合作治理》，徐维译，中国政法大学出版社 2015 年版。

[美] 约翰·克莱顿·托马斯：《公共决策中的公民参与》，孙柏瑛译，中国人民大学出版社 2010 年版。

张祖忻主编：《绩效技术概论》，上海外语教育出版社 2005 年版。

郑永扣、郑志龙、刘学民、高卫星、樊红敏编：《河南社会治理发展报告（2019）》，社学科学文献出版社 2019 年版。

[日] 中松义郎：《人际关系方程式——用公式开拓你的人生》，李相哲、郭美兰译，漓江出版社 1990 年版。

周三多、陈传明、鲁明泓编著：《管理学——原理与方法》，复旦大学出版社 1997 年版。

（二）外文

Brook E J, Smith S M, *Contracting for public services: our-based aid and its applications*, Washington, D C: International Finance Corporation, 2001.

David Parmenter, *Key Performance Indicators for Government and Non Profit Agencies: Implementing Winning KPIs*, John Wiley & Sons, Inc, 2012.

Ebrahim, Alnoor, "The Many Faces of Nonprofit Accountability" In David O. Renz (ed.): *The Jossey-Bass Handbookof Nonprofit Leadership and Management*, San Francisco: Jossey Bass, 2010.

Geary A. Rummler, Alan P. Brache, *Improving Performance: How to Manage the White Space in the Organization Chart*, San Frasisco: Jossey-Bass, 1995.

Kirkpatrick, C., Parker, D. and Zhang, Y. F., *State Versus Private Sector Provision of Water Services in Africa: A statistical, DEA and Stochastic Cost Frontier Analysis*, Centre on Regulation and Competition, University of Manchester, Working Paper Series, 2004.

Ohlsson, H., *Ownership and Production Costs: Choosing Between Public Production and Contracting Out*, Unpublished Manuscript, Department of

Economics, Goteborgs University, 2000.

二 学术论文

(一) 中文

包国宪、刘红芹:《政府购买居家养老服务的绩效评价研究》,《广东社会科学》2012 年第 2 期。

包国宪:《绩效评价: 推动地方政府职能转变的科学工具——甘肃省政府绩效评价活动的实践与理论思考》,《中国行政管理》2005 年第 7 期。

边晓慧、杨开峰:《西方公共服务绩效与政府信任关系之研究及启示》,《北京行政学院学报》2014 年第 5 期。

蔡礼强:《政府向社会组织购买公共服务的需求表达——基于三方主体的分析框架》,《政治学研究》2018 年第 1 期。

蔡立辉:《政府绩效评估: 现状与发展前景》,《中山大学学报》(社会科学版) 2007 年第 5 期。

蔡长昆:《制度环境、制度绩效与公共服务市场化: 一个分析框架》,《管理世界》2016 年第 4 期。

曹堂哲、魏玉梅:《政府购买服务中的绩效付酬: 一种公共治理的新工具》,《改革》2019 年第 3 期。

常晋、权英:《政府购买公共服务的最优激励水平——基于购买主体视角》,《地方财政研究》2018 年第 4 期。

晁毓欣、李干、彭蕾:《全面预算绩效管理下政府购买服务绩效评价的理论思考》,《经济研究参考》2019 年第 11 期。

陈水生:《城市公共服务需求表达机制研究: 一个分析框架》,《复旦公共行政评论》2014 年第 2 期。

陈水生:《公共服务需求管理: 服务型政府建设的新议程》,《江苏行政学院学报》2017 年第 1 期。

仇艺臻:《政府购买公共就业服务绩效评估机制研究》,《财经界》(学术版) 2016 年第 27 期。

储亚萍、何云飞:《政府购买居家养老服务绩效的影响因素研究》,

《云南民族大学学报》（哲学社会科学版）2018年第4期。

崔英楠、王柏荣：《政府购买社会组织服务绩效考核研究》，《北京联合大学学报》（人文社会科学版）2017年第4期。

党秀云：《论合作治理中的政府能力要求及提升路径》，《中国行政管理》2017年第4期。

邓国胜：《非营利组织"APC"评估理论》，《中国行政管理》2004年第10期。

邓金霞：《政府购买中的集聚现象：一个合作发生机制的分析框架》，《中国行政管理》2017年第5期。

邓念国、翁胜杨：《"理性无知"抑或"路径闭锁"：农民公共服务需求表达欠缺原因及其对策》，《理论与改革》2012年第5期。

董克用、李文钊：《从政府职能的视角理解政府绩效改进》，《中国机构改革与管理》2011年第1期。

杜万松：《公共产品、公共服务：关系与差异》，《中共中央党校学报》2011年第6期。

高晶晶、张跃胜：《大数据在政府购买公共服务中的作用探析》，《管理学刊》2016年第2期。

葛敏敏、王周欢：《美国政府采购制度之机构设置与采购流程》，《中国物流与采购》2005年第17期。

管兵、夏瑛：《政府购买服务的制度选择及治理效果：项目制、单位制、混合制》，《管理世界》2016年第8期。

管兵：《竞争性与反向嵌入性：政府购买服务与社会组织发展》，《公共管理学报》2015年第3期。

韩清颖、孙涛：《政府购买公共服务有效性及其影响因素研究——基于153个政府购买公共服务案例的探索》，《公共管理学报》2019年第3期。

何翔舟：《论政府成本》，《中国行政管理》2001年第7期。

何艳玲、钱蕾：《"模糊的确定性"：政府购买内容的选择机制》，《四川大学学报》（哲学社会科学版）2016年第5期。

贺巧知：《政府购买公共服务研究》，财政部财政科学研究所2014

年版。

胡穗：《政府购买社会组织服务绩效评估的实践困境与路径创新》，《湖南师范大学社会科学学报》2015年第4期。

黄春蕾、闫婷：《政府购买公共服务绩效评估研究述评》，《山东行政学院学报》2013年第6期。

黄晓春：《当代中国社会组织的制度环境与发展》，《中国社会科学》2015年第9期。

吉鹏、李放：《政府购买居家养老服务的绩效评价：实践探索与指标体系建构》，《理论与改革》2013年第3期。

吉鹏、李放：《政府购买养老服务绩效内涵界定与评价模型构建》，《广西社会科学》2017年第11期。

姜爱华、杨琼：《北京市政府购买公共服务绩效评价中存在的问题及对策分析》，《经济研究参考》2019年第12期。

姜爱华：《政府购买公共服务绩效及影响因素文献述评》，《中国行政管理》2016年第5期。

姜晓萍、康健：《官僚式外包：政府购买公共服务中利益相关者的行动逻辑及其对绩效的影响》，《行政论坛》2019年第4期。

靳永翥：《"政策强化"：我国公共服务绩效提升的一个理论分析框架》，《中共天津市委党校学报》2014年第1期。

敬乂嘉、胡业飞：《政府购买服务的比较效率：基于公共性的理论框架与实证检验》，《公共行政评论》2018年第3期。

敬乂嘉：《购买服务到合作治理——政社合作的形态与发展》，《中国行政管理》2014年第7期。

敬乂嘉：《控制与赋权：中国政府的社会组织发展策略》，《学海》2016年第1期。

敬乂嘉：《治理的中国品格与版图》，《复旦公共行政评论》2011年第1期。

句华：《公共服务合同外包的适用范围：理论与实践的反差》，《中国行政管理》2010年第4期。

句华：《美国地方政府公共服务合同外包的发展趋势及其启示》，《中国行政管理》2008年第7期。

句华：《政府如何做精明的买主——以上海市民政部门购买服务为例》，《国家行政学院学报》2010年第4期。

蓝剑平、詹国彬：《公共服务合同外包中的交易成本及其治理》，《东南学术》2016年第1期。

黎熙元：《政府购买公共服务预算的效率原则与约束》，《学术研究》2011年第7期。

李晨行、史普原：《科层与市场之间：政府购买服务项目中的复合治理——基于信息模糊视角的组织分析》，《公共管理学报》2019年第1期。

李海平：《政府购买公共服务法律规制的问题与对策——以深圳市政府购买社工服务为例》，《国家行政学院学报》2011年第5期。

李金龙、张慧娟：《地方政府购买公共服务中合同管理能力的提升路径》，《江西社会科学》2016年第5期。

李军鹏：《政府购买公共服务的学理因由、典型模式与推进策略》，《改革》2013年第12期。

李锐、毛寿龙：《公共决策中公民的理性参与和非理性参与》，《现代管理科学》2014年第12期。

李一宁、金世斌、吴国玖：《推进政府购买公共服务的路径选择》，《中国行政管理》2015年第2期。

李正风：《政府绩效管理与基础研究绩效评估》，《自然辩证法通讯》2005年第5期。

梁爽、白宝光：《地方政府购买基本公共卫生服务绩效评价指标体系研究》，《安徽行政学院学报》2018年第6期。

林涛、马宁、林君芬、何克抗：《关于绩效技术的模型评述》，《中国电化教育》2004年第11期。

刘波、崔鹏鹏、赵云云：《公共服务外包决策的影响因素研究》，《公共管理学报》2010年第2期。

刘国永、熊羽：《全面实施预算绩效管理视角下政府购买服务绩效评价体系构建》，《财政监督》2019年第4期。

刘怀宇:《广州去年政府购买服务花了3.61亿元》,《中国社会组织》2014年第6期。

刘俊:《社会组织税收优惠政策的成效和问题探讨》,《知识经济》2019年第12期。

刘明慧、常晋:《政府购买公共服务主体:职责界定、制约因素与政策建议》,《宏观经济研究》2015年第11期。

刘珊:《"项目制"下政府购买公共服务的实现路径》,《价格理论与实践》2016年第5期。

刘淑妍、王欢明:《国外公共服务绩效评价的研究发现及对我国的启示》,《国外社会科学》2013年第2期。

刘舒杨、王浦劬:《中国政府向社会力量购买公共服务的深度研究》,《新视野》2018年第1期。

刘素仙:《政府购买公共服务绩效评价的价值维度与关键要素》,《经济问题》2017年第1期。

刘征驰、易学文、周堂:《引入公众评价的公共服务外包质量控制研究——基于双重契约的视角》,《软科学》2013年第3期。

柳新元:《制度安排的实施机制与制度安排的绩效》,《经济评论》2002年第4期。

苗红培:《政府与社会组织关系重构——基于政府购买公共服务的分析》,《广东社会科学》2015年第3期。

倪咸林:《政府购买社会组织服务"供需适配偏差"及其矫正——基于江苏省N市Q区的实证分析》,《中国行政管理》2018年第7期。

宁靓、赵立波:《公众参与政府购买公共服务绩效评估指标体系研究》,《中国海洋大学学报》(社会科学版)2017年第4期。

彭婧、张汝立:《如何避免政府购买服务成为公众"不称心的礼物"?——基于政府责任视角的分析》,《中央民族大学学报》(哲学社会科学版)2018年第1期。

彭婧:《公共服务购买中的政府责任研究——一个分析框架》,《甘肃行政学院学报》2017年第3期。

彭少峰、杨君：《政府购买社会服务新型模式：核心理念与策略选择——基于上海的实践反思》，《社会主义研究》2016 年第 1 期。

容志：《大数据背景下公共服务需求精准识别机制创新》，《上海行政学院学报》2019 年第 4 期。

上海市劳动和社会保障局：《再就业培训新机制：政府购买成果》，《中国劳动》1999 年第 2 期。

尚虎平、韩清颖：《我国政府独特绩效产生的原因及其价值——面向 2007—2017 年间我国 172 个政府独特绩效案例的探索》，《政治学研究》2019 年第 3 期。

尚虎平、杨娟：《公共项目暨政府购买服务的责任监控与绩效评估——美国〈项目评估与结果法案〉的洞见与启示》，《理论探讨》2017 年第 4 期。

舒奋、袁平：《我国政府公共服务外包绩效影响因素的实证研究》，《浙江社会科学》2012 年第 8 期。

孙晓莉：《政府与市场关系视角下的购买公共服务监管》，《行政管理改革》2015 年第 8 期。

王成、丁社教：《政府购买居家养老服务质量评价——多维内涵、指标构建与实例应用》，《人口与经济》2018 年第 4 期。

王川兰：《行动者、系统与结构：社会组织参与公共服务购买的行动逻辑——基于上海市 S 机构的实证研究》，《社会科学》2018 年第 3 期。

王春婷、李帆、林志刚：《政府购买公共服务绩效结构模型建构与实证检测——基于深圳市与南京市的问卷调查与分析》，《江苏师范大学学报》（哲学社会科学版）2013 年第 1 期。

王春婷：《政府购买服务绩效的影响因素与传导路径分析——以深圳、南京为例》，《软科学》2015 年第 2 期。

王家合、赵琰霖：《我国政府购买服务政策：演进、特征与优化》，《学习论坛》2018 年第 4 期。

王箭：《政府购买服务机制比较：四直辖市例证》，《重庆社会科学》2014 年第 11 期。

王克强、马克星、刘红梅：《政府购买社会组织服务项目的绩效评价经验、问题及提升战略——基于上海市的调研访谈》，《中国行政管理》2019 年第 7 期。

王浦劬：《政府向社会力量购买公共服务的改革意蕴论析》，《吉林大学社会科学学报》2015 年第 4 期。

王青斌：《论行政规划的程序控制》，《国家行政学院学报》2009 年第 6 期。

王思斌、阮曾媛琪：《和谐社会建设背景下的中国社会工作的发展》，《中国社会科学》2009 年第 5 期。

王向民：《中国社会组织的项目制治理》，《济社会体制比较》2014 年第 5 期。

王学军、王子琦：《公共项目绩效损失测度及治理：一个案例研究》，《中国行政管理》2019 年第 1 期。

王学军、王子琦：《政民互动、公共价值与政府绩效改进——基于北上广政务微博的实证分析》，《公共管理学报》2017 年第 3 期。

王雁红：《公共服务合同外包的内在冲突与现实挑战》，《经济社会体制比较》2015 年第 4 期。

王玉龙、王佃利：《需求识别、数据治理与精准供给——基本公共服务供给侧改革之道》，《学术论坛》2018 年第 2 期。

汪圣：《政府购买服务与社会组织发展的"诺斯悖论"问题探析》，《长白学刊》2018 年第 1 期。

魏娜、刘昌乾：《政府购买公共服务的边界及实现机制研究》，《中国行政管理》2015 年第 1 期。

魏中龙、王小艺、孙剑文、董瑞：《政府购买服务效率评价研究》，《广东商学院学报》2010 年第 5 期。

翁士洪：《政府向社会组织购买公共服务的监管机制研究》，《北京航空航天大学学报》（社会科学版）2017 年第 4 期。

吴建南、孔晓勇：《以公众服务为导向的政府绩效改进分析》，《中国行政管理》2005 年第 8 期。

吴建南、王芸、黄加伟：《行风评议与政府绩效改进》，《西安交通大学学报》（社会科学版）2009年第1期。

吴建南、马亮、杨宇谦：《比较视角下的效能建设：绩效改进、创新与服务型政府》，《中国行政管理》2011年第3期。

吴瑞君、倪波、陆勇、王裔艳：《政府购买社会服务综合绩效评量模型设计与参数估计——以上海市浦东新区计生系统购买社会服务为例》，《华东师范大学学报》（哲学社会出版社）2019年第4期。

吴卅：《政府购买公共体育服务绩效评估现状——基于上海市和常州市经验》，《北京体育大学学报》2017年第3期。

吴业苗：《需求冷漠、供给失误与城乡公共服务一体化困境》，《人文杂志》2013年第2期。

吴月：《政府购买公共服务的偏离现象及其内在逻辑研究》，《求实》2015年第10期。

项显生：《略论我国政府购买公共服务承接机制》，《河南社会科学》2014年第10期。

项显生：《我国政府购买公共服务监督机制研究》，《福建论坛》（人文社会科学版）2014年第1期。

杨安华：《政府购买服务还是回购服务？——基于2000年以来欧美国家政府回购公共服务的考察》，《公共管理学报》2014年第3期。

谢菊、马庆钰：《中国社会组织发展历程回顾》，《云南行政学院学报》2015年第1期。

谢启秦：《政府购买公共服务的"公地悲剧"及其治理之道》，《行政论坛》2017年第5期。

徐家良、许源：《合法性理论下政府购买社会组织服务的绩效评估研究》，《经济社会体制比较》2015年第6期。

徐家良、赵挺：《政府购买公共服务的现实困境与路径创新：上海的实践》，《中国行政管理》2013年第8期。

许光建、吴岩：《政府购买公共服务的实践探索及发展导向——以北京市为例》，《中国行政管理》2015年第9期。

杨宏山：《公共服务供给与政府责任定位》，《中州学刊》2009年第4期。

杨孟著：《购买服务绩效评价是关键》，《财会信报》2013年12月16日。

叶娟丽、马骏：《公共行政中的街头官僚理论》，《武汉大学学报》（社会科学版）2003年第5期。

叶托、胡税根：《政府购买社会服务的绩效评估指标体系研究——基于德尔菲法和层次分析法的应用》，《广西行政学院学报》2015年第2期。

于秀琴、王鑫、陶健、秦敏：《大数据背景下政府购买社会管理性服务的有效需求识别及测量研究》，《中国行政管理》2018年第9期。

余军华、邓毅：《新公共管理理论与政府采购》，《中国政府采购》2007年第11期。

袁同成：《当前政府购买社会组织服务评估模式存在的问题及对策》，《社会科学辑刊》2016年第1期。

吴春波、于强：《标杆管理与政府绩效改进》，《西北民族大学学报》（哲学社会科学版）2009年第4期。

詹国彬：《政府购买公共服务的风险及其防范对策》，《宁波大学学报》（人文科学版）2014年第6期。

张菊梅：《合法性与有效性视角下政府购买公共服务的能力建设》，《社会科学家》2018年第6期。

张文礼、王达梅：《政府购买社会组织服务监管机制创新研究》，《甘肃行政学院学报》2017年第3期。

张兴：《政府购买公共服务绩效困境的形成机理与对策——以S区自助图书馆为例》，《中共福建省委党校学报》2019年第1期。

张学研、楚继军：《政府购买公共体育服务绩效评估指标体系的研究》，《广州体育学院学报》2015年第5期。

张悦玫：《基于价值增长的企业绩效评价体系研究》，博士学位论文，大连理工大学，2004年。

张左己：《论"政府购买培训成果"》，《现代技能开发》1999年第3期。

章辉：《政府购买服务类项目如何实施绩效评价》，《中国财政》2016年第20期。

章辉：《政府购买服务如何实施绩效管理》，《中国政府采购》2018年第10期。

郑建君：《政治参与、政治沟通对公共服务满意度影响机制的性别差异——基于6159份中国公民调查数据的实证分析》，《清华大学学报》（哲学社会科学版）2017年第5期。

郑美艳、王正伦、孙海燕：《公共体育场馆服务外包综合质量评价体系的构建》，《体育学刊》2016年第1期。

郑旗：《我国地方政府购买公共体育服务政策执行机制》，《北京体育大学学报》2017年第6期。

周景芝：《石家庄政府购买培训促再就业》，《中国培训》2000年第6期。

周俊：《公共服务购买中政府与社会组织合作的可持续性审视》，《理论探索》2019年第6期。

周俊：《政府购买公共服务的风险及其防范》，《中国行政管理》2010年第6期。

周黎安：《中国地方官员的晋升锦标赛模式研究》，《经济研究》2007年第7期。

卓越、张红春：《政府绩效信息透明度的标准构建与体验式评价》，《中国行政管理》2016年第7期。

卓越：《政府绩效评估的模式构建》，《政治学研究》2005年第2期。

邹婷：《城市社区社会组织参与社区治理研究》，《法制与社会》2018年第9期。

（二）外文

Aanna YN, Sstuart B, "The Decision to Contract Out: A Study of Contracting for E—Government Services in State Governments", *Public Administration Review*, Vol. 3, No. 67, 2007, pp. 531-545.

Boyne G A, James O, John P and Petrovsky N, "Party Control, Party Competition and Public Service Performance", *British Journal of Political Science*, No. 3, 2012, pp. 641-660.

Boyne, G. and Chen, A, "Performance Targets and Public Service Improvement", *Journal of Public Administration Research and Theory*, Vol. 3, No. 17, 2003, pp. 455-477.

Brown T L, Mmathew P, "Contract-management Capacity in Municipal and County Governments", *Public Administration Review*, Vol. 2, No. 63, 2003, pp. 153-164.

Brown, T. and M. Potoski, "Managing Contract Performance: A Transaction Costs Approach", *Journal of Policy Analysis and Management*, Vol. 22, No. 2, 2003, pp. 275-297.

Brown, Trevor L, Matthew Potoski, "Managing Contract Performance: A Transaction Cost Approach", *Journal of Public Administration Research and Theory*, No. 22, 2003, p. 275.

Buchanan, J, "Principles of Urban Fiscal Strategy", *Public Choice*, Vol. 1, No. 11, 1971, pp. 1-6.

Campbel J P, McCloy R A, Oppler S H et al., "A theory of Performance", *Personnel Selection in Organizations*, 1993, pp. 35-70.

Chun YH, "Goal Ambiguity and Organizational Performance in U. S. Federal Agencies", *Journal of Public Administration Research and Theory*, Vol. 4, No. 15, 2005, pp. 529-557.

Clarson, Max. B. E, "A Stakeholder Framework for Analyzing And Evaluating Corporation Social Performance", *Academy of Management Review*, No. 20, 1995, pp. 92-117.

Domberge, S. and Jensen, P, "Contracting Out by the Pbulic Sector: Theory, Evidence and Prospects", *Oxfird Review of Economic Policy*, No. 13, 1997, pp. 67-78.

Domberger, S. Jensen, P, "Contracting Out by the Pubic Sector: Theory, Evidence and Prespects", *Oxford Review of Economic, Policy*, Vol. 13, No. 4, 1997, pp. 67-78.

Fernandez, S, "Understanding Contracting Performance an Empirical Analysis", *Administration and Society*, Vol. 1, No. 41, 2009, pp. 7-100.

Freeman R Edwardand Evan William M, "Corporate Governance: A Stakeholder Interpretation", *The Journal of Behaviors Economics*, No. 19, 1990, pp. 337-359.

Heinrich, C. and B. Milward, "The State of Agent: Dedication and Thanks, Introduction", *Journal of Public Administration Research and Theory*, Vol. 20, No. S1, pp. i1-i2.

Hilbert M, "Big Data for Development: A Review of Promises and Challenges", *Development Policy Review*, Vol. 1, No. 34, 2016, pp. 135-174.

Jens Blom - Hansen, "Is Private Delivery of Public Services Really Cheaper?" *Evidence from Public Road Maintenance in Denmark Public Choice*, Vol. 115, 2003, pp. 419-438.

Jessop, B, "The Rise of Governance and Risks of Failure: The Casw of Economic Development", *International Social Journal*, Vol. 50, 1998, pp. 29-45.

Jing Yi jia and E. S. Savas, "Managing Collaborative Service Delivery: Comparing China and the United States", *Public Administration Review*, No. 69, 2009, pp. 101-107.

John Isaac Mwita, "Performance Management Model: A Systems-based Approach to Public Services Quality", *International Journal of Public Sector Management*, Vol. 1, No. 13, 2013, pp. 19-37.

John R. Chamberlin, John E. Jackson, "Privatizationas Institutional Choice", *Journal of Policy Analysis and Management*, Vol. 4, No. 6, 2007, pp. 586-611.

Julie A. Harrison, Paul Rous, Charl J. De Villiers, "Accountability and Performance Measurement: A Stakeholder Perspective", *The Business and Economic Journa*, Vol. 5, No. 2, 2012, pp. 245-258.

Jung CS, "Extending the Theory of Goal Ambiguity to Programs: Examining the Relationship between Goal Ambiguity and Performance", *Public Ad-

ministration Review, Vol. 2, No. 74, pp. 205-219.

Kane J S, Lawler, "Performance Appraisal Effectiveness: Its Assessment and Determinants", *Research in Organizational Behavior*, No. 1, 1979, pp. 425-478.

Kooiman, J, Jentoft, S, "Meta-Governance: Values, Norms and Principles and the Making of Hard Choces", *Public Administration*, Vol. 87, 2009, pp. 818-836.

Kristensen, O. P, "Public Versus Private Porvision of Governmental Services: The Case of Danish Fire Protection Services", *Urban Studies*, No. 20, 1983, pp. 1-9.

L. Brown Trevor, Mathew Potoski, "Contract-Managementin Municipal and County Government", *Public Administration Review*, Vol. 2, No. 63, 2003, pp. 153-164.

Lamothe S, "How Competitive Is "Competitive" Procurement in the Social Services?" *The American Review of Public Administration*, Vol. 5, No. 45, 2015, pp. 584-606.

Latham GP, Locke EA, "Goal Setting - A motivational Technique That Works", *Organizational Dynamics*, Vol. 2, No. 8, pp. 284-315.

Liang J, Langbein, "Performance Management, High-Powered Incentives and Environmental Policies in China", *International Public Management Journal*, Vol. 3, No. 18, 2015, pp. 346-385.

Locke EA, Latham GP, "Building a Practically Useful Theory of Goal Setting and Task Motivation: A 35-year Odyssey", *American Phychologist*, Vol. 9, No. 57, 2002, pp. 705-717.

Locke EA, "Motivation Through Conscious Goal Setting", *Applied and Preventive Psychology*, No. 5, 1996, pp. 117-124.

Locke EA, "Motivation Through Conscious Goal Setting", *Applied and Preventive Psychology*, No. 5, 1996, pp. 117-124.

Marc Holzer, Etienne Charbonneau, Younhee Kim, "Mapping the Terrain of Public Service Quality Improvement: Twenty-Five Years of Trends and

Practices in the United States", *International Review of Administrative Science*, Vol. 75, No. 3, 2009, pp. 403-418.

Meeyoung Lamothe, Scott Lamothe, "Beyond the Search for Competition in Social Service Contracting: Procurement, Consolidation, and Accountability", *The American review of public administration*, Vol. 39, No. 2, 2009, pp. 164-188.

Milana Otrusinova, Eliska Pastuszkova, "Concept of 3 E's and Public Administration Performance", *International Journal of Systems Applications, Engineer And Development*, Vol. 6, No. 2, 2012, pp. 171-178.

Miranda, R. and Lerner, A, "Bureaucracy, Organizational Redundancy, and the Privatization of Public Services", *Public Administration Review*, Vol. 2, No. 55, 1995, pp. 193-200.

Murphy G, Athanasou J, King N, "Job Satisfaction and Organizational Citizenship Behaviour: A study of Australian Human - service Professionals", *Journal of Managerial Psychology*, Vol. 4, No. 17, 2002, pp. 287-297.

North, D. C. and B. R. Weingast, "Constitutions and Commitment: The Evolution of Institutions Governing Public Choice in Seventeenth-Century England", *The Journal of Economic History*, Vol. 4, No. 49, 1989, pp. 803-830.

Parasuraman A, Zeithaml V, Berry L L, "A Conceptual Model of Service Quality and Its Implications for Future Research", *Journal of Marketing*, No. 49, 1985, pp. 41-50.

Paul A. Samuelson, "The Theory of Public Expenditure", *Review of Economics and Statistics*, Vol. 36, No. 4, 1954, pp. 387-389.

Paul H. Jensen, Robin E, Stone cash, "The Efficiency of Public Sector Outsourcing Contracts: A Literature Revie", *Journal of Economic Survey*, 2005.

RL Carneiro, "On the Relationship Between Size of Population and Complexity of Social Organization", *Journal of Anthropological Research*,

Vol. 3,No. 12,2010,pp. 234-243.

Romzek B. S,Johnston J. M,Effective Contract Implementation and Administration Research and Theory, *Jouranal of Public Aclministration Research and theory*,No. 12,2002,pp. 423-453.

Salamon, Lester M, "Of Market Failure, Voluntary Failure, and Third-Party Government :Toward a Theory of Government-Nonprofit Relations in the Modern Welfare State", *Nonprofit and Voluntary Sector Quarterly*, Vol. 16,1987,pp. 29-49.

Sappington D. E. M,"Incentives In Principal Agent Relationships", *Journal of Economics*,No. 5,1991,pp. 45-66.

Savas,E. S,"Competition and Choice in New York City Social Services", *Public Administration Review*,Vo. 1,No. 62,2002,pp. 82-91.

Schmidt EK, "Research Management and Policy: Incentives and Obstacles to a Better Public- private Interaction", *International Journal of Public Sector Management*, Vol. 6, No. 21, 2008, pp. 623-636.

Shareef, M. A., Dwivedi, Y. K., Kumar, V., et al., "Reformation of Public Service to Meet Citizens' Needs as Customers: Evaluating SMS as an Alternative Service Delivery Channel", *Computers in Human Behavior*, No. 61,2016.

Siddiqi S,Masud T and Sabrib,"Contracting but not without Caution:Experience with Outsourcing of Health Service in Countries of the Eastern. Mediterranean Region", *Bulletin of World Health Organization*, No. 84,2006,pp. 867-875.

Teresa Curristine, "Government Performance: Lessons and Challenges", *Oecd Journal on Budgeting*,Vol. 5,No. 1,pp. 128-151.

Van Slyke,D. M,"The Mythology of Privatization in Contracting for Social Services",*Public Administration Review*,Vol. 63,No. 3,2003,pp. 296-315.

Vincent Ostrom, Charles M,Tiebout, and Robert Warren,"The Organization of Governmention Metropolitan Areas: A Theoretical Inquiry", *American Political Science Review*,No. 55,1961.

Warner, M. E. and G. Bel,"Competition or Monopoly? Comparing Privatization of Local Public Services in the US and Spain"*Public Administration*,Vol. 86,No. 3,2008,pp. 723-735.

Xiaohu Wang,"Performance Measurement in Budgeting:A Study of County Governments",*Public Budgeting And Finance*,2000,pp. 102-108.

三 政策文件

安徽省财政厅,关于进一步规范省级政府购买服务流程的通知,财购〔2015〕849号,2015。

财政部,关于坚决制止地方以政府购买服务名义违法违规融资的通知,财预〔2017〕87号,2017。

财政部,关于推进政府购买服务第三方绩效评价工作的指导意见,财综〔2018〕42号,2018。

财政部,政府购买服务管理办法,财政部第102号令,2020。

财政部,中共中央国务院关于全面实施预算绩效管理的意见,财预〔2018〕167号,2018。

财政部、民政部,关于通过政府购买服务支持社会组织培育发展的指导意见,财综〔2016〕54号,2016。

长沙市人民政府办公厅,关于做好政府向社会力量购买公共文化服务工作的实施意见,长政办发〔2016〕58号,2016。

财政部、民政部,关于支持和规范社会组织承接政府购买服务的通知,财综〔2014〕87号,2014。

财政部、民政部、国家工商行政管理总局,政府购买服务管理办法（暂行）,财综〔2014〕96号,2014。

成都市政府,关于建立政府购买社会组织服务制度的意见,成府发〔2009〕54号,2009。

甘肃省人民政府办公厅,关于政府向社会力量购买服务的实施意见,甘政办发〔2014〕85号,2014。

广东省人民政府办公厅,关于印发政府向社会力量购买服务暂行办法的通知,粤府办〔2012〕48号,2012。

广东市民政局、市财政局,政府购买社会服务考核评估实施办法(试行),穗民〔2010〕221号,2010。

广西壮族自治区财政厅、广西壮族自治区机构编制委员会办公室,全区事业单位政府购买服务改革工作实施方案,桂财综〔2017〕50号,2017。

国务院,关于印发"十三五"推进基本公共服务均等化规划的通知,国发〔2017〕9号,2010。

国务院办公厅,关于政府向社会力量购买服务的指导意见,国办发〔2013〕96号,2013。

杭州市人民政府,关于政府购买社会组织服务的指导意见,杭政函〔2010〕256号,2010。

黑龙江省财政厅,省直单位政府购买服务项目采购管理规程(试行),黑财综〔2014〕142号,2014。

湖北省财政厅,湖北省省级政府采购工作规程,鄂财采规〔2015〕2号,2015。

湖南省财政厅,省级部门政府购买服务工作基本流程(试行),湘财综〔2015〕28号,2015。

江苏省政府办公厅,关于推进政府购买公共服务工作指导意见的通知,苏政办发〔2013〕175号,2013。

宁波市人民政府,关于大力推进政府公共服务实行政府采购工作意见的通知,甬政办发〔2006〕96号,2006。

山东省财政厅,省级部门政府购买服务工作基本流程(试行),鲁财购〔2014〕2号,2014。

上海浦东新区政府,关于政府购买公共服务的实施意见(试行),浦府办〔2007〕18号,2007。

上海市人民政府,关于进一步建立健全本市政府购买服务制度的实施意见,沪府发〔2015〕21号,2015。

四川省财政厅,四川省政府购买服务管理办法(暂行)川财综2015(63),2015。

文山州人民政府办公厅,关于做好政府向社会力量购买公共文化服务工作实施意见的通知,文政办发〔2017〕234号,2017。

重庆市财政局,关于印发政府向社会组织购买服务项目政府采购工作流程的通知,渝财采购〔2014〕35号,2014。

附　　录

政府购买公共服务调查问卷

您好！我们是郑州大学公共管理学院的调研员，拟对贵部门购买公共服务的情况开展问卷调查，我们的调研目的是为了对政府购买的开展情况、购买方式、购买绩效、存在的问题等情况进行了解，调查结果仅用于学术研究。您的个人信息不会被泄露，您提供的所有信息不会对您和您单位产生任何影响。衷心希望获得您的理解与支持，谢谢！

郑州大学公共管理学院
2017 年 8 月 2 日

_____省（直辖市）_____市_____区

时间：2017 年_____月_____日_____时

1. 本单位所在城市：_____
2. 本单位所属部门：_____
   A. 民政　B. 环卫　C. 医疗卫生　D. 街道办
   E. 城市管理　F. 其他
3. 本单位从_____年开始政府购买公共服务的。
4. 本单位购买的服务类别（　　）
   A. 道路保障洁　B. 医疗服务　C. 社区服务　D. 养老服务
   E. 教育服务　F. 体育服务　G. 就业服务　H. 环境服务

I. 公共安全　J. 其他

5. 本单位发布政府购买服务信息的渠道（可多选）（　　）

   A. 招投标网　B. 部门网站　C. 有选择的通知　D. 其他方式

6. 您认为本单位政府购买服务的最主要动力为（　　）

   A. 财力困难　B. 政策支持　C. 政府能力有限

   D. 社会组织具有专业优势

7. 您认为本单位政府购买服务的最主要目的（　　）

   A. 提高公共服务质量　B. 节约成本　C. 削减财政开支

   D. 精简政府规模

8. 外省政府购买做的比较成功是否会对本单位有压力（　　）

   A. 有很大压力　B. 有较压力　C. 有点压力　D. 没有压力

9. 本省政府购买做的比较成功是否会对本单位有压力（　　）

   A. 有很大压力　B. 有较压力　C. 有点压力　D. 没有压力

10. 本单位购买服务项目的主要方式（可多选）（　　）

    A. 项目申请　B. 直接委托　C. 公开招标　D. 邀请招标

    E. 竞争性谈判　F. 单一来源

11. 本单位在实施购买前，下列准备行为的实施情况

	是	否
购买项目纳入了部门预算		
对所购买服务进行了需求调研		
制定了明确的购买目标		
制定了明确评估标准体系		
制定了详细的评估指标体系		
对购买项目进行了成本效益分析		
对承接方进行了严格的资格审查		
对承接方的承接能力进行了评估		
对承接方的信用体系进行了调查		
制定了规范的购买程序		
对购买项目进行了绩效评估		
购买项目资金及时支付		

续表

	是	否
对参与购买人员进行管理操作方面的培训		
组织相关人员认真学习政府购买法律制度		

12. 本单位每个项目购买目标的设置情况（   ）

    A. 非常清楚　B. 比较清楚　C. 比较模糊　D. 非常模糊

13. 本单位对参与购买的工作人员进行相关培训的方式（可多选）（   ）

    A. 专门参加政府购买相关法律制度的培训

    B. 参加其他培训时进行了政府购买相关方面的培训

    C. 内部动员　D. 没有任何培训

14. 您认为本单位与承接服务的社会组织之间的关系（   ）

    A. 管理与被管理之间的关系　B. 平等关系

    C. 不清楚　D. 不好确定

15. 您认为本单位是否清楚在购买中的责任（   ）

    A. 非常清楚　B. 比较清楚　C. 不太清楚　D. 不清楚

16. 公开招标时，参与本单位购买的社会主体情况（   ）

    A. 经常超过10家　B. 经常超过5家　C. 经常超过3家

    D. 不超过3家

17. 本单位对承接服务的机构进行监管的方式（可多选）（   ）

    A. 用户投诉平台　　B. 政府部门定期检查或阶段性评估

    C. 承接服务的机构定期上报信息　　D. 委托审计部门监管

18. 本单位对购买的服务要达到什么样的标准（   ）

    A. 有明确的标准　B. 有标准但不是很明确

    C. 标准模糊　D. 无标准

19. 本单位对承接服务机构业务指导的情况（   ）

    A. 按单位规定定期指导　B. 根据合同规定　C. 偶尔　D. 从不

20. 本单位对购买服务合同资金的支付情况（   ）

    A. 按合同约定及时支付

    B. 存在没有按合同约定及时支付的情况

21. 本单位政府购买对公共服务质量改善的情况（   ）
    A. 非常大   B. 比较大   C. 没有明显改善   D. 有所降低
22. 本单位政府购买对公共服务效率改善的情况（   ）
    A. 非常大   B. 比较大   C. 没有明显改善   D. 有所降低
23. 公众对本单位政府购买公共服务的满意度情况（   ）
    A. 非常满意   B. 比较满意   C. 比较不满意   D. 非常不满意
    E. 没有评价
24. 本单位政府购买对公共服务供给成本节约的情况（   ）
    A. 20%及以上   B. 10%~20%（不含20%）
    C. 5%~10%（不含10%）   D. 5%（不含5%）以下
    E. 成本有所提升
25. 本单位购买服务对促进社会组织发展方面（   ）
    A. 非常明显   B. 比较明显   C. 无明显效果
    D. 使社会组织产生依赖
26. 本单位购买服务合同结束后，是否进行了专门审计（   ）
    A. 请本地审议局进行审计   B. 请社会审计机制进行审计
    C. 没有审计
27. 本单位购买合同结束后，对购买服务效果进行评价的主体有（可多选）（   ）
    A. 政府部门   B. 服务对象   C. 委托第三方   E. 没有评价
28. 本单位购买合同结束后，政府部门对购买服务绩效评价的形式为（可多选）（   ）
    A. 购买部门评价   B. 财政部门评价   C. 审计部门评价
    D. 其他部门评价   E. 没有评价
29. 本单位对购买服务效果评价结果的应用（   ）
    A. 下一年购买预算编制   B. 下一年购买效果改善
    C. 下一年承接主体选择   D. 改善政府部门内部管理
30. 承接服务的机构或者公众要对本单位购买服务问题进行投投诉时，受理部门为（   ）
    A. 本单位负责购买服务的部门   B. 本单位专门负责投诉的部门

C. 上级政府部门　D. 不清楚

31. 本单位在购买服务过程中遇到主要困难有（　　）

　　A. 资金不足　B. 购买经验不足　C. 监管困难

　　D. 评价购买效果困难

32. 如果政府购买导致本部门人员缩减，本单位是否还会支持政府购买服务（　　）

　　A. 会　B. 不会　C. 不好说

33. 您认为政府购买服务能够成功推行的关键在于（　　）

　　A. 国家政策支持　B. 资金支持　C. 单位领导重视

　　D. 公众需要

34. 您认为下列因素对政府购买服务绩效的影响

	影响非常大	影响比较大	影响比较小	影响非常小	没有影响
购买目标清楚度					
购买程序规范程度					
承接主体公平选择					
购买服务标准明确					
政府合同管理能力					
政府监管能力					
政府对购买结果的评估能力					
政府内部问责机制					
政府对承接方的惩罚机制					
公众参与程度					
承接市场竞争程度					
承接主体履约能力					
承接主体履约信用					
承接主体低价中标					
项目时间太短					
服务对象参与程度					

35. 本单位对服务对象需求情况进行了解的方式（　　）

　　A. 本单位组织正式调查　B. 服务中了解　C. 委托第三方调查

D. 无特地调查

36. 贵单位对购买的服务项目是否有收回的现象（　　　）

　　A. 是　　　　B. 否

37. 如果有收回的收回的现象，主要原因是（可多选）（　　　）

　　A. 政府监督承方困难　B. 承接方提供的服务质量达不到要求

　　C. 购买成本没有降低　D. 服务对象不满意

38. 贵单位对承接购买服务的社会主体履约的信任情况（　　　）

　　A. 非常信任　B. 比较信任　C. 比较不信任　D. 非常不信任

39. 您对目前社会主体承接政府购买服务胜任能力的评价（　　　）

　　A. 都可胜任　B. 大多数可胜任　C. 少数可胜任

　　D. 极少数可信任

40. 本单位购买公共服务的资金规模（　　　）

　　A. 100万元以下（不含100万元）

　　B. 100万~500万元（不含500万元）

　　C. 500万~1000万元（不含1000万元）

　　D. 1000万元及以上

后　　记

本书的写作缘起于国家社科基金的资助。本想着三年完成的计划，中间却因诸多事情而耽误了写作进程。当本书在 2020 年 3 月初完成初稿时，我与全国人民一样，因为新冠肺炎疫情的影响，已经过了一个多月足不出户的日子。那是一段艰难的日子，本书写作正进入收尾阶段，虽然看到了胜利的曙光，却在家庭事务的烦琐中和疫情的恐慌中挤找时间。学校离我的住处只有 1000 米，但因疫情原因，不能去学校，只能窝在卧室里办公，这里也成了我给学生上网课和工作的主战场。上初二的儿子在自己的房间上网课，不时会来问我关于疫情或学习的事情，他在恐慌中还有一丝得意，那就是上课时再也不用正襟危坐，随时可以喝水上厕所。当时，最让我不能安静下来的，是刚刚两岁的女儿，她不能理解为什么妈妈在家却不愿意陪着她，她会不停地拍打我的房门，甚至生气地直接把我的书的扔在地上，奶声奶气地警告我："别看了，别累死了！"我想这可能是有时我会说"快累死了"的话。

而在这时，我会想起 2017 年的 8 月的暑假期间，我和赵凤萍老师带着几个学生去郑州市一道路保洁公司调研政府购买道路保洁服务情况，并对公司的负责人进行访谈。当时我怀孕刚有反应，等两三个小时的访谈结束后，回到家里，才发现维持了四个多月的调研必须暂时停止。当时针对本书写作的调查问卷正在进行，为了得到有效的调查数据，我在不停地动用各种关系去找有购买服务实践的政府部门工作人员填问卷。好在朋友和学生们帮忙，终于收集到足够数量的调查问卷。然后，一边分析问卷，一边做收集整理写作的资料，同时根据问卷分析结果又开始了新一轮的调研工作,去上海某街道调研时,我已经怀孕七个多月了。陪我去的赵凤萍老师很是担心我这个高龄孕妇能不能承受连续两天的高强度访谈和调研工作,虽然访谈顺利结束,但遗憾的是我没有兑现陪赵老师去黄浦江畔散步的承诺。后来,访谈基本上停止,直到女儿出生后的几个月,才开始在郑州市进行调研,去省辖市调研时也基本上选择可以当天返回的地方。后来,因本书写作的需要,还是去了省外的城市调研。就这样,虽然时间紧紧张张,但本书的完成还是拖到了2020年,拖到了《政府购买服务管理办法》正式出台之后,以致原来用《政府购买服务管理办法》(征求意见稿)的所有材料都必须置换掉。

我在开始写作时确实雄心勃勃。本书致力于通过讲述中国政府购买公共服务的故事,清晰地勾勒出中国地方政府致力于通过政府购买实现公共服务绩效改进的连续画卷。在这幅画卷里,政府购买公共服务绩效改进的轮廓渐显清晰。从实践上来看,政府购买公共服务的最初动机来自地方政府对于提高公共服务供给效率的自发探索。这种探索的背景与西方国家政府购买公共服务的背景完全不同,以英美为代表的西方国家20世纪80年初公共服务改革的动力来自于政府的压力,如财政赤字增加、政府效率低下、公共服务质量不能满足公众需求、政府信任下降等,而始自于20世纪90年代中期的中国政府购买服务实践源自于经济走在前列的地方政府的改革自觉——在没有现实紧急压力的情况下对政府绩效提升和公众需求回应模式的自发探索。随着政府购买公共服务故事情节的展开,另一个故事悄然登场——政府购买公共服务绩效改进具备了粉墨出场的现实条件和历史需要。也可以说政府购买公共服务一开始就伴随有绩效烦恼,政府购买公共服务的过程也是绩效改进的过程。因此,本书的重要目的,希望对当前政府购买公共服务的绩效改进有所贡献。虽然通过问卷调查对于政府购买公共服务的过程绩效和结果绩效进行了购买主体视角下的评价,通过对购买主体、承接主体的深度访谈和服务对象的随机访谈对绩效问题产生的原因有了进一步的了解,但由于各方面条件的限制,本书最初的设计目标并没有完全实现。例如,对于服务对象的调查问卷由

后　　记

于服务对象比较分散而没能够成功发放，对于购买服务绩效的客观评价由于难以获取公开的完整数据而没能进行，等等。但这不能遮掩本书所获取的资料价值，这些资料为本书在评价政府购买公共服务绩效现状与诊断绩效问题提供了坚实的基础，同时也为政府购买公共服务绩效改进机制与路径的设计提供了基本思路。

　　本书能够顺利完成需要感谢的人员很多。首先，感谢赵凤萍博士，她深谙深度访谈之道，陪我进行了多场访谈，同时对于问卷设计与本书的写作都提出了不少颇有启发性的建议。其次，要感谢我的学生张玉贞和冯浩原，他们参与了课题写作中文资料的收集工作，赵冰参与了外文资料的收集工作，张紫薇、张绍飞、司苗苗参与了书稿的校对工作。最后，要感谢我的家人，年近 70 的爸爸妈妈帮我照顾年幼的女儿，使得我才有时间和精力从事本书的写作；我的爱人王延年博士，对我的支持一如既往，总是以包容与宽容对待我的一切；我的儿子王家鼎同学和女儿王家怡小朋友虽然会用不同的方式给我捣乱，"霸占"我的时间，但却给我带来别样快乐与幸福，他们是我努力奋进的最大动力！

　　在本书的出版过程中，我的同事韩恒教授和何水教授给予了热情帮助。中国社会科学出版社的责任编辑姜阿平老师，她直爽的性格使我产生似曾相识的感觉，而她的认真负责促成了本书的顺利出版。同时，感谢国家社科基金的支持，本书才得以完成；感谢郑州大学社科处的资助和中国社会科学出版社的出版，本书才能最终面世。

　　由于本人能力所限，本书不免存在错误与疏漏之处，恳请读者批评指正！

丁辉侠
郑州大学盛和苑
2020 年 11 月 13 日